中国名村志文化工程

Culture Project of Local Records of China's Famous Villages

青林寺村志

LOCAL RECORDS OF QINGLINSI

湖北省宜都市高坝洲镇青林寺村志编纂委员会　编

方志出版社

Publishing House of Local Records

图书在版编目（CIP）数据

青林寺村志 / 湖北省宜都市高坝洲镇青林寺村志编纂委员会编 . -- 北京 : 方志出版社，2017.12

（中国名村志丛书）

ISBN 978-7-5144-2793-6

Ⅰ. ①青… Ⅱ. ①湖… Ⅲ. ①村史—宜都 Ⅳ. ① K296.35

中国版本图书馆 CIP 数据核字（2017）第 305408 号

· 中国名村志丛书 ·

青林寺村志

编　　者： 湖北省宜都市高坝洲镇青林寺村志编纂委员会
责任编辑： 王　品

出 版 人： 冀祥德
出 版 者： 方志出版社
地址　北京市朝阳区潘家园东里 9 号（国家方志馆 4 层）
邮编　100021
网址　http://www.fzph.org
发　　行： 方志出版社图书经销中心
电话　（010）67110500
经　　销： 各地新华书店
排　　版： 北京纺印图文设计制作有限公司
印　　刷： 北京中科印刷有限公司

开　　本： 787 × 1092　1/16
印　　张： 17.25
字　　数： 315 千字
版　　次： 2017 年 12 月第 1 版　2017 年 12 月第 1 次印刷

ISBN 978-7-5144-2793-6　**定价：** 139.00 元

◉ 序一

连绵不断地编修地方志是中国独有的优秀文化传统，承担着赓续文明、传承文化的重任。保存至今的8000余种、10万余卷历代方志，蕴含着传统文化基因和海量文化信息，既是中华优秀传统文化的重要组成部分，又是传承、彰显中华优秀传统文化的重要载体。

在各种类型的地方志编纂中，村志编纂古已有之，但从未进入国家层面的地方志编纂序列。新中国成立以来，党中央、国务院高度重视包括村志编纂在内的地方志工作，出台了重要文件。中央领导发表了重要讲话、作出了重要批示。习近平总书记高度重视包括村志编纂在内的地方志工作。2004年10月，他在担任浙江省委书记时到江山市凤林镇白沙村考察，看到村民编纂的《白沙村志》，鼓励村民把村志继续编纂下去。2014年4月，刘延东副总理在与第五次全国地方志工作会议部分会议代表座谈时指出："要结合发展的新形势，加强对地方志包括部门志、行业志、专题志、乡镇村志编纂的业务指导和服务。"2015年8月，国务院办公厅印发的《全国地方志事业发展规划纲要（2015—2020年）》，正式将中国名村志文化工程列为主要任务之一。2017年5月，中共中央办公厅、国务院办公厅印发的《国家"十三五"时期文化发展改革规划纲要》指出："完成省、市、县三级地方志书出版工作。开展旧志整理和部分有条件的镇志、村志编纂。"可以说，村志编纂迎来了历史上的最好时期。

农业、农村、农民"三农"问题，是数千年来影响中国社会发展最核心的问题。中共中央高度重视"三农"工作，从2004年起，连续13年，每年的中央1号文件都聚焦"三农"。中共十九大报告更是提出"农业农村农民问题是关系国计民生的根本性问题，必须始终把解决好'三农'问题作为全党工作重中之重"，特别是提出了"乡村振兴战略"，这是中国共产党在中国特色社会主义进入新时代后，对农村发展问题所做出的准确把握和与时俱进的战略应对，是建设中国特色社会主义强国战略的重要组成部分。改革开放近40年来，在党中央、国务院高度重视社会主义新农村建设的新形势下，各地涌现出一大批历史文化名村、经济强村、新农村建设示范（试点）村、美丽乡村和特色村，成为先进生产力和先进文化的代表。客观记录中国农村全面建成小康社会的进程，向后人展示在中国共产党领导下农村千年未有的巨变，是地方志工作者肩负的光荣而重大的历史使命。编纂中国名村志丛书，是记载当代中国农村发展变革的重要途径。

文化寻根，寻的是其发展的源头和根基。村落是中国传统文化的根基所在。农村的生产生活方式、社会规范、宗族文化、宗教文化、民风习俗、传统节日、民间艺术等，无不镌刻着中国人独特的民族性格，这就是家国情怀、文脉绵延、精神归属。在快速城镇化进程的冲击和开发性破坏下，大量传统村落面临消亡的危机，村落蕴含的历史文化信息也流失殆尽，抢救性保护刻不容缓。编纂中国名村志丛书，是保存村落历史文化信息，抢救、保护村落文化最好的方式。

一方水土养一方人。家乡的山水草木、村间小巷、乡俗民情会在每个人心头留下深刻的烙印，这就是故土情结。而村落的形成与发展离不开人的活动。编纂中国名村志丛书，通过记述村落建筑、名门望族来追溯村落的历史；通过记述村落规模、布局、人口、物产等反映人口来源、宗族兴衰、生活习惯、文化背景、宗教信仰、经济发展等，体现环境与人相互影响、相互作用、相互发展的既矛盾又统一的关系；通过记述戏剧、音乐、舞蹈、美术、文学、手工技艺等文化形式，展示百姓在长期的生产生活实践中摸索和总结出的智慧结晶，强化人们沟通感情的纽带。编纂中国名村志丛书，是传承乡俗、诉说乡音、记住乡愁、纾解乡思，激活历史传统、唤起共同文化记忆、塑造共同心灵认同的重要文化工程。

中国名村志文化工程以践行文化自信、传承中华文脉、彰显时代发展为己任，以打造全国地方志系统的重要品牌为目标，在体裁运用、篇目设置、资料选择等方面进行大量的创新，突出“名”和“特”，拣选各个名村中最值得记述、最具有代表性的人、事、物，予以浓墨重彩的描画，从而形成系列的、高质量的、可读性强、雅俗共赏的地方志读本，让地方志紧接地气、贴近百姓，让地方志成果进入寻常百姓家，让人民群众共享地方志成果，让越来越多的人从地方志中感知传统、历史和记忆，成为传统村落和传统文化的守护者，成为中华优秀文化的传承者。

是为序。

中国社会科学院院长
中国地方志指导小组组长　王伟光
2017年11月

◉ 序二

习近平总书记指出："让居民望得见山，看得见水，记得住乡愁。"这句富有诗意的重要论述不仅唤醒了中国人城镇化建设过程中对于人和自然关系、人和历史关系的思考，同时也引发了学界对"乡愁"进一步进行文化意义解读的兴趣。从本质上看，乡愁是一种源自主体体验的情感，隐含了一种人们带着乡愁追寻自我生存与生命意义、追寻诗意栖居的精神家园的美学思辨。同时，这种追寻自我生存的主体逐渐转向大众群体，乡愁也由传统单一的"文化乡愁""爱国情怀"演变为对于"理想家园"的精神追求。

中国有近60万个村庄，约有5000个古村落，被住房城乡建设部和国家文物局界定的传统村落就有1561个。随着中国城镇化步伐的加快，乡村的版图日渐凋敝，大批农村青壮年劳动力走进城镇，融入了新的生活。然而，每逢传统佳节，那种挥之不去的离愁别绪挟裹着亿万农民工，又融入了返乡的滚滚洪流。这是乡愁的情愫牵动着他们，是故乡的山、故乡的水、故乡的老屋、故乡的小吃在牵动着他们，是故乡家家户户的楹联和口口相传的故事，以及只有在隆重的传统佳节才有的古老的民风习俗在牵动着他们。

文化可以体现一个民族、一个国家、一个社会的重量与体温，这是文化的力量之所在，而村落是传统中国的根脉所系，乡土社会是最能够体现中国传统文化特征的地方。梁漱溟曾指出："中国文化是以乡村为本，以乡村为重，所以中国文化的根就是乡村。"我曾在《建设社会主义新农村的理论与实践》一书中指出，在新农村建设的过程中，必须"保护和发展有地方和民族特色的优秀传统文化，创新农村文化生活的载体和手段，满足农民群众多层次、多方面的精神文化需求"，而编纂村志尤其是实施中国名村志文化工程就是一个重要举措。实施中国名村志文化工程，编纂中国名村志丛书，以最基层的村落为研究对象，寻根传统村落的历史，梳理村落的发展脉络，以唤起人们的归属感和认同感，探索新型城镇化和社会主义新农村建设过程中，如何留住乡音、乡风、乡思，继承传统文化精华，挖掘丰富历史智慧，是贯彻落实中央城镇化工作会议精神和中共十九大提出的“乡村振兴战略”的重要举措，是当前和今后一个时期全国地方志工作者的重要工作。

虽然村落文化正在日益远离当下生活，但我们可以抓住诸如基本村情、文物胜迹、古村保护、特色文化、旅游名胜、村域经济、风土民情、村民生活、新农村建设、艺文杂记、名人与名村等关键内容，通过志书的手法来诠释乡村文化的精华。我们如实记录着村落里的人和事，以及青山绿水、小河大树、袅袅炊烟，力争以最完整、最原真的方式呈现村落的前世今生。我们要为“迷失”的人留住乡村文化的根脉，让人们难以割舍的乡愁得以慰藉和释放。

中国名村志文化工程将触角伸向那些极具代表性的村落，它们有的历史悠久、名人辈出，有的经济腾飞、重获新生，有的风景秀丽、景观独特，有的地处边陲、神秘莫测……我们挖掘中国不同类型村落的发展之路，为探索新型城镇化和社会主义新农村建设的发展经验、发展模式、前进道路提供历史智慧和现实借鉴。因此，打造以重在表现乡村嬗变为主旨的中国名村志丛书十分必要和迫切，这是一项功在当代、利在千秋的文化工程。

近年来，随着中国经济社会的发展和国际地位的提高，越来越多的人想要认识中国、了解中国、研究中国。在这样的形势下，乡村是不可或缺的一环，我们要集中讲好发生在乡村的故事，向世界呈现一个多元的、立体的中国。乡村历经岁月变迁的风雨，见证着改革开放的步伐，寄托着数代中国人的情感。发生在乡村的故事无疑是血肉丰满的、震撼人心的、引起共鸣的。我们应该有这个自信能够讲好乡村故事，讲好中国故事，描绘出中国的底色，“让每一个中国人都能在地方志中找到自己的位置”。

可喜的是，越来越多的有识之士认识到了这一点，加入到保护、传承、发展村落文化的队伍中来。仅就编纂中国名村志丛书来看，第一批的申报范围就涵盖包括香港特别行政区在内的32个地区，申报数量高达70余部。“直笔著信史，彰善引风气，为当代提供资政辅治之参考，为后世留下堪存堪鉴之记述”，这是我们的初心和使命。希望中国名村志文化工程的实施，能够带动更多的人关注中国乡村文化，为社会主义文化强国建设作出更大的贡献。也希望越来越多的名村都来融入继承中华文化传统、颂扬中华传统文化的活动中，让正能量更多地润泽温暖人们的心灵，让更多的人“记得住乡愁”！

是为序。

中国社会科学院副院长
中国地方志指导小组常务副组长
2017年11月

◉ 中国名村志文化工程专家委员会

名 誉 主 任　徐匡迪

主　　　任　王伟光

常务副主任　李培林

委　　　员（按姓氏笔画排序）

毛其智　叶裕民　李　铁　李善同　杨保军　柳　拯

倪鹏飞　魏后凯

◉ 中国名村志文化工程学术委员会

主　　　任　李培林

常务副主任　冀祥德

副　主　任　刘玉宏　邱新立

委　　　员（按姓氏笔画排序）

于伟平　王　晖　王铁鹏　巴兆祥　田　嘉　苏炎灶

李　江　李孝聪　张大伟　张英聘　陈泽泓　陈　强

◉ 湖北省宜都市高坝洲镇青林寺村志编纂委员会

顾　　问　刘　昶

主　　任　覃世斌

副 主 任　廖新远（小）　夏友生

委　　员　陈晓冬　李留勇　廖新远（中）

胥启会（女）

◉ 湖北省宜都市高坝洲镇青林寺村志编纂人员

主　　编　夏友生

副 主 编　廖新远（中）

编　　辑　周友平　周振林　赵友贵

图　　片　肖　宜

清江帆影

◉ 中国名村志丛书凡例

一、以马克思列宁主义、毛泽东思想、邓小平理论、“三个代表”重要思想、科学发展观、习近平新时代中国特色社会主义思想为指导，坚持辩证唯物主义和历史唯物主义的立场、观点和方法，存真求实，全面、客观、系统记述我国村落发展变化进程和改革开放成果，传承和抢救乡土历史文化，激发爱国爱乡情怀，为探索中国特色新型城镇化建设、社会主义新农村建设的发展经验、发展模式、前进道路提供历史智慧和现实借鉴。

二、为全面反映入志事物发展脉络，各志上限尽量追溯至事物发端；下限一般断至各村志启动编修年份，个别重大事项可延至搁笔。

三、记述地域范围以下限年份的行政辖区为主。为体现名村在更大区域内的意义，可以从更开阔的区域视野记述与该村相关的内容。

四、统一采用纲目体，设类目、分目、条目三个层次。横排门类，纵述史实。除《中国名村志丛书基本篇目》要求的必设类目外，其余类目根据各村实际，依照突出时代特色、地方特色的原则自行安排。

五、综合运用述、记、志、传、图、表、录等各种体裁，以志体为主。

六、除引用文字和附录文献资料外，统一使用规范汉字及现代语体文记述体。记事坚持秉笔直书、述而不作，只记事实，不作评论，寓观点于材料之中。行文力求朴实、严谨、简洁、流畅、优美，具有较强可读性。

七、人物部类遵循“生不立传”原则，人物传主按生年排序，只选录对本村发展有重大影响的人物，不面面俱到。

八、所需数据一般采用政府统计部门数据，无政府统计部门数据时选用主管部门正式提供的数据。

九、数字用法、标点符号、计量单位分别执行国家标准《出版物上数字用法》（GB/T 15835—2011）、《标点符号用法》（GB/T 15834—2011）、《国际单位制及其应用》（GB 3100—1993）和《有关量、单位、符号的一般原则》（GB 3101—1993）。历史上使用的计量单位，如斗、石、里、尺、磅、华氏度等，在引文时可照录。考虑到社会使用习惯，全书中亩不统一换算，1 公顷＝ 15 亩。

十、自中华民国成立后的纪年，均使用公元纪年。志中所称“解放前（后）”，以当地解放日为界；“新中国成立前（后）”，以中华人民共和国成立日 1949 年 10 月 1 日为界；“改革开放前（后）”，以中共十一届三中全会召开的 1978 年 12 月为界。本志“×× 年代”，凡未加世纪者，均指 20 世纪的年代。

十一、为节省篇幅，避免重复，本志采用条目互见法。参见条目的表示形式为：参见本志“×× 类目·×× 分目·×× 条目”。

十二、对旧志、古籍中的繁体字、冷僻字一般用简化字或通用字替换，易引起误解的则保留。

十三、记述各个历史时期的党派、机构、职务、地名等，均以当时的名称为准。对频繁使用的名称，首次用全称，其后用简称。

十四、各村志需要单独说明的事项，均在各自编纂始末中记述。

青林寺村在中国的位置

黑龙江省
哈尔滨
吉林省
长春
沈阳
辽宁省
内蒙古自治区
呼和浩特
北京市
北京
天津市
天津
河北省
石家庄
山西省
太原
济南
山东省
黄海
渤海
新疆维吾尔自治区
乌鲁木齐
甘肃省
宁夏回族自治区
银川
青海省
西宁
兰州
陕西省
西安
河南省
郑州
江苏省
南京
安徽省
合肥
上海市
上海
浙江省
杭州
湖北省
青林寺村
宜都
武汉
西藏自治区
拉萨
四川省
成都
重庆市
重庆
江西省
南昌
湖南省
长沙
福建省
福州
贵州省
贵阳
云南省
昆明
广西壮族自治区
南宁
广东省
广州
香港
澳门
台湾省
台北
台湾岛
钓鱼岛
赤尾屿
东海
东沙群岛
海南省
海口
海南岛
西沙群岛
永兴岛
中沙群岛
黄岩岛
南海
南沙群岛
曾母暗沙
黄河
长江
图例
北京 首都
天津 省级行政中心
未定 国界
省、自治区、直辖市界
特别行政区界
名村所在县级区域
名村
1：32 000 000
审图号：GS（2017）3697 号

青林寺村在湖北省的位置

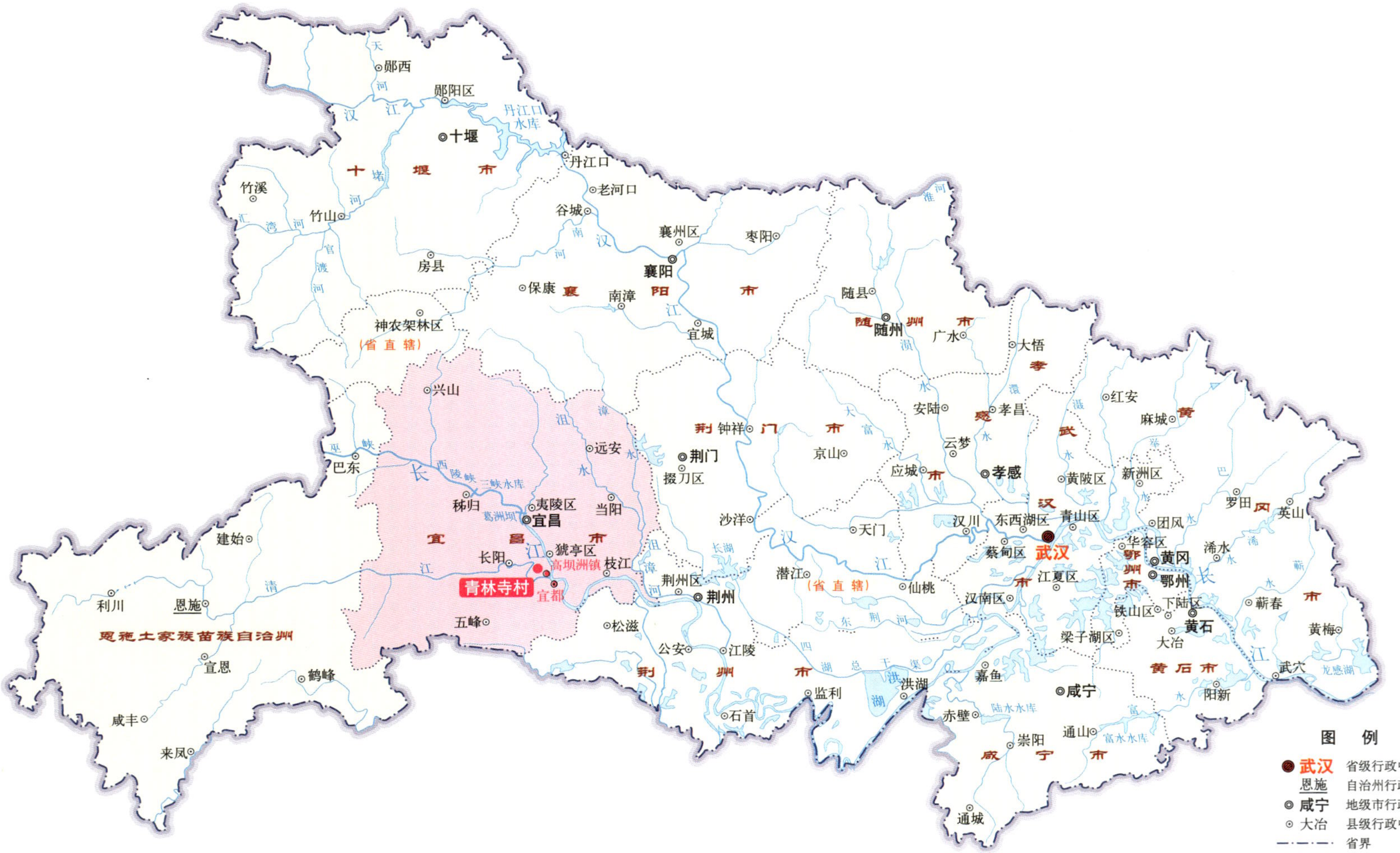

图例

武汉 省级行政中心
恩施 自治州行政中心
咸宁 地级市行政中心
大冶 县级行政中心
省界
地级界
名村所在县级区域
名村所在乡镇
名村

1：3 590 000

审图号：GS（2017）3697 号

青林寺村平面示意图

天龙湾水城
南桥村
三组
清
青林寺村
白洪溪村
长阳土家族自治县
四组
二组
青
山
湖
一组
江
宜昌三峡国际高尔夫球场
陈家岗村
白鸭垴村

青林寺风光

郭军军 摄

2002 年 11 月，湖北省青林寺谜语学术研讨会参会人员合影

术研讨会纪念 2002.11.1
九州假日旅行社
旅行社

2012 年 7 月，青林寺村第四届谜语有奖竞猜大会

中国谜语村牌匾

国家级非物质文化遗产牌匾　　　青林寺村委会　提供

青林古镇牌坊

2001 年 12 月，青林寺村获“湖北省民间谜语村”命名、授牌大会会场

◉ 目录

中国谜语村

◉ 文化名村　源远流长

中国谜语村——青林寺村隶属湖北省宜都市高坝洲镇，是清江高坝洲水电站库区里的一个小村落。距离宜都市政府驻地陆城 20 千米，距宜昌市主

清江高坝洲水电站

城区 32 千米。东邻高坝洲镇白洪溪村，西临清江，与长阳土家族自治县磨市镇柳津滩村隔江相望，北接红花套镇南桥村，南连高坝洲镇陈家岗、白鸭垴村。全村总面积 9.1 平方千米，2016 年总人口 1004 人。

青林寺村的得名，源于村中一座寺庙——青林寺庙。

相传，四川有个官员因官场失意、妻子难产，便出家当了和尚。一年春天，他云游来到清江柳津滩，见东岸山清水秀，景色迷人，且呈青狮白象之势，便在半山修了一座寺庙。其时正是唐贞观元年（627），庙宇竣工之后，只有一僧人，一伙工。宋治平四年（1607），苏东坡奉旨督学江南，曾到寺中。当时，由了空法师担任住持。苏东坡观赏了村中的美景，临走时去向了空法师道别。适逢了空法师正在诵经，听童子报告，便道："诵经诵佛诵圣人，缘逢东坡才子。"苏东坡听后即应声道："青山青水青林寺村，幸会了空大师。"苏东坡走后，了空法师即请人制作匾额，上书"青林寺村"三个大字。从此，寺庙有了"青林寺"的大名，香火也随之兴旺起来。据《夷陵州志》记载，青林寺曾于明正统年间（1436—1449）重建。村中老人们讲，寺庙中原有好几块碑，有一块碑上刻有"青林祖庙"字样。而今，寺庙已不复存在，只留下青林寺村的村名。

青林寺村四周遍布古人类遗址，近者三四千米，远者三四十千米。紧邻的红花套城背溪新石器时代遗址，距今已有 7500 多年，与宜昌周边的诸多古遗址一道构成长江上游文化带，是新石器时代早期文化的代表。青林寺村清江河对岸的南岸坪遗址，经发掘清理，有夏、商及两周时期的文化遗存，被证实为清江流域最大的古文化遗址。考古发掘表明，青林寺村及其周边地区早在新石器时期就有人类活动，是长江流域古人类的重要繁衍生息之地。

青林寺村原是两个小的自然村落，一个叫赵家坪，一个叫廖家湾。赵家坪土地肥沃，临近清江河岸，早有赵、邓等姓氏聚族而居，形成青林寺村落的早期雏形。而廖家湾，形成于明朝初年。据《廖氏族谱》记载，明成化年间（1467）廖姓由四川迁入，所居之地多为河洲、山谷贫瘠之地。清末民初，人员流动增多，清江航运进入鼎盛时期，各种商号、客栈应运而生，逐渐形成一个以游士坡为中心的近百户人家的村落。陆路通恩施、四川的官道穿村而过，设驿站于游士坡，形成集市自然村落。而以农耕为主，聚族而居的廖氏、胥氏形成小的自然村落。两个村落不断繁衍发展，逐步形成现在青林寺村域。2001 年 3 月，宜都市村级规模调整，实行合村并组，原廖家湾村与青林寺村合并为青林寺村。

青山湖

青林寺村是古代巴楚文化的交融之地，紧邻土家族、苗族聚居区，土家族、汉族民间往来交流频繁，促进了青林寺村民间文化的多元发展。青林寺村有崇文重教传统，人们把识文断字视作一种荣耀，民间流传有“穷不丢书、富不丢猪”的谚语，走出了吴林伯、廖贵仁、骆志明、郭学珍等一大批杰出人士。新中国成立后，青林寺村每20个人中就有一名大学生，明显多于邻近村落。

清江人家

2003 年 12 月，在青林寺村举行“中国谜语村”授牌仪式

2009 年 9 月，台湾三立电视台到青林寺村采访谜语文化　　青林寺村委会　提供

青林寺谜语的流行，与当地的文化氛围密不可分，民歌、薅草锣鼓、栽秧锣鼓、采莲船、踩高跷、丧鼓歌在这里祖辈相传，尤以谜语为盛，青林寺村方言语言生动活泼，谚语、故事丰富多彩，谜语谜歌经久不衰。

◉ 谜语谜歌　历久弥新

青林寺村是清江河畔的一个普通村落，也是一个谜语文化的迷人世界。在这个千余人的小村落里，沉淀流传着上万则民间谜语，成为中国第一部关于一个村落的谜语谜歌集的诞生地。2003 年，青林寺村被中国民间文艺家协会命名为“中国谜语村”。2006 年，青林寺谜语入选第一批国家非物质文化遗产保护名录。

青林寺谜语数量众多、内容广泛、形式多样，根植于民间，活跃于大众，具有较强

村民宴客谜语活动现场　　青林寺村委会　提供

2002 年 11 月，原联合国教科文组织中方顾问杨亮才（中）在青林寺村考察

的知识性、趣味性和娱乐性。该村不论男女老少，个个喜欢猜谜。据贾芝、杨亮才、冯志华等专家现场考察确定："在青林寺村，除了尚不懂谜语的婴幼儿，参加谜语活动的人数占全体村民的 95% 以上，不分男女，老少皆有。其中掌握谜语 1~10 则的村民约占 50%，11~30 则的约占 30%，31~100 则的约占 15%，100 则以上的约占 5%"。宜都市民间文艺家协会专门设有青林寺村分会。村中现有中国民间文艺家协会会员 2 名，湖北省民间文艺家协会会员 6 名。

在青林寺村，谜语已经进入到艺术的生活化和生活的艺术化的境界。在青林寺谜语中，从天地日月、飞禽走兽、花草树木到人体器官、饮食服饰、日常用具、生产生活，凡是人们感官所及均有涉及，可以说包罗万象。村民们猜谜成风，平日里闲谈聊天，离不开谜语；村子里办红白喜事、乡亲聚会，猜谜是少不了的娱乐活动；甚至在两支迎亲队伍"狭路相逢"之时，也会采用猜谜斗智。猜谜活动已经融入村民一切生活之中。深厚的群众基础，为谜语的繁茂生长提供了肥沃的土壤。

青林寺谜语一般分为物谜、事谜、字谜三大类。物谜是人们常用常见的物品。事谜，是以人类和动物的活动为谜底的谜语，如"一条乌梢蛇，牙齿有几百，去时呼呼响，转来落大雪"（割锯）。字谜，就是以汉字作为谜底的谜语，如"上八不是八，下八才是八，十字穿心过，救命活菩萨"（米）。

青林寺谜语作为一种民间传统文化表现形式，影响广泛，传承不衰。其独特的文化现象，引起专家学者的高度关注。中国民协、湖北省民协组织专家进行考察，开展研讨，积极推动青林寺谜语的采录、搜集和抢救工作。经过丁开清等一批采录者常年挖掘整理，收录了 3000 余则谜语，在宜昌市文联、民协和宜都市宣传部、文联、移民局大力支持下，1999 年出版了《青林寺谜语选》。2001 年，中国文联出版社出版了《青林寺谜语选（续编）》。2002 年 3 月，贾芝为青林寺村题名"中国谜语村"。8 月，赵兴寿采录的《青林寺谜歌选》由中国文联出版社出版。2016 年年底，青林寺村民已公开出版谜语、谜歌书籍 27 种。

宜都市委、市政府历来重视青林寺谜语的保护与开发，重视弘扬青林寺谜语文化。2002 年 11 月举办了湖北青林寺谜语学术研讨会，全国 50 多位专家学者汇集宜都，专题研讨青林寺谜语文化现象，充分肯定青林寺谜语文化为我国民间文化所做的贡献，认为"青林寺谜语具有世界意义，是值得我国和国际组织予以认真关注的非物质人类文化宝贵遗产，无论是从民间文艺学、民俗学，还是从文化学、社会学、

青林寺谜语创作培训班　　　　青林寺村委会　提供

2002 年 11 月，湖北青林寺谜语学术研讨会会场
青林寺村委会　提供

2012 年 7 月，中央电视台《远方的家——北纬 30 度》栏目组到青林寺村拍摄专题　　　　青林寺村委会　提供

相声演员牛群（后排右一）等艺人与青林寺村的少年儿童猜射谜语　　　　青林寺村委会　提供

美学、伦理学的角度研究，都有独特的价值”。

青林寺谜语的传承、传播、研究、宣传方兴未艾。青林寺村所在的高坝洲镇中心学校，编制了《青林寺谜语校本课程实施纲要》，开展“谜语进课堂”传授活动。青林寺谜语引起新闻媒体和民间文艺工作者、学术界持续关注，到青林寺村采访、调研、考察的记者、学者络绎不绝。中央电视台、中国国际广播电台、人民日报社、新华社、台湾三立电视台等知名媒体纷纷录制节目，刊发文章，进一步扩大了青林寺谜语的社会影响，彰显了其文化品牌的价值，助推了青林寺谜语的保护、研究与开发。青林寺村正在着手建立青林寺谜语文化博物馆。

◉ 山水画廊　颐养天堂

青林寺村风景优美，气候宜人。处长江三峡向江汉平原过渡地带的长江南岸与清江北岸之间，属低岗丘陵地段，呈北高南低“七山二水一分田”的地形特征。北临长江，南依清江，水量充沛，土地肥沃。青林寺村属于亚热带季风气候，四季分明，春暖秋凉，冬冷夏热，年平均气温 16.8℃，年平均降雨量 1350 毫米。

青林寺村水陆相连，江岸线达 7 千米，

青林寺村一角

胥家龙洞溪水横贯东西，长达 3.5 千米，为村域唯一溪流。2000 年，清江高坝洲电站蓄水，形成了三面环村的水面，陆地则形成半岛，而青林寺村遗址正处在半岛的岛尖之上，依山养志，临水纳祥，天然的山水资源，赐给了青林寺村灵秀与清幽。

青林寺村自古以来以农耕为主。新中国成立后，通过土地改革，农民获得了土地及其他生产资料，生产有了一定发展，生活相对稳定。1980 年以前，由于政策体制的局限，生产力受到束缚，经济仍是低水平运行，村民仍然把温饱作为奋斗目标。改革开放后，实行家庭联产承包责任制，生产力获得解放，经济面貌发生很大变化。2016 年，全村经济总收入达 3769.53 万元，可分配净收入 1968.73 万元，人均纯收入 19608 元。随着农业种植结构调整和高坝洲库区蓄水，水产养殖和柑橘种植成为两大支柱产业，村民过上了“山上种橘、水中养鱼”的富足生活。

青林寺村山水相依，林深木茂，负氧离子富集，是一个长寿村。据统计，全村 80 岁以上老人占 4.6%，远远高于联合国长寿乡标准。

凭借天然的山水资源，青林寺村正从种植养殖向康养产业转型，建设青林寺村康养小镇。青林康养小镇是清江（宜昌）康养产业试验区的核心区，是国家发改委认定的第

清江风光

一批康养小镇，临江而建的欧美别墅，伴湖而居的中式院落，依山而立的居家公寓，为青林寺村休闲度假、康养旅游带来新的蓬勃生机。

青林古镇，位于青林寺村大道两侧，占地500亩的人文生活街，既有酒店、超市、银行和物管中心，满足居民生活需要；也有谜语博物馆、观山翠巷、滨湖水街、桐树院街，让人们近距离感受谜语村的魅力。

滨水欧陆康养镇，占地200亩，环绕青山湖，三面邻水，包含有法兰西、西班牙、英格兰、瑞士四个风情小镇。

天龙湾国际高尔夫俱乐部，紧邻青山湖南侧，占地1200亩，集商贸、休闲、健身、度假于一体。美国设计师吉姆利用原始地貌，别出心裁，设计出适应国际锦标赛级的18洞72杆球场。练习场有26个打区，长度250码，有专业教练指导。

特警训练基地依傍青山碧水，是宜昌市公安局投资建设的训练基地和半开放式军事文化主题公园。

青林寺村的区位交通优势明显。该村紧邻318国道，距宜（昌）岳（阳）高速、沪渝高速宜都北出口9千米，距宜昌三峡机场20千米，距长江红花套港口6千米，交通

建设中的青林康养小镇

网络四通八达。

青林寺村物产丰饶，尤以清江鱼和宜都蜜橘闻名。清江鱼产于清江水域，肉质细嫩，食用安全，深受国内外客商青睐，其系列产品先后荣获“中国名牌农产品”和第八、九、十届中国农交会金奖。宜都蜜橘栽培历史悠久，长达2000多年。杜甫诗云：春日清江岸，千柑二顷园。青云羞叶密，白雪避花繁。宜都蜜橘已成湖北宜都特产，中国地理标志产品。

基本村情

青林寺村因村内原有一座名叫青林寺的古庙而得名。隶属于湖北省宜昌市宜都市高坝洲镇。坐落于美丽的清江下游北岸、高坝洲水电站库区，位于宜都市西北方向。村域面积 9.1 平方千米，2016 年总人口 1004 人。

青林寺村是一个千年村落，历史悠久，源远流长。地形地貌为河谷丘陵岗地。村域内山清水秀，自然环境优美。年平均气温 16.8℃，年降水量 1350 毫米，自然资源丰富，气候温和。交通区位优越，村域周边 10 千米以内有 254 省道、318 国道，以及沪渝高速、岳宜高速公路出口，25 千米以内有机场、高铁站。由于交通便利，经济区位优势明显，经济发展成效显著。村内水、电、路、天然气、光纤等基础设施配套齐全，文化、教育、卫生、社会保障等社会事业全面发展。农村经济以柑橘种植、网箱养鱼、务工经济为三大支柱产业。2016 年全年总产值 3737.67 万元，人均纯收入 19608 元。

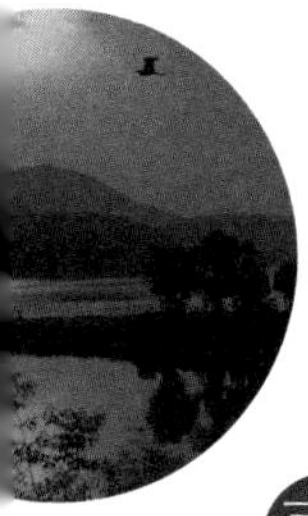

◉ 建置沿革

村名由来 青林寺村因村内原有一座叫青林寺的古庙而得名。

相传青林寺村古庙始建于唐代。文字记载见于明弘治九年（1496）刊刻《夷陵州志》“建于元代”（距今700年左右），明英宗天顺年间僧人元晓扩建。

扩建后的青林寺，建筑占地2025平方米，两个天井，三座大殿：三清殿、观音殿、大雄宝殿。第一个天井正面为三清殿，供奉太清、玉清、上清，正中为太上老君神像；左为观音殿，供奉观音菩萨；右为僧人寮房。进入第二重天井，正面乃大雄宝殿，供奉释迦牟尼神像。大殿均为木质结构的古建筑，以合抱粗细的大树为柱，翘角飞檐，雕梁画栋，气势恢宏。

清代，青林寺香火极盛，乾隆皇帝曾御赐青林寺官课十担，为此，立石碑一块。碑长0.9米，宽0.65米，阴刻“乾隆三年孟春御赐：宝田”。

清光绪二十七年（1901），宜都知县王国铎曾为青林寺立碑一块，碑长2.2米，宽1.65米，阴刻一联：

承先烈一脉相传度众生惟孝惟忠佛祖普灵

2009 年 10 月，湖北省民协名誉主席、华中师范大学教授刘守华（中）考察青林寺遗址

教后人两袖清风过太平或耕或读大士指经

落款为：王国铎江西人清光绪二十七年

民国时期，宜都县设立青林乡，乡公所驻青林寺。当时，鄢念夫曾作数字诗一首，形容菩萨：一貌堂堂，二目无光，三牲不尝，四肢无力，五脏俱无，六亲不认，七窍不通，八面威风，久座无益，实在请出。便找人将部分菩萨从青林寺搬到了塔湾庙嘴上，同时在青林寺内办起了学校。

1965 年，拆除庙宇，仅遗址尚存。然而青林寺作为村名一直沿用。

村域变迁 1949 年 7 月，宜都县全境解放，当时仍保留乡、保、甲建制，青林寺村为青岩乡第三保。

1950 年 3 月，宜都县人民政府废除民国时期行政管理体制，青林寺村随之建立自然村（不含原青林寺村小村的一、二、三组，其归属于鄢沱南岭自然村），成立农民协会组织。

1953 年，宜都全县调整为区乡管理体制，青林寺村更名为宜都县红花套区青林寺村乡。

1956 年，建立初级农业合作社，青林寺村共设立 8 个合作社，原青林寺村小村的一、二、三组划为青林寺村第七社。

1958 年，实现人民公社化。青林寺村拆分为 2 个大队，更名为青冲大队、青林大队，同属宜都县红花套人民公社青林管理区管辖。

1981 年，青冲大队更名为廖家湾大队，青林大队更名为青林寺大队。

1984 年，县以下行政管理体制调整，人民公社改为区，管理区改为乡政府，大队改为村，小队改为小组。因此，廖家湾大队更名为廖家湾村，青林寺大队更名为青林寺村。

1987 年，原红花套区拆分为红花套镇和曾家岗乡，廖家湾村、青林寺村划归宜都市曾家岗乡管辖。

2001 年 3 月，宜都市村级规模调整，实行合村并组，廖家湾村、青林寺村合并为一个村，村名为青林寺村。同时，将原来两个小村 14 个村民小组合并为 5 个村民小组。1998 年撤销曾家岗乡，设立高坝洲镇。自此以后，青林寺村属宜都市高坝洲镇管辖。

合村并组后青林寺村共计 328 户 1114 人。其中一组 78 户 288 人，二组 84 户 269 人，三组 43 户 144 人，四组 59 户 190 人，五组 64 户 223 人。

2003 年，宜昌三峡国际高尔夫球场落户青林寺村五组，五组所辖范围全部被征用，五组进行了整体搬迁。2004 年以后，五组建制取消。

村落历史 青林寺村坐落在清江下游北岸，距长江南岸 7 千米，毗邻红花套城背溪文化遗址。城背溪文化，是新石器时代早期文化的代表，主要分布在鄂西山地和江汉平原的交接地带，多位于长江及其支流清江两侧的一、二级阶地上，距今大约在 7500 年左右。青林寺村对岸长阳磨市镇南岸坪古文化遗址，是清江流域最大的古文化遗址。经 1992 年 3 月、1995 年 11 月两次试掘和 1998 年 12 月的清理，有夏商和两周等几个时期的文化遗存，属早期巴文化范畴。以上文化遗址，足以证明清江中下游一直是古人类的繁衍生息之地。

青林寺村周边的古人类遗址，近则隔江相望，远则在 10 千米以内。这些古人类，无论从南到北，还是从东到西，都需经过青林寺村这个地方。同时，青林寺村前有清江，后有森林，台地土壤肥沃。江中有鱼虾，林中有野兽，台地宜耕作，是适宜古人类活动的好场所。专家据此推测，青林寺村秦汉以前就有人类活动。

从元代开始，青林寺村香逐渐火旺盛，人员活动频繁，原住民不断增加，但真正形成村落，当在明朝初年。

明朝成化二年（1467），廖姓由四川富顺县迁入青林寺村，所居之地多为河洲、山谷、贫瘠之地，土地肥沃的河岸台地已有赵、邓等姓氏聚族而居，形成了青林寺村落的早期雏形。

清末民初，随着社会的发展，生产的进步，商品流通、人员流动逐渐增多。清江航

青林寺村村落

运进入鼎盛时期，清江河边的条子河码头货物进出、货主船工人员流动十分频繁，各种商号、客栈应运而生，因此形成一个近百户人家的村落。在陆路交通方面，通恩施、四川的官道穿村而过，并设驿站于游士坡。以游士坡为中心，沿官道形成了一个大的集市村落，各种饭馆、茶馆、客栈、商铺、骡马店一应俱全。除了这两个交通要道形成的村落以外，还有以农耕为主、聚族而居的廖家湾、胥家冲等小自然村落。

1950 年，宜都县人民政府将上述几个小村落组建为青林寺自然村。

◉ 区位

自然地理区位 青林寺村位于鄂西山地向江汉平原过渡地带的长江南岸，八百里清江下游北岸，与长阳土家族自治县磨市镇柳津滩村隔江相望。村域在宜都市政府所在地陆城西北方向，距陆城 20 千米，位于宜昌市西南方向，距宜昌市主城区 30 千米。

交通地理区位 青林寺村紧邻 318 国道，宜（昌）岳（阳）高速公路穿村而过，距沪渝高速、宜岳高速公路宜都北出口 9 千米，距湖北省 254 省道 7 千米。距离宜昌三峡机场 15 千米。交通区位优越，公路四通八达。

经济地理区位 青林寺村位于江汉平原西部丘陵地带，气候温和，雨量充沛，土质肥沃，适宜种植以柑橘为主的温带水果。青林寺村地处宜昌长江柑橘带核心区，为宜都蜜橘原产地、主产区，宜都市国家柑橘公园园区涵盖青林寺村域。

318 国道 1268 千米处路牌

沪渝高速宜昌长江公路大桥桥南宜都北出口路牌

宜（昌）岳（阳）高速宜都北出口路牌

万亩柑橘园

◉ 自然环境

地形　地貌　青林寺村属低岗丘陵地貌，最低处为村西、南方向沿清江水岸线，海拔 80.5 米，最高处为柳家垴，海拔 230 米。地貌特征为七山二水一分田，地形特征为北高南低，沿清江高坝洲水库水岸线地势平缓。2000 年清江梯级水电开发第三级电站高坝洲水电站蓄水发电后，清江河道变成了高坝洲水库，15 千米水岸线环绕全村 2/3 边界，村域陆地形成半岛地形。村西、南方向临清江高坝洲水库。山上山下，林茂橘绿，湖光山色，碧水蓝天。

从清江东岸大溪口开始，清江河道由北向南，形成一个弯月形的弧，青林寺村就坐落在这个弧背上。下为河谷，上有青山，谷底地势平坦，土地肥沃。顺清江而下依次为三组、四组、五组。2000 年高坝洲水电站蓄水以后，弯月形的水面成了一座大水库，南北两端不见岸。从东岸到西岸，水面宽约 2 千米，有渡船来回摆渡。水库水深且水面宽

青林寺村远景

阔，为天然网箱养殖场所，沿岸村民大都下河开展鲟鱼网箱养殖。白天水面碧波涟涟，不时有游船驶过；夜晚河中渔灯点点，灯火通明。原青林寺古庙遗址由北向南伸入河中300余米，丁家岩则从南向北包抄过来，形成一个与突出河中尖角地形相距50余米宽的峡槽，高坝洲水库的水顺峡槽灌入廖家湾、胥家冲这片凹地，形成一个水域面积宽阔的库汊。库汊北面从东到西依次为一组、二组。青瓦白墙的居民楼阁，星星点点地散落在库汊东、西、北面的绿树丛中。库汊南面的天堰坡、丁家岩、廖家夹河的连片小山头原为青林寺村五组，现开发建设成为宜昌三峡国际高尔夫球场。青林寺村北面高地由6个小山头由西向东相连组成，从大溪口向东，依次为营盘垴、土地岭、柳家垴、赵家垴、鹰子岩、黑岩湾，其海拔高度一般都在200米左右。这些相连的山头就是青林寺村与宜都市红花套镇的分界线。

气候　物候　青林寺村属亚热带季风气候，四季分明。3—5月为春季，6—8月为夏季，9—11月为秋季，12月至次年2月为冬季。春暖秋凉，冬冷夏热。年平均气温16.8℃，年平均降雨量1350毫米。

桃花盛开

春季，因冬季季风逐渐减弱，太阳辐射逐步增强，气温逐月回升，植物开始萌芽生叶，部分动物度过冬眠期，开始复苏繁育。3 月平均气温 10℃，杨树、柳树开始抽芽，桃、李、柑橘花芽膨大，油菜进入盛花期。4 月平均气温 16.4℃，降雨量逐渐增加，各种水果进入盛花期，水稻、玉米等秋收农作物播种结束，各种植物生叶发芽，春茶进入采摘期，柳絮飞扬，春意盎然。5 月平均气温上升到 21.3℃，柑橘开花，油菜、小麦成熟，各种植物枝繁叶茂。

夏季，气温迅速而稳步上升，太阳辐射最强。各种树木、农作物郁郁葱葱，进入生长旺盛期。6 月平均气温上升到 25.4℃，中、下旬进入梅雨季节。7 月进入夏季季风季节，小暑以后常出现高温天气，为一年中最热季节，平均气温 28.5℃。8 月平均气温 28℃。

秋季，气温逐步下降，9 月平均气温 23℃，10 月平均气温为 18℃，至 11 月降至平均气温 11.4℃。秋季天气不冷不热，秋高气爽，气候宜人。春华秋实，秋季是收获的季节，水稻、柑橘等多种农作物在秋季采收。同时，又是油菜、小麦等夏收农作物的播种季节，秋分以后开始播种油菜，寒露播蚕豆，霜降播小麦。11 月中旬以后，常遇气温急剧下降，偶有霜冻灾害性天气。9 月以后，随着气温逐步下降，乌桕、枫香树叶着红色，梧桐等落叶树木枝叶由茂绿逐渐转为枯黄而脱落。

冬季，气温继续下降，12 月平均气温 6.5℃，初冬土豆进入播种期。青林寺村树种以马尾松、柏木等常绿乔木为主，农田普遍栽植柑橘，所以，虽是冬季，仍然一片浓绿。每年 1—2 月，气温平均在 7℃左右，为全年最冷时期，冬小麦、油菜等农作物停

青林寺村冬景　　青林寺村委会　提供

止生长，无脊椎动物如昆虫、蚯蚓、蜈蚣，爬行动物如蛇、壁虎等进入休眠期。

河流　溪流　青林寺村傍依清江，江岸线长达 7.1 千米。发源于村东胥家龙洞的泉水由东向西流经胥家冲、廖家湾注入清江，形成了一条长 3.5 千米的溪流，为村域内唯一溪流。2000 年，清江高坝洲水电站建成蓄水后，原清江河道以及溪流全部淹没，形成了一个三面环村的水库。

自然资源

土地资源　2016 年，全村总土地面积 9.107 平方千米，其中，山地面积 6.5 平方千米，占总面积的 71.4%。农用地面积 1.077 平方千米，占总面积的 11.8%。建设用地 1.53 平方千米，占总面积的 16.8%。

云盘垴林木

生物资源　村域有多种乔木、灌木、藤本植物，其中主要品种有马尾松、杉树、柏树、大叶樟、银杏、杨树、香椿、板栗、金银花等。水果有柑橘、脐橙、椪柑、樱桃、桃树、枇杷、柚子、李子等。农作物有玉米、红薯、土豆、油菜等。野生动物有野猪、野兔、果子狸、猪獾、黄腹鼬等。鸟类主要有白鹭、野鸡、喜鹊、乌鸦、大山雀、竹鸡、画眉、八哥、家燕、斑鸠等。爬行动物有蝮蛇、乌梢蛇、王锦蛇、银环蛇、水蛇、

白鹭

青蛇等。两栖动物有青蛙、金龟、蟾蜍等。

旅游资源 中国谜语村——青林寺村位于清江下游北岸，清江高坝洲水库三面环抱村域陆地，青山绿水，白云蓝天，山水相映，碧黛难分。清江流经青林寺村 7.1 千米。特别是清江高坝洲水电站建成蓄水后，形成亦江亦湖的自然景观。湖内岛屿星罗棋布，宽阔水面烟波浩渺，两岸青山延绵起伏，被誉为清江画廊上的明珠。

青林寺村位于宜都市国家柑橘公园核心地带，漫山遍野橘园，四季郁郁葱葱。园区内服务设施完善，为休闲、观光农业胜地。青林寺谜语文化享誉海内外，属于国家级非物质文化遗产。民间文艺形式众多，谜语、谜歌、薅草锣鼓、采莲船、高跷、坐丧鼓等在这里辈辈相传，生生不息。特别是谜语谜歌，一问一答，一猜一射，妙趣横生，往来客人无不为之着迷。三峡国际高尔夫球场、军事文化主题公园、青山湖水上乐园为游客提供不同层次的需求。巴楚风情的青林古镇内有民俗文化展示体验中心、谜语文化一条街、谜园亭、八卦山观景台、异国风情小镇等观光景点，自然环境优美，旅游资源丰富。

林木蔽日　郁郁葱葱　　李广彦　摄

青山绿水青林寺村

◉ 人口与移民

人口 新中国成立初期，青林寺村人口 1570 人。1966 年增长至 1971 人，增长 25.5%。1976 年全村总人口达到顶峰，为 2206 人。

2015 年年底，青林寺村有 327 户，1035 人。其中男性 507 人，女性 528 人。在总人口中，包括由于经过几次移民搬迁造成人已出村生活居住，户口仍留在青林寺村的空挂户口 14 户，20 人。年龄构成为：0~10 岁 87 人、11~20 岁 80 人、21~30 岁 157 人、31~40 岁 146 人、41~50 岁 216 人、51~60 岁 157 人、61~70 岁 101 人、71~80 岁 58 人、81~90 岁 29 人、90 岁以上的 4 人。民族状况为：汉族 936 人，土家族 99 人。

姓氏 2015 年年底，青林寺村人口中共有 87 个姓氏，按每个姓氏的人口数统计，前 10 个姓氏有 667 人，占全村总人口的 64.4%。分别是：廖姓 202 人、赵姓 88 人、李姓 73 人、刘姓 63 人、吴姓 57 人、余姓 46 人、王姓 44 人、杨姓 35 人、胥姓 33 人、覃姓 26 人。

青林寺村姓氏人口统计表（按姓氏人口多少为序）

表 1　　　　　　　　　　　　　　　　　　　　　　　　　　单位：人

姓氏	人口	姓氏	人口	姓氏	人口	姓氏	人口
廖	202	唐	8	孙	3	付	1
赵	88	章	8	祝	3	代	1
李	73	曾	8	夏	3	包	1
刘	63	董	8	龚	3	白	1
吴	57	戴	8	鲁	3	冯	1
余	46	方	7	谭	3	江	1
王	44	徐	7	裴	3	朱	1
杨	35	肖	6	毛	2	呙	1
胥	33	袁	6	叶	2	易	1
覃	26	宋	5	吉	2	林	1
邓	21	程	5	杜	2	娄	1
向	20	魏	5	汪	2	饶	1
陈	20	吕	4	汪	2	梁	1
张	18	许	4	谷	2	殷	1
丁	17	邹	4	官	2	涂	1
郭	17	罗	4	段	2	秦	1
黄	14	周	4	高	2	梅	1
郑	13	姚	4	曹	2	景	1
胡	13	骆	4	熊	2	阙	1
谢	10	钟	4	樊	2	雷	1
史	8	姜	4	万	1	赖	1
柳	8	田	3	马	1	—	—

青林寺村廖姓起源于明朝。始祖廖本纲，原籍四川省富顺县。明成化二年（1467），廖本纲从四川富顺县出发，由沱江经长江顺流而下，至宜都陆城后沿清江上行，落青林

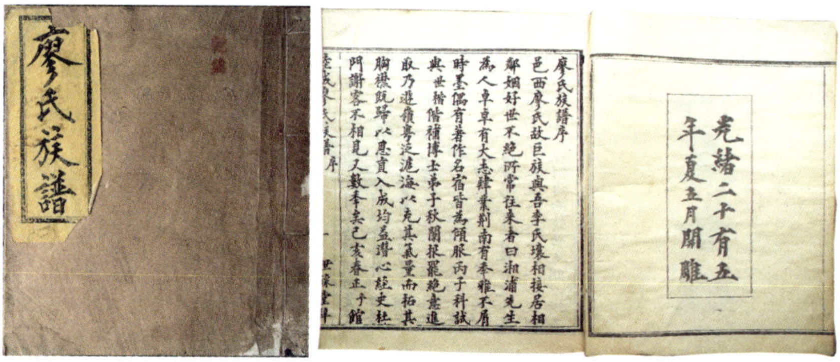

廖氏族谱

寺村一河洲而居，后来此洲以廖姓命名，称之为廖家坝，洲旁副河道称之为廖家夹河。其迁居青林寺村后，开始以捕鱼为生，同时在廖家坝、柘谷冲、廖家湾一带荒蛮之地披荆斩棘，开业传世，历经540余年，至目前已传至第22代。始祖卒后葬于长阳白果园青龙嘴。如今，廖家坝、青龙嘴皆被高坝洲水库淹没。

移民 青林寺村人口经历了三次大的变动。第一次是由于地方行政区划变动产生人口增加，1953年原廖家湾村三组由袁家棚划入青林寺村，原青林寺村一、二、三组由南桥划入青林寺村。四个小组共计102户，281人。第二次是1996年开始，历时6年的清江高坝洲水电站移民搬迁，迁出人口1028人。第三次是2003年开始，历时3年的宜昌三峡国际高尔夫球场征地搬迁，迁出人口202人。两次搬迁移民迁出人口1230人，占全村总人口的60%以上。

高坝洲水电站1992年8月在青林寺村开始进行库区淹没实物指标调查、登记，同年9月登记完成。高坝洲水电站设计淹没线海拔80.5米，移民动迁线海拔81米。高坝洲水库修建前，青林寺村村域内的清江河道水位线一般在海拔48米左右。2000年4月30日，高坝洲水电站开始下闸蓄水，至同年8月水位线达到海拔70米左右，库区基本形成。

移民新居

高坝洲水库廖家湾村淹没区人口统计表

表 2　　　　单位：户、人

组别	户数		人口		淹没人口户籍类型	
	合计	淹没户数	合计	淹没人口	农业人口	非农人口
合计	175	97	767	439	406	33
1	31	31	123	123	118	5
2	30	12	122	65	57	8
3	16	—	90	—	—	—
4	27	—	124	—	—	—
5	36	36	162	162	142	20
6	35	18	146	89	89	—

高坝洲水库原青林寺村淹没区人口统计表

表 3　　　　单位：户、人

组别	户数		人口	
	总户数	淹没户数	总人口	淹没区人口
合计	370	216	1333	864
1	53	22	191	92
2	37	31	137	129
3	50	24	163	110
4	63	35	243	149
5	62	62	236	254
6	38	12	138	44
7	36	—	138	—
8	23	22	76	75
村	8	8	11	11

廖家湾村和原青林寺村两个行政村共有 14 个村民小组，其中淹没组 12 个；共有农户 555 户，其中淹没线下 313 户；共有人口 2100 人，其中淹没线下移民 1303 人。

高坝洲水库库区移民和宜昌三峡国际高尔夫球场移民政策是坚持在开发性移民总方针指导下，实行前期补偿，后期扶持。前期补偿到农户的部分，包括房屋及附属设施、房前屋后零星果木、承包农田上的果园苗木补偿款、搬迁过渡时期生活补助费等。淹地补偿以生产安置费的形式补偿到安置单位，用于安置移民户的基础设施配套和配置生产资料等费用开支。后期扶持政策按移民人口计算，每人每年扶持资金 600 元，共计扶持 20 年。

在高坝洲水电站和宜昌三峡国际高尔夫球场移民搬迁过程中，采取村内农业开发移民安置（即村内后靠安置）、外迁移民安置相结合，以外迁为主的移民方式。高坝洲水

移民新建橘园

库移民从 1996 年开始，2002 年结束（海拔 81 米淹没线上淹田不淹房的农户搬迁从 2000 年开始），历时 6 年，共搬迁农户 387 户，移民人口 1441 人。其中村内后靠安置移民 143 户，413 人，迁到村外、宜都市内安置的移民 232 户，956 人，迁往宜都市外安置的 12 户，72 人。宜昌三峡国际高尔夫球场移民搬迁从 2003 开始，2005 年结束。共计搬迁农户 62 户，241 人。其中外迁出村安置 50 户，202 人，村内安置 12 户，39 人。在高坝洲水电站和宜昌三峡国际高尔夫球场两次移民搬迁中，共搬迁农户 449 户，迁移人口 1682 人。其中村内安置 155 户、452 人，迁出村外安置 294 户、1230 人。

◉ 基础设施

交通电力　二十世纪五六十年代，青林寺村交通闭塞，陆路不通公路，出村道路只有三条便道。一是邓家坪经土地岭、大溪口到鄢沱（或是经酿子口坐船到鄢沱）；二是经干冲到浑水堰（318 国道）；三是胥家冲经官界头、白马堰、桂子湖到宜都。但这几条路都是羊肠小道，连板车都无法通行。虽然居住在清江岸边，但由于清江河道滩多水急，水上运输以长途货运为主，无水路客运。当时人们外出都要步行，各种物资进出村全靠肩挑背驮。

1971 年，随着红花套区红（红花套）峰（高峰）公路通车，原青林公社所在地经官界头至青林寺村的公路也建成通车，从此结束不通公路的历史。青林寺村经红峰公路下可到宜都陆城，上可达红花套。当时，由于没有汽车、拖拉机等机动运输车辆，各生产队就添置板车，缴公粮（国家征购农业税以粮代款）、购化肥等大宗运输任务用板车运输，大大节省了人工，减轻了劳力负担。

1973 年，原青林大队盘山渠完工，将公路延伸至原青林大队一队酿子口。此后，开始规划修建赵家垴经干冲到分水闸接 318 国道的第二条出村公路，历经十多年奋斗，1978 年建成通车。

主干公路修通后，打通到各小队公路也提上议事日程，至 1990 年，各小队通公路。乡村公路网络基本形成。

随着高坝洲水库兴建，原村内交通主干路全部淹没，从 1995 年开始至 1999 年高坝洲水库蓄水前，必须完成村内交通网络的复建工程。原青林寺村在 1999 年前完成从老学校至二组骆家槽、赵家垴至柳家垴、新学校至廖家夹河 3 条主干路的复建通车。原廖

村内交通

出村道路　　青林寺村委会　提供

家湾村从 1997 年开始，历时 2 年时间，完成从胥家龙洞至青林寺村新学校主干公路的复建。同时修通主干公路至三组洗马池接袁家棚、干冲的组级公路。至 2015 年，全村新的交通网络全部形成，所有农户都通了公路。

虽然村内交通网络已经形成，但除主干路能晴雨通车外，到组到户公路都是土路面，下雨不能通车。从 2004 年开始进行公路路面硬化，经过连续 11 年工作，到 2014 年全部硬化结束，共计硬化公路 28.07 千米。

公交候车亭　　青林寺村委会　提供

2014 年，青林古镇项目开工建设，对村内公路交通网络进行重新布局，至 2016 年年底，已建成青湖大道、青林大道、桐湾西路、大堰路、塔湾路、青龙路、青柳路、环湖南路、陈湾路 9 条交通干道，总长 13.5 千米，全部铺设沥青路面。

1983 年以前，青林寺村不通

20 世纪 70 年代以前照明灯具

21 世纪村民家庭照明灯具

电。农户照明靠煤油灯，条件不好的农户灯具就是用铁皮子卷一圆筒，里面穿上棉线做灯芯，用废旧玻璃瓶做灯座，里面装上煤油就成了一盏灯。条件好一点的农户就是用的煤油台灯，不怕风吹，亮度也强一些。堂屋里还吊一盏煤油罩子灯。20 世纪 60 年代以后，每个生产小队都购置了一盏汽灯，用于集体晚上进行生产活动时照明。未通电以前，集体生产如抽水抗旱、加工脱粒等全部用柴油机作为动力。到了 20 世纪 70 年代，大队购置一台 1.5 千瓦发电机，有重大活动就用柴油机发电，解决照明或扩音设备用电问题。

1982 年，原两个小村根据 10 千伏高压线已送到官界头村的实际情况，与电力部门协调后决定办电。但由于当时村级经济条件困难，没有足够资金购买电力设备，所以，千方百计从宜昌、远安等地采购旧变压器，旧导线等废旧电力设备，以节约资金。1983 年 3 月正式动工架设高压线，1983 年下半年架设低压线以及到户电力线，年底全部完工。1984 年 1 月正式通电，从此结束了靠煤油灯照明的历史。

通电初期，由于电力设施都是废旧利用，到户电压一般在 200 伏左右，偏远农户在 180 伏左右。原来两个小村一共只有两台变压器（150 千伏安）。到 20 世纪 90 年代初期每年的用电量在 8 万千瓦时左右，户平均 130 千瓦时。

1999 年，随着国家农网改造政策的落实，青林寺村对原有电网进行了电力整改。增加变压器 5 台、550 千伏安，低压电杆由方杆全部换成圆杆，低压导线全部更新。

2015 年又进行村级电网升级改造，增加变压器 2 台、300 千伏安，青林寺村的变压器台基达到 9 个，1000 千伏安 。70% 的低压导线由铝绞线改为胶联线，80% 的农户通三相四线（380 伏），农户的电表换装为远程控制的电子表。2016 年全村用电量 50 万千瓦小时。

通信基站

村民家用电脑

村民用手机通话

广播电视通信 1975年，农村户户通有线广播工作开始实施，青林寺村1978年实现户户通有线广播。每天早、中、晚定时广播，小喇叭成了人们了解外界信息的主要渠道。随着信息技术发展，20世纪90年代后期，有线广播逐渐退出历史舞台。

1999年，为开通有线电视，在当时光纤还没有到村的情况下，原两个小村协商在青林寺村小学合建一个卫星地面接收站，共同使用。年底建成，有60%的农户当年开通有线电视。2002年，在宜都市移民局支持下，将光纤从红花套拉进村，原卫星地面接收站停用，有线电视与宜都广电局联网。同时，开通网络，天峡公司以及部分农户当年用上电脑。

通过10多年发展，电视机从黑白电视机到彩色电视机，发展到目前液晶电视机。电脑已基本普及。至2016年，光纤到户，数字电视信号覆盖全村，数字电视取代模拟电视。全村296户拥有各类电视650台，户均2.2台。电脑210台，普及率70.9%。

新中国成立至20世纪90年代初期，青林寺村通信十分落后。人们传递信息远处靠脚板，近处靠嘴喊。实行家庭联产承包责任制以前，生产队出工、开会以及集体开展什么活动，都是生产队长选一个制高点，用一个铁皮喇叭话筒喊话。20世纪60年代后期，每个大队安装一部手摇电话，靠青林公社总机人工转接。90年代初期，寻呼机、模拟手机开始进入农村。

1998 年下半年，原青林寺村、廖家湾两个小村在宜都市移民局和红花电信分局的支持下，于年底开通程控电话，40 多个农户当年安装电话。至 2000 年，全村电话普及率达 90%。2000 年以后，随着手机普及率提高，部分农户已不用座机电话。至 2016 年，中国移动、中国联通在村内分别建有基站，高质量的通信信号覆盖全村。全村拥有手机 700 部，户均 2.5 部。

◉ 发展概况

经济发展 20 世纪 50 年代，由于农业生产不发达，又没有其他经济收入，青林寺村农业生产总产值徘徊在 10 万元左右。1965 年全村总收入也只有 15 万元。进入 70 年代后，随着农业投资增加，技术进步，林业、副业补充，全村总收入成倍增加。1976 年，全村总收入达到 23 万元，人均纯收入原青林大队 63 元、原青冲大队 45 元。改革开放前的 1979 年，全村总收入 31.86 万元。人均纯收入原青林大队 76 元、原青冲大队 79 元。1978 年 12 月，中共十一届三中全会召开以后，全党工作重心转移，农村实行改革开放，逐步推行联产承包责任制，把土地使用权由生产队下放到农户，从根本上改变了分配上的平均主义，调动了农民的生产积极性。1981 年，原青林、青冲

青林寺村橘园

两个大队实行联产计酬生产责任制。责任制的形式为“专业承包，责任到劳，联产计酬”。1983 年，实行家庭联产承包责任制。1984 年本着大稳定，小调整的原则，将土地承包期延长至 15 年。有了长期稳定的土地承包权，极大地调动了农民的生产积极性，农村经济也出现了快速发展的新局面。1985 年全村总产值达到 121 万元，纯收入原青林寺村人均 438 元、原廖家湾村人均 437 元。到 2001 年合村并组时，全村总产值 1579 万元，人均纯收入达 2658 元。

2016 年，青林寺村经济总收入 3769.53 万元，其中，农业收入 846.7 万元，林业收入 0.63 万元，牧业收入 233.2 万元，渔业收入 2232.1 万元，建筑业收入 105 万元，运输业收入 40 万元，服务业收入 130 万元，其他收入 181.9 万元。可分配净收入 1968.73 万元，人均纯收入 19608 元。

从改革开放前的 1979 年到 2016 年的 37 年间，青林寺村经济总收入增长了 117 倍，农民人均年纯收入增长了 247 倍。

全村经济结构以柑橘种植、网箱养鱼两大产业为主，2016 年两大产业收入占全年经济总收入的 81.2%。

网箱养鱼

青林寺村目前栽植的柑橘品种以温州蜜橘为主。新中国成立以前，青林寺村就少量栽植柑橘，为有籽柑类品种，品质较差。1957 年从宜昌林科所开始引进温州蜜柑，但全村仅存活 100 株左右。1972 年，原青林大队又引种一批苗木，存活受益的接近 450 株。分别为原青林五队 300 株，六队 150 株。10 年后柑橘产量达到 1.5 万千克，由于当时柑橘价格每千克 1.6~2 元，经济效益十分可观，为此后柑橘大发展起到了引领示范作用。1984 年，全村开始大面积发展柑橘，到 1988 年，全村旱田基本上栽上柑橘，20 世纪 90 年代开始，有部分农户水田也开始改种柑橘。1994 年，全村柑橘面积发展到 1400 多亩，柑橘产量达到 250 万千克。至 1998 年，柑橘总产突破 600 万千克。此后由于高坝洲水库建成蓄水，淹没柑橘面积 900 多亩，产量也大量减少。在移民迁建过程中，通过开山造田，开荒建园，在昔日荒山荒坡上新建了 800 多亩柑橘园。2016 年，全村柑橘种植面积 1616 亩，柑橘总产 550 万千克，产值 830 万元。

2001 年，随着高坝洲水电站建成蓄水，青林寺村成为一个三面环水的库区村，宽阔的水域给青林寺村发展网箱养鱼带来契机。2001 年，村民廖助国、廖兴成两个农户率先在库区用行网箱养殖鲤鱼。2003 年，为帮助库区移民发展生产，宜都市政府出

农家小超市

网箱养殖户出售鲟鱼　　青林寺村委会　提供

村民采摘柑橘

台政策，为网箱养鱼户每户提供 3 万元、3 年期限的贴息贷款。受此鼓励，当年就有 10 多个农户发展网箱养殖。2004 年网箱养殖户发展到 38 户，网箱 800 多只，养殖品种为美国鮰鱼，年产成鱼 30 万千克，产值 300 多万元。2006 年 4 月，清江爆发鮰鱼病毒性套肠病，青林寺村网箱养鱼遭受毁灭性打击，在不到一个月时间里，死亡鮰鱼成鱼 10 多万千克，鮰鱼苗 2000 多万尾，经济损失 200 多万元，少数养殖户成为空箱。疫情发生后，宜都市政府、水产局聘请国内知名专家前往诊治，并对全库区水体紧急进行药物消毒。村组织专班打捞、填埋死鱼。经过这次打击以后，鮰鱼养殖规模骤减。2007 年在天峡公司带动下，养殖户转向养殖鲟鱼。2007 年 5 月，由廖新远（中）[①]、廖斌远、向大兴、胥家全、邓耀清 5 个养殖户发起成立宜都青林寺村清江名优鱼专业合作社。当年入社养殖户 35 户，经过社员大会民主选举 5 位发起人为理事会理事，推举廖新远为理事长，廖斌远为经理。社员入社须交纳 500~5000 元股金。入社自愿，退社自由。合作社确立六统一的经营方式，即：统一技术服务、统一鱼病防治、统一采购苗种、统一采购鱼药、统一供应饲料、统一销售成鱼。由于合作社运行规范，2009 年被评为湖北省“十佳渔民专业合作社”，2011 年被评为湖北省示范合作社，2012 年被评为国家级示范合作社。鲟鱼生长速度快，价格高，经济效益十分可观，青林寺村的网箱养鱼又进入一个发展高峰期。到 2010 年，全村网箱养殖户发展到 60 多户，网箱 4000 多个。当年产各种成鱼 60 多万千克，产值 1500 多万元。2011 年以后，鲟鱼市场价格骤降，销售市场萎缩，但网箱养鱼已成为青林寺村农村经济发展的主导产业。

农家乐饭庄　　　　青林寺村委会　提供

① 青林寺村有三个“廖新远”，按年龄以大、中、小进行区别

2016 年，全村共有网箱养殖户 85 户，网箱 5600 只，11.2 万平方米。年产各类成鱼 850 吨，其中鲟鱼 650 吨，总产值 2200 万元。养殖品种以鲟鱼为主，兼养鮰鱼、草鱼、青鱼、胖头、花鲢、丁桂鱼、倒刺鲃、江鲢等 10 多个品种。

青林寺村外出务工经济发展很快，目前已成为大部分家庭的重要经济收入来源。2000 年高坝洲水库蓄水后，土地大量减少，加之种植结构调整，由种植粮食、油料作物改为种植柑橘，劳动量减少，富余劳动力逐渐增多，开始外出务工。2001 年全村外出务工人员 20 多人，以木工、瓦工为主。人均年收入 8000 元左右。随着形势发展，外出务工人员逐年增多，人员结构发生变化，青年人占 70% 左右。收入水平也逐年提高，人均年收入 5 万元左右。

2016 年，全村常年外出务工人员 197 人，其中宜都市内 69 人，湖北省内 72 人，湖北省外 56 人。全村务工总收入 1000 万元。

村级组织

中共青林寺村党总支 1931 年 1 月，中共青林寺村党支部成立，有党员 8 名。后遭国民党保安团破坏停止活动。新中国成立后，1957 年建立中共青林寺村支部委员会，2006 年成立中共青林寺村总支部委员会。

2016 年，中共青林寺村党总支共有党员 59 名，其中正式党员 58 名，预备党员 1 名。党总支委员会由 3 名委员组成，其中书记 1 人，副书记 1 人，委员 1 人。党总支委员会每届任期 3 年。

2014 年 11 月 6 日换届选举产生中共青林寺村党总支第九届委员会。党总支采取“公推直选”的方式选举产生，即党员推荐、群众推荐、镇党委推荐，党员大会差额投票直接选举。

中共青林寺村党总支党员大会

青林寺村委会　提供

中共青林寺村党总支先进党员表彰会

青林寺村委会　提供

青林寺村村民委员会 1950年，宜都县废除民国时期县以下乡、保、甲行政管理组织，相继建立村人民政府、村农民协会组织。由农民协会领导辖区农民开展土地改革运动。合作化时期，乡成为农村了村级组织的行政职能。1958年人民公社成立，大队设立管理委员会，下设生产小队。1966年“文化大革命”运动开始后，大队管委会改为革命委员会。中共十一届三中全会后恢复管委会。1984年，红花套人民公社改为红花套区，青林管理区改为青林乡，生产大队改为村，生产小队改为村民小组。1988年国家开始试行《中华人民共和国村民委员会组织法（试行）》。1990年开始，村委会干部由村民直接选举。

村民委员会每届任期3年。青林寺村第九届村民委员会2014年11月从26人中选举产生。村民委员会成员采取差额选举方式进行，即登记参加选举的村民等额推荐提名候选人、选举大会差额投票选举。候选人获得参加投票的村民过半数选票始得当选。青林寺村第九届村民委员会由3名成员组成，村民委员会主任1人，治安保卫、调解委员1人，妇女计生委员1人。

青林寺村第八届村委会选举大会会场

青林寺村委会　提供

2010年，青林寺村获“湖北省卫生村”称号

村务公开栏

青林寺村第九届村“两委”班子共 5 人。班子成员实行双向进入、交叉任职，党总支书记、村委会主任“一肩挑”。

教育卫生 青林寺村历来有崇文重教、耕读传家的优良传统。民国时期，村域内有 4 所私塾，新中国成立后至 2002 年，先后设有青林寺村小学、中学。2002 年因宜都全市校点布局调整而撤销。

2016 年，全村学前教育入学率 100%，义务教育入学率 100%。全村在读幼儿园儿童 19 人，小学生 59 人，初中生 16 人，高中生 17 人，大、中专学生 27 人。为培育新型农民，提高劳动者素质，加强成人教育工作。2016 年举行柑橘、水产技术培训班 6 期，参加培训 485 人次。有 45 人次、分 2 期参加宜都市举办的新型职业农民培训班。

新中国成立至人民公社化前，区设卫生所，乡设联合诊所。人民公社化后，青林公社设卫生所。青林寺村因 1949 年以前在游士坡就有药铺，从 1950 年开始，先由乡联合诊所、后由公社卫生所在青林寺村游士坡设立卫生室，属卫生所下属机构，医生由卫生所选派。

1968 年，农村开始推行合作医疗制度，医生由大队培养，报酬由大队负担，称为“赤脚医生”。1969 年青林寺村正式设立大队卫生室并推广合作医疗制度（原青林、青冲两个大队同时进行）。合作医疗人均交费 2 元，其中个人付 0.5 元，集体付 1.5 元。在卫生室治病时每个处方交费 0.05 元，药费全免。由于当时经济困难，卫生室条件也十分简陋，除了两个药柜、一张办公桌、一个制中药的碾盘、一个听诊器、一个消毒锅之外，无其他医疗设备。合作医疗也欠费严重，大队卫生室运行十分艰难，有时候处于有医无药状态。为了保证人民群众的身体健康，提倡以预防为主、治疗为辅的医疗方针。

村民在村卫生室诊疗　　　　青林寺村委会　提供

各个生产小队设立卫生员，专门负责预防工作。1980 年以后，随着家庭联产承包责任制的落实，合作医疗制度随之取消。村卫生室只承担卫生防疫和妇幼保健任务，医疗实行谁看病谁出钱。

2006 年开始实施新型农村合作医疗制度。个人参保缴费从 2006 年的人均 20 元提高到 2015 年的人均 120 元。门诊和住院报销比例也在逐年提高。2015 年，门诊报销数额为每人每天 10 元以内，住院分级确定报销比例。2015 年全村人口 986 人，参加新型农村合作医疗 986 人，缴费 118320 元，参保率 100%，2015 年村卫生室门诊诊疗 3059 人次，报销费用 37340 元。2015 年，全村住院病人 146 人次，报销费用 311118 元。

2012 年以前，村卫生室医生报酬除村补助防疫费以外，还有药品差价、诊疗费用等方面收入。从 2012 年开始，村卫生室医生报酬实行改革，药品实行零差价销售，不允许以药养医。医生报酬主要由财政公共卫生费解决，除收取每人次 5 元的诊疗费，不再收取任何费用，大大减轻了病人的经济负担。

从 2005 年开始，青林寺村卫生室利用国家投入的资金 2 万元，对村卫生室房屋进行整修，4 间 84 平方米房屋全部粉刷并装铺墙、地砖。2006 年新型农村合作医疗推广以后，上级医疗主管部门又为村卫生室添置部分医疗设备，使村卫生室医疗条件大为改观。2016 年，村卫生室有乡村医生 1 人，医疗设备有电脑 1 台、冰柜 1 个、理疗仪 2 套、血糖仪 1 个、氧气瓶 1 个、雾化器 2 个、血压计 3 个、听诊器 3 个、消毒设备 1 套、空调 1 台。

宜都市中医院到青林寺村为村民检查身体　　青林寺村委会　提供

谜语文化

青林寺村是湖北省清江河畔的一个普通村落，位于清江高坝洲库区北岸。这里的村民“山上种橘，水中养鱼”，生活富足。这个只有千余人的小村落里，流传着几千则民间谜语，成为中国第一部关于一个村落的谜语集和谜歌集的诞生地。村民不论男女老少，几乎人人都会猜射；世间万事，无论古今，目之所及，几乎事事可以成谜。2003年，青林寺村被中国民间文艺家协会命名为“中国谜语村”。2006年，青林寺谜语入选第一批国家非物质文化遗产保护名录。

◉ 谜语源流

地域环境 青林寺村曾是古巴国通往楚国的必经之地，宋初为施南官道，清末及民国初年为宜都西大道。

青林寺村境内的清江河段有一座险滩叫柳津滩，滩水湍急，暗礁险恶，不过1千米的流程，落差竟达9米，行船人多视为畏途。滩下有一回沱，叫条子河，是个繁华码头所在。由于柳津滩阻隔，上行的船要在此蓄势，下行

清江库区风光

几句一提，想东想西。若是想起，包你有趣。（猜谜语）

的船要在此歇息，熙熙攘攘的船只，来来往往的商客，造就了青林寺村的繁华。顺着清江，逐渐形成一条长街，上至酿子口，下至廖家坝，号称“十里长街”。街的中心叫游士坡，相传因宋代苏东坡来青林寺村上香，曾在此住店借宿而得名。

“十里长街”的繁华，为文化的交融提供了得天独厚的地域环境。

人文环境 青林寺村四周遍布古人类遗址，近者三四千米，远者三四十千米。紧邻的红花套城背溪新石器时代遗址，距今已有7500多年，与宜昌李家河、紫阳一带新石器时代遗址以及三峡工程坝址中堡岛等古遗址，并上溯到大溪文化遗址，一道构成长江上游文化带。青林寺村清江河对岸上游3千米处，便是磨市镇南岸坪遗址，经1992年、1995年、1998年三次发掘清理，被证实为清江流域最大的古文化遗址，有夏、商及两周时期的文化遗存。

受这些古文化的影响，青林寺村历来就有崇文重教的传统。清光绪二十七年（1901），宜都知县王国铎为青林寺村立有“承先烈一脉相传度众生惟孝惟忠佛祖普灵；教后人两袖清风过太平或耕或读大士指经”碑。

青林寺村是古代巴楚文化的交融之地，紧邻鄂西土家族苗族自治州和长阳土家族自治县，与楚国故都丹阳相距30千米，与荆州古城相距70千米。土家族、汉族通婚十分普遍，民间往来交流频繁，促进了青林寺村民间文化的多元化发展与繁荣。

民国时期，青林寺村方圆8千米范围内，就有王定国、廖悦波、廖致亭3所私塾。人们把识文断字视作一种荣耀，民间流传有“穷不丢书、富不丢猪”的谚语。因此，青林寺村产生了一批杰出人物：当代研究《文心雕龙》的著名学者、先后执教华东师范大学和武汉大学的教授吴林伯，荣获斯大林银质奖章的专家、执教于云南大学的教授廖贵

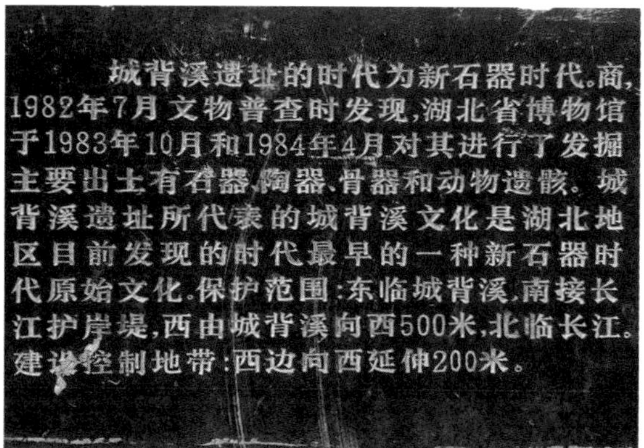

城背溪文化遗址说明　　宜都市博物馆　提供

城背溪文化遗址　　宜都市博物馆　提供

仁，驻外使馆官员郭学珍等。据统计，新中国成立以来，青林寺村每 20 个人中就有一名大学生，明显多于邻近村落。

文化渊源　在青林寺村，人们并不把谜语叫作“谜语”，而是叫作“灯钵（拨）子”，这个称谓，印证了青林寺谜语的悠久渊源。在汉代，有一种游艺叫“射覆”，就是用器皿，如碗、钵之类，将要猜射的物件覆盖起来，让人猜测。青林寺村的“灯钵

村民围坐猜谜　　青林寺村委会　提供

（拨）子”明显受到射覆的影响，带有历史的印痕。经过历史演变，而今青林寺村人一般将谜语书写为“灯拨子”。

青林寺谜语盛行于晚清，在民国初年的文人雅士中十分流行。村民廖大澍，字沛之，晚清咸丰年间进士，《廖氏族谱》称其“品行端方，议论正大，于祠堂事裨益颇多。生咸丰甲寅（1854）八月”。据传，廖沛之在外地为官，退休时带回大量谜语在青林寺村流传。而今，在青林寺村流行谜语中，还有不少可以看出出于文人之手或是经过文人加工。例如：

明明两重天，
两柱在中间。
去掉中间柱
是地不是天。

这是一则以“非”字为谜底的字谜。看似简单，内涵却不一般。它的谜面以八卦中的乾卦和坤卦作比喻，蕴涵有《易经》的学术内容。再如：

兄是南方猛虎，
弟是北方蛟龙。
常年不见东方红，
饱受五更寒冻。
日下红光烁烁，
林边绿色葱葱，
依稀猛虎卧草丛，
却叫兔儿射中。

这是一则以“卯”字为谜底的字谜。谜面以《西江月》为词体，从十二地支破题，涉及方位、时辰、属相等多项知识；文字讲究音韵，且注重方位互衬、色彩对比，当是出于文人之手。

宋朝曾慥《类说》载有王安石所作“日”字谜：“画时圆，写时方；冬时短，夏时长。”现今青林寺村一带流行的略有变化：“看时圆，写时方；冷时短，热时长。”这也应是经过文人之口传播的。

青林寺谜语的流行，与当地的文化氛围密不可分。民歌、薅草锣鼓、栽秧锣鼓、采莲船、踩高跷、丧鼓歌在这里祖辈相传，尤以谜语为盛。青林寺村方言语言生动活泼，

薅草锣鼓　　青林寺村委会　提供

土乐乐队在排练

谚语、歇后语、故事笑话丰富多彩。即便在受电视文化、网络文化冲击的当下，谜语、民歌、丧鼓、故事等依然沿袭不衰。

◉ 谜语特色

青林寺谜语数量众多，内容广泛，形式多样，根植于民间，活跃于大众，具有较强的知识性、娱乐性和实用性。

大众化　青林寺村的谜语，有着广泛的群众基础，不论男女老少，个个喜欢猜谜。无论是平日闲聊，还是红白喜事聚会，总少不了谜语的身影。据贾芝、杨亮才、冯志华等专家考察，“在青林寺村，除了尚不懂谜语的婴幼儿，参与谜语活动的人数占全村村民的95%以上，不分男女，老少皆有。其中掌握谜语1~10则的村民约占50%，11~30则的约占30%，31~100则的约占15%，100则以上的约占5%。”

宜都市民间文艺家协会专门设立有青林寺村分会。村中现有中国民间文艺家协会会员2名，湖北省民间文艺家协会会员6名，是全省会员最集中的村落。

随着《青林寺谜语选》公开出版，青林寺谜语名声渐起。2000年3月，宜都市委宣传部新闻科科长阮晓阳、宜都市文联秘书长杨兆武来到青林寺村采访，途中看见溪边有个老太太洗完菜正在往背篓里装，便想验证青林寺谜语妇孺皆知的真伪。阮晓阳于是上前说道：“老婆婆，您洗菜啊！能不能打个谜语我们猜？”老太太此时正在搂背篓上肩，看了阮晓阳他们一眼，便道：“上头一个敞家伙，脚下长着四个角。要不是腰里两条索，我也把它奈不何。”说完，便背着背篓扬长而去。见阮晓阳他们愣愣地望着，同行的赵兴寿连忙解释道，此人名叫廖全珍，已年近70岁。刚才已经打了谜语了，谜底正是她背菜的背篓。

同样的故事三峡大学彭林绪教授也碰到过。2008 年 9 月他到青林寺村去考察，在商店门前遇到一个大约七八岁的小男孩，便叫他打个谜语。小男孩说：“一口加一口，打一个字。”彭教授猜是“吕”字，小男孩说：“不对，是‘固’字。”

在青林寺村，猜谜已经渗透到村民的日常生活，早年村民廖会远猜谜招亲的故事至今仍传为佳话。

话说当年，廖会远待字闺中，由于聪敏俊俏，惹得十里八乡的年轻小伙前来上门求亲，廖会远父母一时难于取舍，于是干脆把决定权交给她自己。这一下，让廖会远也犯了难。经过反复思量，她决定采用“智取”。一天，廖会远通知几个相中的小伙子来到她家，通过猜谜来判定胜负，决定取舍。

两个轮回过去，廖会远打的几个谜语被几个小伙子先后猜中。廖会远最后抛出她认为最难的一个谜语：

偶因一语蒙抬举，
反被多情又别离。
送得郎君归去后，
独倚门头泪直滴。

最终只有李绪安猜出是“雨伞”。猜谜人终成眷属，廖会远、李绪安终于幸福地走到一起，相濡以沫，也成为青林寺村一则美谈。

在青林寺村，谜语已经进入到“艺术的生活化和生活的艺术化”的境界，在青林寺谜语中，从天地日月、飞禽走兽、花草树林到人体器官、饮食服饰、日常用具，凡是人们感官所及均有涉及，可以说包罗万象。村民们猜谜成风，平日里闲侃聊天，离不开谜语；办红白喜事，乡亲聚会，猜谜更是少不了的娱乐活动；就连上席托盘也时兴说个四言八句；

村民田间猜谜

青林寺谜语协会获奖牌匾

甚至在两支迎亲队伍“狭路相逢”之时，也是采用猜谜斗智来论输赢，输家就要让路。

类别广

根据谜面的构成和谜底的指向，青林寺谜语一般分为物谜、事谜、字谜三大类。

物谜类　物谜，指谜底是人们生产生活常用常见的物品。如动物植物：“胖子大娘，背口铁箱，剪子两把，筷子四双”（螃蟹）；“壳儿硬，壳儿脆，四个姐妹同床睡。从小到大背靠背，盖的一床疙瘩被”（核桃）。再如生产用具：“两个翅膀一个牙，不会走来只会爬，生来爱管不平事，口吐千层一朵花”（木工刨子）；“在娘家青枝绿叶，到婆家面黄肌瘦，不提起没有什么，一提起泪水长流”（撑船的竹篙）。

一般情况下，一个谜面和谜底组成一则谜语，但也有一则中有蕴含有几个谜面和谜底，叫“连环谜”。如：“大姐说话先喝水，二姐说话先脱帽，三姐说话先挨刀，四姐说话雪花飘”（毛笔、钢笔、铅笔、粉笔）。

物谜内容最为广泛，天文地理、世间万物无所不包，常见的有动物植物、人体器官、自然天象、生产工具，还有食品衣饰、用具用品等等。例如：

坐也坐，站也坐，行也坐，立也坐。（青蛙）

上也是岩，下也是岩，中间飞出雪花子来。（石磨）

远看一匹马，近看无尾巴，肚子里咕咕响，口里吐黄沙。（风斗）

生的吃得，熟的也吃得，就是洗哒吃不得。（水）

爹也麻，妈也麻，生个伢子白净哒。（花生）

昨日我打沙市过，买哒一个稀奇货，指头大个眼，针都穿不过。（顶针）

生在青山叶儿尖，死在凡间不用盐，天天都要吃它的，就是不用筷子拈。（茶叶）

弟兄七八个，围到柱子坐，只要一分家，衣服都扯破。（大蒜）

空心树，空心叉，千年不结籽，万年不开花。（竹子）

尖尖嘴，叉叉脚，木匠又没学，偏会干木活，打的朝天眼，唱的快活歌。（啄木鸟）

东一片，西一片，隔座茅山不见面。（耳朵）

黄米汤，白米汤，不多不少一瓷缸。（鸡蛋）

生前山上吃草，死后竹里藏身。口干石上喝水，说话万里知情。（毛笔）

两只船儿没得蓬，十个客人坐当中，黑哒客去船儿空。（鞋子）

三四月间出门，七八月间归家，虽说年纪不大，胡子却一大把。（玉米）

一只脚蹬蹬蹬，两只脚上天门，三只脚坐火垅，四只脚抬死人。（打杵、梯子、三架子、床）

大哥楼上跳，二哥把灯照，三哥团转跑，四哥把桶倒。（雷，电，风，雨）

事谜类　事谜，就是以人类或动物的活动为谜底的谜语。如："一条乌梢蛇，牙齿有几百，去时呜呜叫，转来落大雪"（割锯）；"四个钉碰钉，八个叮咚叮，两头安拂尘，中间点明灯"（牛打架）。事谜通常将生产活动、生活事象、文体活动作为猜射对象。例如：

一根树儿又无桠，一条黄龙缠到它，雷公火闪连连子打，越打越开花。（弹棉花）

黄泥筑墙，清水冲汤，开水开花，叶落池塘。（煨茶）

两条白龙巴沟走，五个抬起一跟头。（擤鼻涕）

黑船装白米，送到衙门里，衙门八字开，空船转回来。（嗑瓜子）

二人对面坐，中间隔条河，两边兵一样，战术各是各。（走象棋）

平原场坝四角周，马过江河水不流，一人设下连环计，江山不败家不丢。（下象棋）

洗又不用水，抬又不下力，打又打不响，抠又抠不痒。（打牌）

文章做得有来头，看到题目就发愁，若得一言来解破，解开心中万事忧。（猜谜）

就地盖屋不朝阳，有官无印坐正堂，亲生儿女不养老，半路夫妻不同床。（演戏）

四四方方一个窗，旁边坐个巧姑娘，栽花不用土，喂鱼不用缸。（绣花）

敲锣打鼓闹纷纷，半是兽来半是人，内外生成六只耳，外耳不闻内耳闻。（舞狮）

字谜类　就是以汉字作为谜底的谜语。字谜的制作和猜射要识字，对字的结构有一定的了解，并运用别解、会意、拆拼、象形、分扣、反射等基本方法。青林寺村字谜何时出现，如何从文人之口走向民间已无从考证，流传的数量也为数不少。如："一边绿，一边红，一边喜雨，一边喜风，喜风的怕水，喜雨的怕虫"（秋）。这是一则以别解、会意、象形等多种方法制作的字谜。

人名谜、地名谜，可以看作是字谜的变种，在青林寺谜语中也不少见，同时也有连环谜的形式。字谜举例如下：

人人为我，我为人人。（打一字：徐。“余”的古义为“我”）

上八不是八，下八才是八，十字穿心过，救命活菩萨。（打一字：米）

八十个人抬个字，抬去问孔子，孔子摇摇头：“哪有这么大个字？”（打一字：伞）

从左往右看，四十五天，从右往左看，只十五天。（打一字：胖）

无头又无脚，十字口中搁，若作田字猜，不算真文学。（打一字：噩）

此字真奇妙，三字来构造，任意选两个，都能配成套。（打一字：树）

外头能说话，里头飞雪花，两个一结合，个个爱看她。（打一字：图）

胡人求雨，背走婵娟。（打一省名：湖北）

三人同日去观花，百友原来是一家，和火二仙对面坐，夕阳桥下一对瓜。（打四字：春、夏、秋、冬）

走遍天下我为头，地上无我不风流，一个儿子背丝卖，一个儿子顶木头。（打四字：赵、钱、孙、李）

桂字少层土，捕捉手已出。如今多少人，还吸你的乳。（打一人名：杜甫）

清江已截流，两岸不出头，山中有庙宇，人在画中游。（打一地名：青林寺村）

表达生动

青林寺村的谜语以歌谣体式为主要形式，运用了会意、增损、离合、象形等多种谜体形式和比喻、拟人、摹状、双关等多种修辞方法。

歌谣体式　利用民间歌谣的文学形式，镶嵌隐喻的谜语内容，是青林寺谜语的主要特色。歌谣一般为多行体，青林寺谜语常见的有二行、三行、四行韵文体，而以四行体为最多。例如：

大风吹，吹得动，
大刀砍，没得缝。（打一物：水）

天上乌云转转，
地下红花爆烂，
一条蟒蛇咬到，
累死两个莽汉。（打一加工方式：打铁）

也有一行体和多行体的，一行体的如“墙上挂吊鞭”（蜈蚣）；多行体的举例如下：

说大不大，说小不小，
一不下种，二不长苗，
婆婆看到哒车不摇，
婊子看到哒客不招，
小姐看到哒花不绣，
皇帝看到哒脱龙袍，
媒人看到哒礼不要，
叫花子看到哒米不讨，
伢们看到哒满屋里吵。
眼睛一闭，一了百了。（打一生理现象：瞌睡）

歌谣讲究合辙押韵，青林寺谜语体现了汉语特有的音韵规律。例如：

头小屁股大，
腰里开白花，
虽然不是夫妻俩，
常在夜里搭亲家。（打一旧时日用物品：马灯　沙花韵）
三头两尾七只脚，
手里牵根索，
随手打一鞭，
转弯又抹角。（打一农事：耕田　摸索韵）
面朝泥水背朝天，
手拿青苗水面点，
由青变黄生珠粒，
青黄变白可变钱。（打一农事：插秧　天仙韵）
生在水中，偏怕水冲，
死在水里，无影无踪。（打一调味品：食盐　红松韵）

歌谣一般具有地域性，青林寺谜语使用地方方言，从语音到词汇都具有浓郁的地方特色。例如：

一个屋儿窄又窄，

里面只装得下五个客。（打一穿戴品：鞋）

“窄”和“客”在普通话中分属两个韵，而在宜都方言中同属黑白韵，“窄”读为“ze”，“窄”“客”合辙押韵。

化儿开花在头顶，

化儿开花半山腰，

化儿开花在水里，

化儿开花节节高。（打四种植物：高粱、玉米、菱角、芝麻）

这是一则连环谜，谜面中的方言“化儿”是“什么”的意思，常用语疑问句首或句末，使用频率较高。还有个语助词“哒”也使用较多，大体相当于普通话中的“了”。例如：

走路四个脚，站到八个脚，

一下脱哒壳，共有十个脚。（打一交通用具：轿子）

谜体运用　谜体，指谜语的体裁，常见的有会意体、增损体、离合体、象形体、谐声体和综合体等，青林寺谜语的体式，比较齐备。

会意体　就是以写意为主，猜时通过解释、分析谜面的字、词、语的含义来扣合谜底。解释分析时可以正面直解，也可以巧借字词的多音、多意别解。比如：

会吃没有嘴，

会走没有腿，

过河没有水，

死哒没得鬼。（打一文体活动：下象棋）

谜语中的描述，陡然一看，以为说的是反常的话，实际上，它描述的是“下象棋”的实际情形。正是几个“没有”，既把下象棋的特征说得活灵活现，又以正话反说的语调来故意迷糊人。当你识破这个秘密，也就是抓住了这个谜眼，就能迅速识破底。这是正面的会意。还有侧面的会意和反面的会意等。比如：

不要口，摇摇手，

出哒头，街上有。（打一字：否）

实际上，谜面一开头就说出了谜底字的结构，但不是直说的，而是绕着弯子说的；谜面快结束时，又做了强调和表白，也不是直说的。猜时也需要绕弯子，即从“杏”与“否”差异中作定论。这便是侧面会意。

增损体　这类谜不管字的含义，而是将谜中某些字的笔画增加或减少一部分，犹如做数学、堆积木，进行拆、拼、变，从而改变一些字词的结构，以转化成新的字词，再扣合谜底。这类谜富于变化，多用在字词谜中。青林寺谜语以放在谜面的多，在谜底的较少。比如：

一个人，他姓王，

口袋装了两颗糖。（打一字：金）

这也是用的增加式，即“全”（扣“一个人他姓王”）加两点（扣“两颗糖”）。

离合体　青林寺谜语中的离合式谜语，既有谜面较长的歌谣式，也有谜面短的只有几个字的。比如：

白蛇盗草草青青，

水漫青山淹恶僧，

十八年前塔下坐，

一品状元救母亲。（打一字：藻）

你我各半（打一字：伐）

这两则谜语前一则谜面长，后一则谜面短，其谜底分别是“藻”字和“伐”字。前一则谜面每一句各打一部分，即分别为“草字头”、（三点水）（以扣“水”），“木”“品”几部分，组合即得“藻”；后一则则是从“你”和“我”中各取一半，即“人”与“戈”组合即得“伐”。

象形体　这类谜语主要是利用谜面文字描述的形象或谜面文字自身形象来扣合谜底，尤以谜面的整体图画形象为多。青林寺谜语在这方面表现比较突出。比如：

一根树儿也无丫，

一条黄龙缠到它，

雷公火闪连连子打，

越打越开花。　　　（打一字农村加工业：弹棉花）

谜面具体直观、生动贴切，活脱脱地展示了“弹棉花”的图景。又如：

八根柱头稳蹬蹬，

四根弯枪叮咚叮，

两头安得须须耍，

四个月亮在中心。

这是一则描述农村中两头“水牛打架”的谜语，句句都带有形象，第一句说的是两牛的腿，第二句说的是两牛的角，第三句说的是两牛的尾，第四句说的是两牛的眼睛。

谐声体 就是利用语音的相同或相近而巧妙扣合成谜，也叫谐音体。有的是直谐，有的是间谐，即拐个弯再谐。间歇式的通常缀有诸如“不”“不是”之类的否定字词，否定的对象反倒变成同音字。青林寺谜语以直谐的居多。比如：

你想我就来，
你不想我不来，
要得我不来，
除非你不想。　　（打一动物：蚂蟥）

其中以“想”谐“响”；既有直谐（如前两句），也有间谐（如后两句），整体看，直谐明显。又如：

竹家的姑娘生的好，
蛇家的儿郎来包到，
马家的公子不服气，
他在中间格搞一格搞。　　（打一乐器：胡琴）

谜中“竹”“蛇”“马”分别表示“竹制琴筒”“蛇皮”“马尾弓”，是明显的直谐，“格搞一格搞”是拉胡琴的象声语，也是明显的直谐。

综合体 就是一谜中兼有两体或两体以上特点的就叫综合体，通常是几体结合才更生动、更有趣。比如：

梁红玉被困，
杨宗保上阵，
牛哥来参战，
岳少爷破城。　　（打一农事：打场）

这便是一则综合体谜语。从整体上看，全谜描述的是打场的情景，用的是象形体；从每句文字看，借用历史人物典故，有用典在其中，这是会意体；且以“梁”谐“粮”、以“杨”谐“扬”、以“牛哥”代“牛”、以“少”谐“扫”又是谐声体。

辞格运用 青林寺谜语运用了多种修辞手法，尤以比喻、拟人、借代、摹状、双关为多，有时几种方法同时使用。运用比喻的例如：

黑船装白米，
送到衙门里，

衙门八字开，

空船转回来。（嗑瓜子）

比喻就是打比方。这则谜语以“船”喻“瓜子”，以“衙门”喻“嘴巴”，瓜子壳则成为“空船”，既贴切又生动形象。同时，又用到双关，“衙”与“牙”谐音。

两个口袋一般长，

里面装有万年粮，

文武百官都吃过，

皇帝也要尝一尝。（乳房）

用“万年粮”来比喻源源不断的乳汁，充分体现了母亲的自豪与欢乐，也呼唤人们要尊重和爱戴母亲。

拟人就是把物当作人来写。例如：

珍珠白姑娘，

许配竹叶郎，

穿衣去洗澡，

脱衣上牙床。（粽子）

把粽子比作“姑娘”，将“穿衣”“脱衣”拟人化，同时又使用比喻手法。

筛子大，筛子圆，

过秤称，无二钱。（蛛网）

这则谜语以摹状手法描写蛛网性状，逼真传神。

几种辞格综合运用，在青林寺谜语中较为普遍。下面这则谜语以白描手法，淋漓尽致描述了从杀鸡、煮熟、食用乃至排泄的全过程，其间灵活运用了比喻、拟人、双关等多种修辞手法。

我本住在鸡架山，

碰到一个狠心汉，

捏我的颈，扯我的冠，

过刀口镇，经开水府，

拉拉扯扯，脱衣服，洗草鞋，

砍砍剁剁，送到戈洲，

押到宛平县，

两夹棍抬到衙门，
无人搭救，
抛在茅家店，
阴魂才散。　　　　（打一行为：杀鸡）

◉ 谜人谜事

谜语篓子

谜语篓子是用来比喻擅长制谜、猜谜的人，究竟能猜多少则谜才称得上“谜语篓子”，没有一定之规。在青林寺村，人人都会猜谜，没有人说得清青林寺村有多少“谜语篓子”。比较有代表性的人物有：

廖贵年，男，汉族，1936 年生，高小，青林寺村人，原青林寺村党支部书记，湖北省民间文艺家协会会员。

戴德源，男，汉族，1937 年生，小学，青林寺村人，湖北省民间文艺家协会会员。

覃兴菊，女，土家族，1942 年生，初小，长阳人，湖北省民间文艺家协会会员。

赵兴寿，男，汉族，1944 年生，高小，青林寺村人，《青林寺谜歌选》采录者，中国民间文艺家协会会员，宜都市民间文艺家协会理事。

杨世全，男，汉族，1947 年生，初小，青林寺村人，湖北省民间文艺家协会会员。2015 年病逝。

李绪清，男，汉族，1951 年生，小学，青林寺村人，湖北省民间文艺家协会会员。

丁开清，男，汉族，1963 年生，高中，青林寺村人，《青林寺谜语选》及《青林寺谜语选（续编）》采录者，中国民间文艺家协会会员。宜都市民间文艺家协会副主席。

李定菊，女，土家族，1967 年生，初中，长阳磨市人，湖北省民间文艺家协会会员。

他们中间最杰出的代表是丁开清和赵兴寿。

“谜王”丁开清　丁开清，1963 年 7 月生，青林寺村农民。他从小爱好文学，先后有 40 余万字的文学作品在各级报刊发表。20 世纪 90 年代以来，丁开清一直从事民间谜语、谚语、歇后语的搜集、整理工作。1999 年 1 月，大众文艺出版社出版他采录的中国第一部关于一个村落的谜语集《青林寺谜语选》，获宜昌市第二届屈原文学奖。2001 年，中国文联出版社出版《青林寺谜语选（续编）》，2002 年，大众文艺出版社出版《青林寺谜语选（精选本）》，为青林寺谜语的抢救和传承做出了巨大贡献。2003 年获湖北省第五届文学明星奖，宜都市第五届、第六届政协委员，是宜都市拔尖人才，被誉为“穿草鞋的文艺家”。

丁开清在四姊妹中排行老二，由于家庭人多劳少，家庭贫困，丁开清高中未毕业便回家务农，为的是多挣点工分以减轻家庭负担。

过了几年日出而作、日落而息的生活，丁开清不甘寂寞，独自一人跑到镇上一家砖瓦厂做工，每天可以挣到 1 元 2 角钱，除了交给生产队 4 角、交给家里 5 角和生活开支 1 角 5 分而外，尚有部分零用钱。两年下来，丁开清将赚来的大部分钱用来买了书，衣服没添两件，各种书刊倒是积累了一大摞。

可能是由于书刊读得多了，这一时期丁开清萌发了文学梦，烟盒也成了他的手稿，工友们感到好奇，其中自然也不乏嘲笑。由于受不了工友们的冷嘲热讽，丁开清一气之下离开砖瓦厂回了家。白天随大伙一同出工挣工分，夜晚则抄录白天听来的谜语、谚语、歇后语和故事，在当时，这些被人们视为不值一钱的东西，醉心于此就是不务正业。

丁开清确实开始着迷了。1980 年 4 月，他背着家人，偷偷跑到县文化馆参加文艺骨干培训班。为了得到培训资料，在自留山上偷砍锄把和扁担料去卖，结果遭到罚款处罚。

功夫不负有心人，1980 年第 6 期《中国青年》刊发了丁开清的一首小诗《清江赞歌》，他第一次挣到 8 元钱的稿费。

1981 年初夏，改革开放的春风吹进了青林寺村，土地包产到户了。告别挣工分的日子，丁开清获得了更大的自由空间，除了在田间劳作之外，空闲时间他都用来看书创作。之后，他在地级以上报刊发表文学作品 10 多篇。

1983 年的夏天，丁开清应邀参加了市文化馆举办的文学笔会，其间结识了对他影响一生的王作栋。在王作栋的指导下，丁开清开始对青林寺村一带流传的民间文学进行了

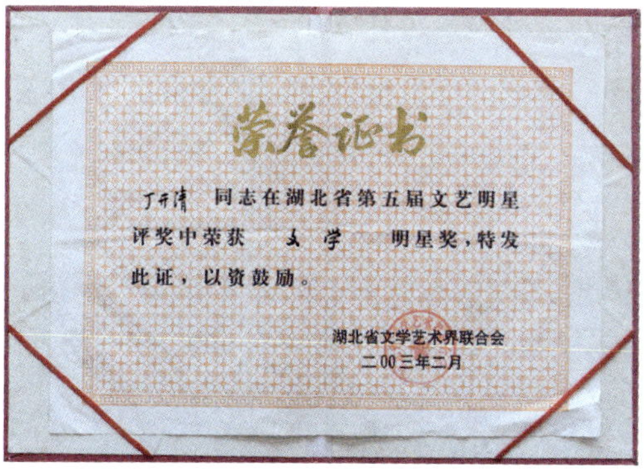

丁开清荣获湖北省第五届文学明星奖

丁开清获湖北省非物质文化项目传承人证书

丁开清整理谜语书稿

搜集整理。起初，村民们大多不理解，他们认为，这些东西，一不能吃，二不能喝，三不能卖钱。时间一长，就连家人也看不惯了。因为他是家中主要劳动力，却成天到晚看不到人影。然而，丁开清铁了心，入了迷，依旧我行我素，毅然走上了一条艰辛而又幸福的不归路。

1990 年 5 月，丁开清参加枝城市（今宜都市）第一次文代会，一回到家，就全身心地投入对搜集到资料的整理工作之中，将近十年辛苦搜集到的数千则谜语逐一分类，整理出书稿，从中挑选出 1200 多则编辑成《青林寺谜语选》，送到时任枝城市文联主席王作栋手里，得到王作栋宝贵的指导意见。

1990 年春，27 岁的丁开清与长阳籍刘姓姑娘喜结连理。开始，两人相亲相爱，倍感幸福。可是日子一长，丁开清不务正业的流言蜚语慢慢传到妻子的耳中，加上丁开清此时依旧沉迷在文学美梦中，于是，不解和争吵成了夫妻生活的主旋律。面对妻子的责难，丁开清并无悔改之意。

1990 年 5 月，丁开清到市工人文化宫协助办一次“红五月书画展”，历时半月，每天工资 5 元包吃住。等到展览结束，丁开清回到家里一看，他费尽心血整理的 3000 多则谜语手稿已被妻子付之一炬。丁开清欲哭无泪，更没有让他想到的是，结婚不到半年的妻子已决意离他而去。

在办理完离婚手续的第二天，丁开清又拿起笔来，靠记忆慢慢恢复被烧掉的那些谜语。经过 8 年的采录和梳理加工，《青林寺谜语选》重新送上了王作栋的案头。经过王作栋的举荐，1999 年 1 月，由我国民间文学泰斗贾芝题写书名、我国第一部关于一个村落的谜语集《青林寺谜语选》由北京大众文艺出版社出版。从此，青林寺村走出深闺，走向世界，受到社会各界的青睐。丁开清也因此荣获宜昌市第二届屈原文艺创作奖。

随着清江高坝洲水电站的修建，青林寺村成了高坝洲大坝的淹没区，全村一半人口需要移民。值得庆贺的是，丁开清在无意之中抢救了一项宝贵的文化遗产。随着村民的逐步外迁，丁开清开始意识到，必须争分夺秒抢救青林寺谜语。于是，他不分白天黑夜，不论天晴下雨，走村串户，收集流传在青林寺村的所有的文化资料。经过一年艰辛劳动，《青林寺谜语选（续编）》由中国文联出版社出版。两本谜语书的出版，引起学术界的进一步关注。2001 年，湖北省民协命名青林寺村为“湖北省民间谜语村”。2002 年 5 月，《青林寺谜语选（精选本）》由大众文艺出版社出版，入选谜语 2002 则。2003 年 11 月，青林寺村被中国民间文艺家协会命名为“中国谜语村”。

丁开清的作品和事迹，受到媒体广泛关注，被誉为“谜痴”和“谜王”。《人民日报》（海外版）、《半月谈》《光明日报》《中国青年报》《中国文化报》《湖北日报》《长江日报》，中央电视台、中央人民广播电台、新华网、人民网等数十家媒体作过报道。

“谜歌王”赵兴寿　赵兴寿生于 1944 年 2 月，青林寺村农民，1956 年高小毕业后在家务农。他自幼受环境熏陶参加谜语活动兼习二胡、笛子、锣鼓，学唱民歌小调。年轻时，是村业余剧团的骨干，当地打薅草锣鼓、玩采莲船、踩高跷、打丧鼓，他都是热心的参与者。成年后，先后担任过生产队长、农业技术员、会计等职。赵兴寿好学，利用业余时间采写新闻报道，进行文学创作，有多篇被县、市、省报纸杂志采用。2002 年，中国文联出版了他采录的《青林寺谜歌选》，为抢救民间文化遗产做出重大贡献。2002

丁开清（左二）与邻里切磋谜语技艺　　青林寺村委会　提供

年获“宜昌市优秀民间艺人”称号，宜都市拔尖人才，被誉为“谜歌大王”。

1956年，赵兴寿高小毕业了，和村民廖光照、廖悦波一起放牛。廖悦波说：“赵兴寿，你现在高小毕业了，也算是一个文化人了。我打个灯拨子，看你猜不猜得着。”

赵兴寿说：“好吵！”

廖悦波说：“人有我大，是什么字？”

赵兴寿思来想去，没有想出来。廖光照接着说：

“他打的字是：天无我大。”一起放牛的吴明礼接着说：

“他们说的是：有米就来！”

大伙越说越多，说是告诉了答案，可是赵兴寿却越听越糊涂。无论怎么问，可就是没有答案。回家后，赵兴寿想了一个晚上，也没想出答案来。

第二天放牛的时候，赵兴寿问到底是个什么字。廖悦波告诉他，他们打的都是“一”字。这一下，赵兴寿恍然大悟，“人”加“一”为“大”字，“天”减“一”也为“大”字，“一”加“米”则成了“来”字。找到了窍门，赵兴寿对谜语的兴趣也陡然大增。

1957年，麦收时节，赵兴寿随大人们到对河柳津滩去“赶鼓”。所谓“赶鼓”，就是有几班人马比试“打丧鼓”。青林寺村一下去了9人：有唱《红楼梦》的廖光照、有唱《三国》的赵朝会、有唱《封神》的吴刚珍……可谓班底雄厚，无论对方唱什么，青林寺村班子都有人对付。

可没想到，当晚一位听客提出要“一对一”，意即单挑，就是双方各派一名比唱。青林寺村的班子，每个人唱的书单一，不能跑全盘；而对河长阳的班子，是“穷户人家

赵兴寿获湖北省非物质文化项目传承人证书

杀年猪——样样有点”，虽然不精，却可以跑全盘。结果，青林寺村的班子一比就输。

后来，青林寺村鼓班改唱“水词”。“水词”指随口便答，即兴创作。唱“水词”时，青林寺村鼓班用上拿手好戏，打灯拨子、唱谜歌，越唱越有劲。唱十二月花时，廖宗柱唱了一首：

白花有风开得快，
白花无风不得开，
白花开了又有谢，
白花谢了还能开。

这一下，对方答不上来，黄了。青林寺村班子接着唱：

滩急水流浪花开，
风气水荡白花开，
静水无风花自落，
前面有滩花自开。

“赶鼓”归来，赵兴寿兴奋不已，觉得唱灯拨子歌真好。于是，开始有意识收集谜歌，十多年时间，记录的谜语歌竟然装满了一箩筐。

2005 年 6 月，赵兴寿受中央电视台《小崔说事》栏目邀请做一期“三个代表在农村”的节目。主持人要他用谜语介绍青林寺村的变化。赵兴寿说道，只看抗旱方式变化：

赵兴寿整理谜歌书稿

60 年代是：

桥在人肩头，

人在桥下走，

前后都是水，

水动水不流。（挑水）

70 年代是：

一步栏杆一步桥，

人在桥上摇啊摇，

庞统设下连环计，

诸葛领兵救汉（早）朝。（车水）

80 年代是：

一条大蟒黑黝黝，

皮带缠身转不休，

伸出指头按电钮，

河水哗哗坡上流。（抽水）

90 年代是：

一条白龙土中藏，

每隔一段有铁桩，

大旱桩上有张口，

纷纷落落细雨忙。（喷灌）

主持人崔永元提出，要将他的名字制成谜。赵兴寿当即制了一则：

佳人催得急，

佳口咏新词，

又是新年到，

上台要说事。

崔永元一听，心中暗喜，可口中还是说："不行，我的名字是你早就想好的。现在，请把朱军的姓名制成谜。"赵兴寿想了一下，说道：

一人顶头牛，

挥手告别去。

赵兴寿（中）开展谜语传承活动　　青林寺村委会　提供

赵兴寿性格爽朗，成天乐活，喜欢参与各种活动，也乐于为人帮忙。问及人生的乐趣，他认为还是制谜语和唱谜歌。

赵兴寿喜欢制谜，尤其喜欢制姓名谜。因为姓名谜可以从多角度切入，可以从“百家姓”切入，可以从生肖切入，也可以从字的音形义切入，切入点较为随意。制姓名谜就像玩文字游戏，每一个汉字都变化无穷，变来变去，韵味无穷，偶得佳作，其乐无穷。

赵兴寿说：“喊歌，也是最快乐的事。”他在年轻时就开始喊歌，无论是在打硪现场，在打连枷的稻场，在赶丧鼓的福堂，都有他的歌声。他说，喊歌可以现编现唱，即兴创作，那是极考验人的智慧的。每当偶尔编唱了一首好歌，事后回忆起来，都兴奋不已。

谜语故事

谜语故事就是以谜语为线索构成故事情节的故事，谜语在故事中起作线索作用，其重心可以是“谜”，供人猜射；也可以是“故事”，供人娱乐。谜语故事既有传说故事，也有生活故事。举例如下：

不杀生　青林寺庙里一日来了贵客，不生长老亲自去化斋，走村串户，倒也化了一些，但他一心想化一些鸡蛋。碰巧，一农户女主人廖陈氏在家，不生长老双手合十，道了一声阿弥陀佛，随即言道：“寺内今日来了一稀客，想找施主化几个鸡蛋，愿施主行好生之德。”廖陈氏双手合于右肋，道一声万福：“请大师听我说一个谜子，您若猜中，我便送您几个罢了！”不生长老道：“请施主赐教。”廖陈氏道：“张家有只金水桶，李家有只银水桶，只只水桶打得开，可惜打开收不拢。”不生长老道：“红心桃子人享用，内无骨头外无缝，施主施恩桃张口，青青黏液伴作红。”廖陈氏说：“大师猜对了。可是我的鸡蛋是用来孵小鸡的，师傅是出家人，这难道不是杀生么？也罢，为了大师招待客人，我还是把这几个将来不久就会有血有肉的鸡蛋送给师傅，不过请师傅当场给未来就有生命的鸡蛋做场法事吧！”不生长老略一思索，便敲起木鱼，口中念道：

混沌乾坤一口包，
一无骨头二无毛，
老僧送你西天去，
免得转劫挨一刀。

廖陈氏听后哈哈一笑，便把竹篮中的10个鸡蛋都给了不生长老。

猜谜　从前鄢家沱有个姓高的秀才，喜欢作诗，每到一处，总要即兴吟诗，可是他的诗句，有些酸文假醋。在附近的青林寺村，还有一个喜欢猜谜的人，什么谜语都难不倒他，号称谜王。

无巧不成书，一天，高秀才与谜王到柳津滩同船过河。船到江心，高秀才诗兴大发，便随口吟了起来：“浪啊浪，昨日隔江相望。”

谜王以为高秀才在打谜子，连忙猜道：“水！”

高秀才不理他，继续吟道：“水啊水，喝到肚里是鬼。”

“酒！”谜王又猜。

高秀才继续吟道：“酒啊酒，两弓张开任我走。”

“桥，桥！”谜王连猜直猜，把高秀才的思路打乱了套，就顺着顺口溜来了。

“桥啊桥，两头翘。”

“钎担！”

高秀才急了，索性叫道：“钎担，钎担，中间开眼。”

“笛子！”

“笛子笛子，两头蒙皮子。”

“鼓！”

“鼓，鼓，灰扑扑。”

“冬瓜！”

“冬瓜，冬瓜，两头开花。”

“枕头！”

渡船过河

高秀才急得揩了一把汗，发觉自己跟着猜谜的套路跑了，便愤愤地说："我这又不是猜谜子呢！"

谜王又猜上了："是麻梗！"

高秀才不满地说："你狠！"

"老虎！"

高秀才火了，说："我怕你！"

"鬼！"谜王继续当作谜语猜。

高秀才高声叫道："再猜，我打你几嘴巴！"

"洗脸袱子！"谜王大声回答。

高秀才把脸一沉，不作声了。

"菩萨！"谜王还在猜。

高秀才看到说什么也摆不脱，恼火把眼睛一瞪，谜王一见，连忙喊道："门神，门神！"

高秀才气得哭笑不得，趁着船已靠岸，一上岸就跑开了。

棺材铺 明朝年间，施南城里最热闹的十字路口，有人开了一家店铺，但这家店铺很不受人欢迎，有人甚至说这店不吉祥，过路人连看都不多看一眼。店主看到店铺生意实在不景气，就想请当地一个文人写一副对联，以招揽顾客。文人想了想，提笔写道：

这买卖稀奇，人人怕照顾我，但要照顾我；

那东西古怪，个个见不得它，却离不开它。

对联往门口一贴，路人见了，都觉得很有道理。从此，人们对这家店铺的看法也改变了。

放牛坝上说四句　廖光照可谓是放牛娃的头。因为他会说顺口溜，会讲故事，是众多乡邻的老师。无论在放牛场上还是在其他任何场合，数他的文化最高。这天，廖光照说：“今天都来说四句（即顺口溜），说不到的赶牛。”

反正是好玩，大伙都说行。吴明礼看到廖中淮老手拿篾刀在划篾，想起一物，便说道：“刀破圆竹先思量，做个玩意送凉爽，风送荷花飘香远，多谢菊花遍地黄”。廖悦波说：“这个四句是一个灯拨子，我来学您的样说个四句：身在山庄心内空，嫁给郎君破圆筒，花线缠身皮纸裹，逼我赶热生清风。”廖光照说“我的四句是：冬天躲进屋，伏天请它出，有皮有筋没有肉，摇摆生风好舒服”。

小学校长兼夜校老师王友荣也在人堆中，他说一声：“好！”人们才知道王老师在场。廖光照说：“世上不准听相音，听了相音肚子疼，难得老师来参会，说个四句我们听。”大家不约而同吆喝鼓掌欢迎。王老师说：“今天是一个学习的机会，说一个四句，说得不好请大家帮忙改一改。”廖光照说：“不要客套，请说。”王老师说：“还是接着刚

《青林寺谜歌选》

《青林寺谜语选》

才三个老人家的意思说。纸竹姻缘会剪刀，赶热生风手频摇，桃花谢后才相会，乍起秋风面勿朝。”廖悦波说：“老师到底是老师”。

◉ 文化成果

青林寺村民间文化丰富多彩，谜语、谜歌、故事、歇后语、跷子答白等各具特色，公开出版物有《青林寺谜语选》《青林寺谜歌选》《青林寺谚语歇后语选》《青林寺谜语故事选》等，体现了青林寺村民间文化的基本成就。

谜语选录 青林寺谜语数量众多，形式活泼，富有地域特色。

五男二女分家，打得纷乱如麻，若问几时了结，直到清明方罢。（打算盘）

孔明借东风，周瑜用火攻，鲁肃哈哈笑，曹操怒气冲。（呼烟）

千军万马下长沙，火焰山上把营扎，炮火连天一仗打，个个吓的把嘴爹。（炒玉米泡子）

两脚直来两脚勾，两副心肝两个头，一个死的背活的，一个喜来一个忧。（鹰叼鸡）

白日快条条，夜哒寻暗道，听到狗子咬，拉出来就跑。（门栓子）

一个小姐爱风流，爱了风流要逃走，若要逃走又不行，只因把柄在人手。（放风筝）

远处来了一群鹅，噼里啪啦跳下河，先浮起一个，再浮起一窝。（下饺子）

东边点窝瓜，牵藤到西家，花开人吵闹，花落人归家。（太阳）

初三初四身如弓，十五十六最英雄，本想做个三十岁，二十七八影无踪。（月亮）

你走它也走，你站它也站，从来不多言，一生只做伴。（影子）

床面前两个坑，捅下去有半人深。（裤子）

一个东西两个口，不管贫富个个有，有它不算富，无它就出丑。（裤子）

妈生我们一双胎，还没出生就分开，左右同生死，到老无往来。（耳朵）

小小诸葛亮，稳坐中军帐，摆下八卦阵，专捉飞来将。（蜘蛛）

头戴红帽子，身穿绿袍子，走路吹笛子，坐到摸胡子。（苍蝇）

妈死一年我才生，出世不见爹的人，人人都说良心好，可怜没报娘的恩。（蚕）

生在青山叶叶青，开花就像结黄金，结果又像中秋月，月里又藏满天星。（向日葵）

在娘家青枝绿叶，到婆家面黄肌瘦，不提起倒也没事，一提起泪水涟涟。（船篙）

看来很有分寸，浑身带有斯文，从来不讲自己，专门衡量别人。（尺）

少时青，老来黄，几番敲打配成双，送君千里终须别，老来无用弃路旁。(草鞋)
尖尖身子白如云，过秤没得半毫分，眼睛长在屁股上，只认衣衫不认人。(针)
小小光棍巴墙站，红娘女子来打伴，虽说不是两夫妻，亲嘴亲哒千千万。(吹火筒)
夫妻双双同出门，不带铺盖不带银，高梁大屋我有份，生儿育女转回程。(燕子)
白雪纷纷，伯乐操琴，问是何调，人人知音。(弹棉花)
外面书生突突敲，里面小姐加紧跑，若是想和书生见，小姐性命也难保。(啄木鸟)
出在稻谷田中，住在青纱帐里，穿过绫罗绸缎，听过私情蜜语。(枕头)
几句一提，想东想西，若是想起，包你有趣。(猜谜语)
说鸟不是鸟，躲在树上叫，自吹化儿都懂，其实都不知道。(知了)
小来青幽幽，长大雄赳赳，死哒才开口，嘴里含个黑绣球。(花椒)
长的少，短的多，脚去踩，手去摸。(梯子)
一家五口人，各进各的门，若是进错哒，就会笑死人。(扣子)
四四方方搭个台，生旦净丑走出来，上台的不唱戏，唱戏的不上台。(木偶戏)
阶下儿童仰面时，清明装点最相宜，游丝一断身无力，莫向东风怨别离。(放风筝)
一个宝宝白又胖，生来就怕太阳光，坐在风中不怕冷，一见太阳汗直淌。(雪人)
一朵红花头上戴，一件花衣身上盖，一到拂晓就唱歌，一唱千门万户开。(公鸡)
先修十字街，后造八卦台，主人中堂坐，恭候客人来。(蜘蛛)
紫色树，紫色花，紫色树上开紫花，开哒紫花结紫果，紫果熟哒装芝麻。(茄子)
妈死三年才生我，我死三年妈还在，我在外头做买卖，妈在屋里还没埋。(木耳)
身穿层层绿蓑衣，留下一撮长胡须，扯掉胡须脱哒衣，露出排排黄金玉。(玉米)
胖子大娘，背口铁箱，剪子两把，筷子两双。(螃蟹)
兄弟分家各西东，争先夺后论英雄，分受产业都一样，一个富来一个穷。(下象棋)
屋子长方方，有门没得窗，屋外热烘烘，屋内结冰霜。(冰箱)
一张纸没得二两重，一个人拿不动，两个人抬张纸，眼睛笑合缝。(领结婚证)
一只猛兽进人群，活蹦乱跳独逞能，现场众人亲眼见，肚里吃进两个人。(玩狮子)
一根枝儿矮棵棵，上头结些金银果，过路先生莫摸我，太阳一出我就躲。(露水)
九州四海一美人，十五十六正青春，二十七八得了病，三十岁上命归阴。(月亮)
上下两排兵，把守在洞门，那个敢进来，打成细粉粉。(牙齿)
远看四方田，近看是果园，果果挨果果，随你打好多。(算盘)

竹家的姑娘生得好，蛇家的儿郎来包到，马家的公子不服气，他在中间格格搞。（二胡）

长在深山窝，从小嫁个打鱼哥，想当年青丝满头，到如今面黄肌瘦，不提倒也行，一提起来泪满江河。（船篙）

少时青，老来黄，几番敲打配成双，送君千里终还别，弃旧迎新甩路旁。（草鞋）。

生在高山叶叶儿青，没到成年就定亲，蛮汉丈夫不讲理，锯我的身，挖我的心，狠心婆婆从中作梗，捏我的嘴，抓我的身，遇一巧妇来讲情，我才得脱身，问在搞化儿？气冲冲，泪淋淋，只喊烟子熏眼睛。（吹火筒）

打死大娘有原因，只怪子孙不成人，接个二娘养好子，还是依旧大娘的根。（嫁接）

骂它的爹、骂它的娘，尾巴倒比身子长，做人莫学它，又贪财物又贪粮。（老鼠）

青枝绿叶红茎芽，一树先后两种花，先开金花结青果，后开银花收回家。（棉花）

一对鸳鸯对面栖，你来我往结夫妻，白天夫妻同携手，夜晚各自分东西。（扣袢）

一人长得细又长，一把弯弓腰内藏，一位女子身边站，模样长得像亲娘。（字：姨）

一木口中栽，不是杏和呆，若是猜成困，不是好秀才。（字：束）

遇水就成河，打伙就成哥，头顶大得奇，傍人又如何。（字：可）

小小一只月牙舟，装着三个大石头，一个装在舟里面，两个挂在舟外头。（字：心）

嘴比嘴小，嘴比嘴大，嘴来吃嘴，嘴吃嘴巴。（字：回）

道士腰里一对角，和尚口里一条巾，虽然是平常两个字，猜遍天下读书人。（字：平常）

月月两相挨，拆也拆不开，若作朋字猜，不是真秀才（字：用）

二十相公年纪轻，两口不和把家分，佳人不同郎君睡，欠坏多少少年君。（字：歡）

王字生的恶，头上一对角，拦腰一扁担，打的左脚绊右脚。（字：姜）

谜歌选录 谜歌就是可以用来咏唱的有曲调相合的谜语，谜歌的品种、表达内容、体式技巧等基本与民间谜语没有两样，所用的曲谱几乎是村民们生产劳动所用的薅草锣鼓及民间小调的忠实记录和演化。谜歌的结构有自问自答和以谜答谜两种形式。

雨伞

问：遇着晴君我守家，遇着雨君我出发，有情伴君千里归，独自依门泪花花。

答：山中栽竹不种麻，根根竹子发了桠，乌云暴雨结了籽，倾盆大雨伞开花。

芝麻

问：青青竹竿挑绿瓦，一节一节开小花，秋天吐籽千万粒，籽粒虽小香万家。

答：芝麻播种满天撒，长大开花像喇叭，结的籽粒颗颗小，榨出油来香万家。

葡萄

问：有位姑娘爱玩耍，生性喜欢树上爬，有时还要巧打扮，串串珠子满身挂。

答：葡萄青藤爬上架，嫩绿叶子美如画，珍珠串串藤上吊，味道鲜美人人夸。

雪

问：无枝无叶却开花，满山遍野白净哒，红日一照化成水，我问歌手什么花。

答：飞雪普降千万家，满山遍野盖棉花，太师放羊吃断种，只等明冬又开花。

鸭

问：水中有个胖娃娃，宽宽脚掌扁嘴巴，摇摇摆摆路上走，张嘴说话呷呷呷。

答：鸭子是个扁嘴巴，宽宽脚丫不分叉，上岸走路左右摆，下水游泳是行家。

露水

问：一根树儿矮棵棵，上面结些金银果，过路朋友莫闯我，太阳一出我就落。

答：片片绿草挂露珠，早晨世界属于我，东方日出就隐退，行人碰我要湿脚。

算盘

问：十字当中一条河，一边少来一边多，多的要比少的少，少的要比多的多。

答：此物购时钱不多，用时钱数可成摞，算盘下面籽粒多，上面二个顶十个。

水上谜歌对唱　　青林寺村委会　提供

锯子

问：一条乌龙牙齿多，来来往往如穿梭，咬得木头沙沙响，阵阵雪花往下落。

答：铁打汉子牙齿多，吃树不吃叶和果，只因祖先是鲁班，锯子一过厚变薄。

梯子

问：长子只两个，矮子有许多，长子直着站，矮子横着卧。

答：上高下低不用说，边走边把长的摸，脚踩短的上下走，没有梯子难堆箩。

斧头

问：前面两个角，后面四个角，中间却有八个角，一共一十四个角。

答：眼在腰中八个角，眼中长出独腿脚，方头大斧赛利刀，砍树劈柴无话说。

雨伞

问：一物生来筋骨多，雨天千里送哥哥，哥哥门里它门外，它在门外泪如梭。

答：一朵鲜花颜色多，花儿开时手里握，越是雨大花越好，天晴雨伞就闲着。

草鞋

问：牵牵挂挂一担货，挑到表嫂门口落，表嫂问我什么货，鼻头穿到耳朵过。

答：草鞋鼻头四条索，正一搓来反一搓，紧紧靠住百般捶，上山下田多利索。

甘蔗

问：蛮像竹子没有皮，不是空心白肉体，竹子幼时可做菜，它却老了才能吃。

答：青皮甘蔗竹子体，剔皮吃肉甜如蜜，滴滴糖水落下肚，吐出骨头抛开皮。

蚕

问：小时灰黑像蚂蚁，日夜劳动不停息，脱掉黑衫换白褂，吐出长丝做锦衣。

答：桑蚕生来好秀气，专吃桑叶不吃米，白胖身子长又细，吐丝人间做花衣。

向日葵

问：生在田里青又青，开花如同结黄金，结果好像中秋月，月里藏着满天星。

答：月亮里面有星星，花儿圆圆似黄金，结果粑粑如月亮，葵花向阳是美名。

梳子

问：哥哥年老背又驼，一口牙齿细又多，姐姐妹妹等着你，等你从她头上过。

答：牙齿尖尖密又多，脊背骨头弯又驼，莫看梳子不起眼，敢从皇帝头上过。

影子

问：撵不走来分不开，任何食物它不睬，雨天黑夜不见它，有亮有光它就来。

答：影子同去又同来，同穿衣服同穿鞋，阳光大道同你走，黑暗路上两分开。

枕头

问：姊妹两个一般大，收拾打扮随姑嫁，擦了多少脂和粉，听了多少私房话。

答：小妹成婚到婆家，随身嫁妆两小伢，新郎新娘共枕头，静听两人悄悄话。

水泥

问：石头是哥砂是弟，合伙结拜做兄弟，三人对天念咒语，永远团结在一起。

答：炉中久炼成水泥，出道碰上砂弟弟，砂弟遇到石头哥，喝足清水融一体。

歌谣选录

歌谣统称民歌，包括童谣、风俗歌、节令歌和情歌等，一般讲究押韵，一则讲述一件小事或表达一个主题。

识字歌

一字好像一根棍，
二字好像木脚子印，
三字礓踏子等，
四字窗户子形，
五字好像车水磴，
六字一看满天星，
七字一根弯拐棍，
八字两边分，
九字秤勾子形，
十字棍打棍。

推磨歌

推个磨，拐个磨，
推的面，白不过，
做的粑粑黑不过，
隔壁的婆婆来点火，
一顿吃了十三个，
半夜起来摸茶喝，
炊子捞到后脑壳，
早晨起来倒水喝，
磨担子撞到额脑壳，
接先生，弄药喝，
接道士，吹海螺，
接木匠，挖盒盒，
挖着挖着去哒豁。

鸦雀尾巴长

鸦雀子尾巴长，
清明嫁姑娘。
姑娘矮，嫁螃蟹。
螃蟹薄，嫁牛角。
牛角尖，撬上天。
天又高，好打刀。
刀又快，好切菜。
菜又青，好点灯。
菜又甜，好过年。
菜又苦，过十五。

菜又青，好点灯。
灯又亮，好算账。
一算算到大天亮，
还是个黄昏账。

三十的月亮大

三十的月亮大，
孤老的儿子偷南瓜，
瞎子看到哒，
聋子听到哒，
哑巴一声喊，
跛子跟到赶，
一赶赶到坎脚下，
看到两个光脑壳在打架，
互相揪头发，
揪的烦纠哒。

板凳歌

板凳儿，拐连拐，
爹喝酒，妈打牌，
哥哥输哒不回来，
嫂嫂在屋里做卖鞋。
做一双，提起卖，
做两双，挑起卖，
卖哒就还债，
好把哥哥接回来。

说实话

正月里来是新年，
见人口里喊拜年，
顿顿鸡子腊肉鱼，
外带小孩压岁钱。

二月里来惊蛰节，
河里鱼儿滩上歇，
篾匠师傅会划篾，
铁匠师傅会打铁。

三月里来菜花黄，
伢们没得大人长，
白菜没得韭菜香，
黑哒没得白天亮。

四月里来是立夏，
猫子没得狗子大，
蒜大没得萝卜大，
花椒没得胡椒辣。

五月里来是端阳，
哥的丈母嫂的娘，
一到天黑就点灯，
两个五尺一丈长。

六月里来是三伏，
从来没人穿棉裤，
锅巴要用米汤煮，
怀伢爱吃酸萝卜。

七月里来立哒秋，
水往低处流，
关起门就睡，
门槛在外头。

八月里来看月花，
结婚就要做爹妈，
鸭子打架用嘴呷，
和尚头上无头发。

九月里来是重阳，
世上人们不一样，
有的瘦来有的胖，
脑壳长在肩包上。

十月里来小阳春，
伢们都靠妈来生，
才下的牛儿走不稳，
狗子不敢挂牛铃。

冬月里来雪花飘，
个个都要穿棉袄，
下午没得上午早，
一到黑哒把火烤。

腊月里来腊月腊，
家家都把年猪杀，
嫂子辞年回娘家，
三十中午吃猳猳（音ga，猪肉）。

十劝

正月里，劝情哥。
情哥莫赌博，
赌博实在坏处多。
败家当，家不和，
世上不卖后悔药。

二月里，劝情哥。
在外莫要贪吃喝，
坏了身子怪那个。
狐朋狗友交的多，
到得头来无着落。

三月里，劝情哥。
情哥听我说，
世上花女多，
惹上病根害哪个。

四月里，劝情哥。
情哥学好莫学恶，
在家千般好，
出门时时难，
好吃歹吃慢点过。

五月里，劝情哥。
出门不要到处坐，
寡妇门前是非多。
你若就是不下河，

露水也会打湿脚。

六月里，劝情哥。
伏热难当太阳恶，
暑难熬来蚊子多。
外头好好搞工作，
千万不要牵挂我。

七月里，劝情哥。
情哥不要贪酒喝，
坏哒身子不好医，
奴家泪打肚里落。

八月里，劝情哥。
在外做事要利落，
莫把旁人来带过。
遇事还要让三分，
是对是错旁人说。

九月里，劝情哥。
为人不要太苛刻，
接人待物要仔细，
为官要清莫贪多，
问心无愧得正果。

十月里，劝情哥。
情哥听我慢慢说，
为人不做亏心事，
夜夜瞌睡睡得着，
一言一行要正确。

灯盏挂油油挂灯

哥耕田来妹种瓜，
哥煮饭来妹烧茶，
清早起来对面讲，
世上难找这一家。

枇杷树边牵牛花，
牵牛缠树往上爬，
牵牛缠树死不放，
哥今缠妹要结发。

屋檐滴水水滴沙，
情妹爱哥哥爱她，
情妹爱哥勤劳动，
情哥爱妹会当家。

一把扇子两面花，
一朵菊花两杯茶，
扇子烂哒骨还在，
菊花泡茶又开花。

当初和妹种窝瓜，
攀藤三年不生芽，
如今三年不结籽，
枉费挑水去浇花。

当初和妹种窝瓜，

种在别园别人家，
如今我俩围园种，
早晨淋水夜开花。

挑水码头洗细沙，
细沙流过石岩崖，
我俩结交闷在肚，
杨梅结子暗开花。

妹是十七哥十八，
你我都是娃儿家，
哥是生姜才出土，
妹是嫩笋才发芽。

五把扇子

一把扇子两面白，
情哥今日是稀客，
看哒几多红花女，
好在人前没失格，
找到情哥才算得。

两把扇子两面蓝，
要找情姐不太难，
把些时间陪姐玩，
拿些银钱人前散，
藤儿上树慢慢缠。

三把扇子两面青，
情哥有意妹有情，
我把真心给了你，
不要旁人说分明，
免得坏奴好名声。

四把扇子两面圆，
我与情哥定百年，
哪个九十七岁死，
奈何桥上等三年，
阴阳不隔天天见。

五把扇子两面黄，
上头画的姐和郎，
郎在这面望着姐，
姐在那面望着郎，
当中只隔纸一张。

拍渔鼓

讲故事

故事选录

1949年前后，游士坡、杨叉路地处交通要道，商铺较多，比较繁华。特别是王应有、杨家开设的茶馆生意红火，不管是过路的客人，还是本村文人雅士，都喜欢在茶馆相聚，闲侃聊天，说书讲古（讲故事）。其中代表性人物有廖光照等。

不说“久”不喝酒

说一个老头姓张很是喜欢喝酒，一日三餐到堂，而且每餐得喝斤把酒。老伴害怕他喝多了对身体不好，常劝他不要喝酒，或者不要天天喝餐餐喝。有一次老伴劝他时，他就说：婆婆子，说什么呢！你不说酒我不喝酒。你若再说话时沾一个酒字，我就要喝四两，包括同音字在内，如“九、久”。两老达成了协议。

老婆婆说话非常注意，她逢酒转弯，如“九斤”，她就说十斤还差一斤；说明天是初九，她就说，过了明天，后天就初十了。一连好几天，老婆婆始终没说一个“酒”字，老爷子酒瘾发的不得了，但也不能违约，随便要酒喝。于是他找了几个酒朋友商量了一个法儿。

时逢九月初八的下午，老婆婆正在稻场打扫清洁，忽然家门口来了九个老头，每个人手里拿着一把韭菜，对老婆婆说“我们都是张老的酒朋友，明天是九月初九，特邀请他明天到对面九宫山上去喝酒，今天呢给带来了一些韭菜，不成敬意”。

晚上，张老头回家了，问老伴：“今天家里来客人啦？”老伴嗯了一声。“来了好多客人？”老伴答道：“八老带一翁。”偏不说九个。“给我带来了点什么呢？”老伴答道：“每个人手里拿着一把扁扁子葱。”偏不说拿的是韭菜。“他们没说个什么吗？”老伴答道：“说了，说明天是重阳节，接你到对面山上去喝一盅。”她偏不说明天是九月初九，接你到九宫山上去喝酒。

这精心策划，周密安排，都被老婆婆巧妙地绕过去了。张老头一下心急，晕倒在地上休克了。

这下把老伴急着了，抱着老爷子哭了起来：“我的姊妹呀，这是我的不对哟，我不该绕着弯子说话哟！指望我们夫妻俩能够天长地久哟。”这时候，张老头在地上伸出了四个指头，但眼睛还是闭着，听老伴继续哭道：“哪知道，我们却不能地久天长呀，我的姊妹呀。”这时张老头睁开双眼，手势变化为八字（即大拇指和食指一叉），说道：“八两也就马马虎虎了！”

憨女婿拜寿

一个员外有个憨女婿，又有人喊他呆子。这天员外六十大寿， 憨女婿打扮一番来给丈人拜寿。

他走到一片树林，鸟儿叽叽喳喳，突然来了一个肩扛猎铳的猎人。那些鸟儿非常灵敏，看来了猎人便停下了欢快的叫声，树林变得非常寂静。只听猎人说：“我一人进树林，百鸟都无声。”呆子觉得猎人说得好听又顺口，便记下了。他继续往前走，到了小河边，没有渡船，只有一根独木桥，一个老头拄着拐棍，非常艰难地走过去了。过去后，他用拐棍敲着独木桥说：“唉！双桥好走，独木难行。”呆子也觉得好听便又记下了。刚朝前没有走多远，一个农夫手拿钉钯粪筐在捡粪，这时一只母狗也要吃那摊粪，狗子见农夫要捡，于是，便龇牙咧嘴地向着捡粪农夫，农夫举着钉耙说：“母狗母狗莫龇牙，你再龇牙，我就给你几钉耙。”呆子觉得很好玩，便又记住了。

到了丈人家，已经到了好多的客人，客人们都知道今天寿星佬的女婿是个憨子，一时都不作声，看憨子如何给寿星佬拜寿。

憨子一进门，看这安静的场面，便说：“我一人进树林，百鸟都无声。”众人听了都感到惊奇，个个笑脸相迎。员外见状，非常高兴。

女婿今日不憨了，丈人心想再考一考他。吃饭时，叫人给憨女婿面前只摆了一支筷子。憨子拿起一支筷子，心里想这如何扒饭拣菜？他想起老头过桥的话，于是他用一支筷子敲着碗说："双桥好走，独木难行。"众客们都惊得呆了。老丈人伸出了大拇指正准备夸他时，呆子看见丈母娘抿着嘴在笑，他便又想起了农夫拣粪遇狗的场面，于是，对着丈母娘说："母狗母狗你不龇牙，龇牙我就给你一钉耙！"

跛子给一只眼睛丈人拜寿

一户人家当家的瞎了一只眼，他的女儿嫁给了一个跛子。一天，丈人六十大寿，跛子女婿和妻子一同给丈人祝寿。

开席了，丈人首先以东道主的身份，擎壶给女婿斟酒，并言道："贤婿啊，所走道路崎岖，难为你高一脚低一脚前来为我做寿。"女婿反过来回敬老丈人："岳父啊，世态炎凉，您应该睁个眼闭个眼，莫把什么事情都看真"。

我是不吃萝卜菜

清江河边有座桥，名叫清和桥，清和桥头有一家酒馆。一天，酒馆里坐了两个客人，一个和尚，一个秀才。桥下河边，有一个女子在洗萝卜菜。洗菜女子将菜洗好，提上岸来，路过酒馆，和尚和秀才一齐向女子招手："大姐，来一起坐会，喝一席。"洗菜女子举止大方，嫣然一笑道："邀奴家喝酒，破费二位！"说罢坦然在同桌另一方落座。

和尚说："大姐肯赏光，我们三生有幸。只是破费二字还不一定，我们各自说一首诗，诗中要不离'有'字，不离'无'字，不离'去'字，不离'添'字，还要嵌入'人人爱''随身带'，最后呢要遇到一件喜事，落尾来一句'我是不吃萝卜菜'。谁说得喜事最好，不出酒钱。怎么样，二位？"秀才应声而答："好"。洗菜女子也答道："好哕"。

和尚说："按这座桥的名字——清和桥，我们各占一个字，我说开头'清'字，这个公子说第二'和'字。大姐您呢占第三说'桥'字。现在我来开头：

有水也是清，无水也是青，
去了清边水，添争变成静。
静和尚，人人爱，
木鱼袈裟随身带。
有着一日登仙界，
我是不吃萝卜菜。"

和尚说完了又补充一句："我的喜事是成仙了。"

"该我了。"秀才道：

"有口也是和，无口也是禾。

去了和边口，添斗变成科。

科举子，人人爱。

文房四宝随身带。

有着一日中了举，

我是不吃萝卜菜。"

秀才说完又补充了一句："我的喜事是中举了。"

和尚、秀才笑嘻嘻地望着洗菜女子说："大姐该您了，您出来洗菜，身上带钱了没有啊？"

"钱是没有带，我也不想出这酒钱。"女子说。

"那敢情大姐也会咏诗？"和尚和秀才一路说。

女子说："诗咏的好不好，归二位评说，但我的喜事肯定比二位要多得多。"女子说道：

"有木也是桥，无木也是乔。

去了桥边木，添女变成娇。

娇女子，人人爱。

一对妈子随身带，

有着一日婆家去。

一胎生下两娇孩。

大的当和尚，

小的作秀才。

有着一日报喜来，

秀才科考中了举，

和尚得道登仙界。

到那时，我是不吃萝卜菜。"

四个媳妇说四句

村东头，张家俩老，四个儿子全在外面干公事，两老和四个儿媳妇在家种田，日子过得挺悠闲的。

一天，四个儿媳妇在玉米田里锄草，已经是申时了（下午四、五点钟），突然，天气要跑暴了，反正草锄在田里也不得死，四妯娌便收手跑回家了。

这两天，公佬爹不知为啥事有点烦躁不安，见天气还早，四个媳妇全收工了，便不耐烦地说："怎么这么早就收工了？"

大媳妇说："天上乌云涌。"

二媳妇说："遍地刮大风。"

三媳妇说："怕是要跑暴。"

四媳妇说："提前收了工。"

公佬爹烦得不得了："不是还没跑暴吗？"

四个媳妇一齐说："你硬是要我们淋雨吗？"

翁媳闹翻了，公佬爹说："你们这么不服管教，我到县衙告你们去。"他当真去了。

县官差人传四个儿媳妇到了县衙。

县官问老的所告何事？

"启禀县老爷，儿媳妇们不服管教，提前收了工，还联合起来说四句反驳。"

县官说："你们四个会联合起来说四句？那就以衙门院内的大楠竹为题，给我说个四句看。"

大媳妇说："老爷院中一根竹。"

二媳妇说："怕有菜碗粗。"

三媳妇说："破开做板子。"

四媳妇说："断案打屁股。"

县官又要她四人围绕堂上大鼓来一段。

大媳妇说："堂上一柄鼓。"

二媳妇说："鼓上画老虎。"

三媳妇说："今年做知县。"

四媳妇说："明年升知府。"

县官听了非常高兴，说："吟诗很正常，不该来告状，该打四十大板。"

公爹挨了打走不动，四个媳妇先回了家。婆婆关心老伴，问四个媳妇怎么没看见你们的公爹，四个媳妇又来了兴致：

大媳妇说：“不像个上人样。”

二媳妇说：“县衙瞎告状。”

三媳妇说：“挨了四十板。”

四媳妇说：“犟就不敢犟。”

说完都扛起锄头上工去了。晚上收工回家，公爹拦门而坐，面带怒容，四个媳妇又来了：

大媳妇说：“公爹拦门坐。”

二媳妇说：“扁起身子过。”

三媳妇说：“千万别撞他。”

四媳妇说：“撞了就有祸。”

天要下雨娘要嫁人

大明朝武宗皇帝，有一远房侄男，名叫朱耀宗，为人天资聪慧，满腹经纶，那年皇上开科，朱耀宗考中了头名状元。

衣锦还乡之日，朱耀宗跪于金殿，三呼万岁：“臣斗胆，有一事相奏。”皇帝说：“你是新科头名状元，又是我侄男，你站起来说话。”朱耀宗谢过皇帝后说：“我父亲早逝，母亲含辛茹苦地养我教我，相依为命，请皇上恩准我给母亲树立贞节牌坊。”皇上闻言甚喜，准奏。

朱耀宗衣锦还乡，乡亲们沾了光，大伙恭贺来了。酒席中，朱耀宗传达皇帝圣旨，给母亲立贞节牌坊，众人又是一乐。不料，朱耀宗的母亲却说：“我不要贞节牌坊，儿已长大成人，自己有口饭吃了，我做娘的也是出头之日到了，我受苦受难受够了，而今我没有了牵挂，我要嫁人，少是夫妻老来伴，我要找个老伴。”

朱耀宗听后立刻跪在母亲面前说：“娘，我的好妈妈，您这万万使不得，您不要贞节牌坊还马马虎虎过得去，您要改嫁，这有欺君之罪，有杀身之祸。”母亲长叹一声，然后脱下一件罗裙交给朱耀宗，说：“明早你给我把裙子洗干净，在一天一夜的时间晒干，如果干了是上天不允许我改嫁，如果晒不干那就是天意如此，同意为娘改嫁。你我母子俩都听天由命罢！”

第二天万里晴空，罗裙在晒场里不到半天时间就晒干了，朱耀宗要收进来，妈说：“儿子，还有半天搭一夜呢，明早收罢！”

谁知道夜幕降临之后，人定亥时之间，天上乌云密布，雷电交加，顿时倾盆大雨，不要说得，妈妈的罗裙在露天之中，在晾衣竿子上统统淋湿。第二天清早，太阳从东方升起，雨后天晴，旷野清秀，母亲没等儿子说什么，便走出家门，奔向相好的男家了。

朱耀宗回京后面见皇帝，跪在金殿上不起来，甘心情愿请皇帝治罪。皇帝问为什么要治罪，朱耀宗将衣锦还乡，宣旨为母亲立贞节牌坊，母亲不接受皇恩，立志改嫁，洗罗裙接受苍天检验，夜半惊雷，天降暴雨，臣难违母亲志向，特请治罪。

皇上听奏，连声“稀奇稀奇，天公作美，促此良缘，我作为人君，又如何不送个大人情，况且这也叫作：天要下雨，娘要嫁人，天作之合，我当顺水推舟，由你娘去吧。”

屋檐水滴旧窝

忤逆还育忤逆子，孝顺终养孝顺儿。你不孝顺父母、你的儿女以后不会孝顺你的。

有一个人，不知道他是怎么样成了人的，娶妻生子、养儿育女，儿女相继成人，儿子都有他一般高了。可是他对他的爹不很好，他嫌他的爹咳咳吐吐，他说他的爹卯活起要吃饭，不做事，他爹病倒在床上，他也不请医生给医治。

一天，他找来了一个旧箩筐，把老爹抱进了箩筐，喊来儿子帮忙抬出大门。儿子问他把爷爷抬到哪里去？他说：“抬的甩到河里去。”“为什么要把爷爷甩到河里去？”儿子又问。“你爷爷好吃懒做，不中用。”他爽快地回答儿子。儿子又说：“爹呀，您不能这样对爷爷，这是不孝心的事啊！”当爹的说：“这你就不懂，你爷爷睡在床上活受罪。甩入河里，沉下河底，他什么事都不知道了，这是享福啊！”儿子没什么可说的了，父子俩把老人抬到了河坎边。

要把老人甩到河里了，父亲要连箩筐一齐甩，儿子不同意，要把箩筐留下来，父子俩争了起来。做父亲的说：“这个箩筐带回去了不吉利。”儿子说，“管他吉利不吉利呢？您老了还要享福啊。我今后还做个新箩筐抬您下河啊？带了回去，将来抬您，省一点事不好吗？”正是儿子的反问，使这个人明白了天理昭昭，屋檐水滴入旧窝里的道理。他吼道：“来，把你爷爷抬回家去。”

跷子答白　跷子答白，俗称踩跷子、踩高跷，通常是春节、元宵节前后，在公共场所表演，很受群众欢迎。跷子答白的表演者，人们都称为“打白的”或者称“三花子”。他有特殊扮相：反穿皮羊背褂子，手拿巴扇，腰系红绸带，造型滑稽，往往都是由跷子技艺高超者来担任此角。跷子答白的伴奏乐器是打击乐，使用民间的小堂锣、大筛锣、大钹、钩锣、马锣五大件。其锣鼓经，因地而异。跷子答白演唱的段子，一般都是民间口头流传的一些插科打诨、风趣幽默的顺口溜，也有表演者现场随意编唱的，其结尾都是一个甩腔，并由演奏打击乐器的师傅帮腔，以形成高潮。

答白段子选录：

学讲子

学讲子，就讲子，脑壳上戴的是帽子，身上穿的是褂子，腰里抹的是围腰子，下头穿的是裤子，脚上穿的是袜子，袜子糊皮套鞋子，前头看到脚尖子，后头看到脚笃子，上头走到沙套子，下头走到红岩子，一走走到湾湾子，遇到一个女伢子，脱哒裤子寻虱子，偏起脑壳就一视，伙计们啦（哎），里头有个缺巴子啰连朵梅呀花呀，啰连朵莲花呀，花花莲花啰豁嗨。

一条大黄鳝

同志们啦，听我谈，队长要我把副业干。我学木匠三年半，锯子斧头一大担。我挑到外面一阵转，张家湾，李家湾，湾湾岩岩一遍转。碰到大姐在门口站，开口就把我来喊，她说屋里围桶散了板，要我给她看一看。我跨进堂屋这么一看，心中才叫有点烦，拿起来就是跟它一扳，扳出一条大黄鳝，过秤称有三斤半，咳，伙计们（哎），把它炖起来喝酒喝不完啦，啰连朵梅呀花呀，啰连朵莲花呀，花花莲花啰豁嗨。

踩高跷　　冉德强　摄

百事搞不成

伙计们啦听我讲，我见一样学一样，就学一个织布匠。织布纱太细，就来学裁衣。裁衣难挖领，就学打补丁。补丁打不上，就来学皮匠。皮匠难削皮，就来学装犁。装犁难破坯，就来学口吹。口吹难换气，就来学唱戏。唱戏难得喊，就来学开馆。开馆难照门，就来学偷人。偷人偷不到，就来学甲保。甲保难抓夫，就来学杀猪。杀猪难捋毛，就来学挖瓢。挖瓢难挖把，就来学占卦。占卦又不顺，就来学刷秤。刷秤难定砣，就来学赌博。赌博赌不赢，伙计们啦（哎），百事搞不成啦啰连朵梅呀花呀，啰连朵莲花呀，花花莲花啰豁嗨。

谚语

青林寺村谚语大多是来自于生产生活经验的总结，语言精练，形象生动，多用比兴之法，偶句也讲究押韵。

气象类

日出遇风云，无雨也天阴。

清明要晴，谷雨要淋。

星子稀，淹死鸡。

春雨贵如油。

过哒冬至长一线。

春分秋分，日夜平分。

小满不满，长工开赶。

立夏不下，犁耙高挂。

二月初二晴，树叶发两层。

过哒七月半，放牛娃巴到田坎站。

春寒有雨夏寒晴。

长三月，短十月，不长不短二八月。

初三有雨十三晴，十三下雨打连阴。

甲子乙丑丙寅下，四十五日稀泥巴。

甲子乙丑丙寅晴，四十五日满天星。

一点一个泡，大雨还没到。

月逢初四雨，一个月九天晴。

十雾有九晴。

七晴八不晴，九晴放光明。

过啦惊蛰节，鱼儿滩上歇。

七晴八太阳，九晴不停当。

上个月初二、三，路儿不得干。

下个月十六、七，路儿一摊泥。

立夏到，知了叫。

东闪日头红，西闪雨重重。

立春晴，赛金银。

冷在三九，热在三伏。

四月不遇四日雨，八月不用八日晴。

鸡在高处鸣，大雨落倾盆。

夜晴不是好晴。

正月雷打雪，二月雨没得。

一鸪晴，二鸪阴，三鸪四鸪打连阴。

石头出汗，雨在夜半。

秋干断种粮。

天上鬼头云，地下晒死人。

天上无云百日晴。

六月寒风到，必有雨和雹。

夏至有雨十日凉。

早晨雾茫茫，立时见太阳。

三月北风淋，四月北风晴。

天上乌云转，地下水成潭。

十月风，遍山红。

夏至风，一场空。

晴天有雷是旱年。

雷当顶，必是晴。

八月秋风凉，九月雨成行。

十月少太阳，冬月雪茫茫。

久晴逢庚雨，久雨逢庚晴。

一夜东风三日雨。

早起红云晚落水，晚起红云晒破腿。

十年难逢金满斗，百年难逢首日春。

雷在午时起，等水来淘米。

先下麻麻雨不下，后下麻麻雨不晴。

头八无雨二八休，三八无雨直到秋。

鸡鸭上笼迟，明天雨不止。

六月初一得一溜，溜溜打打直到秋。

天干不望鬼头子云。

鸡子上树，雨打门柱。

六月星子稀，大雨滚屋脊。

彭祖活哒八百五，不见五月间晴庚午。

春罩雨，冬罩晴，夏至有罩打连阴。

春甲雨，夏甲晴。

春分不露脸，立夏雨绵绵。

立冬晴，一冬晴。

冬至雾茫茫，不是雪就是霜。

天上馒头云，地下灰尘尘。

七月星子稀，八月烂如泥。

立春阴，一春阴，立春晴，一春晴。

两春夹一冬，十个牛栏九个空。

一场春雨一场暖，一场秋雨一场寒。

不过惊蛰听雷声，四十五日雨难停。

惊蛰打雷，小满发水。

清明要晴，谷雨要淋。

伏里无雨，谷里无米。

三伏不热，五谷不结。

小暑大暑，热死老鼠。

秋前北风，秋后雨，秋后北风干湖底。

春寒有雨夏寒晴。

农事类

春争一日，夏争一时。

水田服脚迹，旱田服铁器。

人勤春来早，季节跟人跑。

能种三日迟，不种一日湿。

谷倒满仓，麦倒光糠。

灰里的芝麻泥里豆。

穷豌当富麦。

立夏三日连枷响。

六月种芝麻，顶上一朵花。

头伏芝麻二伏豆，三伏天里种绿豆。

白露早、寒露迟，霜降种麦正当时。

二月清明不懒，三月清明不赶。

正月雨，小麦的粪；二月雨，小麦的病。

秋耕深一寸，如上一遍粪。

肥撒一大片，不如一条线。

挖田防旱，薅草肥苗。

深耕细耙，旱涝不怕。

黄土变黑土，多打二百五。

多开一锄荒，半年不遭殃。

穷人不听富人哄，桐子开花就下种。

田边多一犁，胜做一桌席。

吃不过猪油，用不过牯牛。

种田没得巧，跟到季节跑。

芒种芒种忙忙种。

大麦好打难捡芒，小麦好打难除场。

角头角脑栽几窝，养活几个老婆婆。

五月草，如马跑；六月草，棍打倒。

棉花七遍草，朵朵白如银。

早饭一根绳，捆住一家人。

过哒惊蛰节，耕田莫停歇。

清明种瓜，船装车拉。

有钱难买五月旱，六月连阴吃饱饭。

头伏有雨，二伏旱，三伏有雨吃饱饭。

寒露到霜降，种麦莫慌张。

麦盖三层被，头枕粑粑睡。

社会类

娇猫上灶，娇儿不孝。

火怕烧苕，人怕坐牢。

细水长流，一生不愁。

屋檐水滴旧窝。

砍倒树儿捉八哥。

满罐子不荡浅罐子荡。

舍不得大网，打不到大鱼。

肚子无冷病，不怕吃西瓜。

喊人不折本，只要舌头打个滚。

欺老不欺少，三年就赶到。

吃哒人家的嘴软，拿哒人家的手软。

人多主意好，柴多火焰高。

人要聪明，火要空心。

晴带雨伞，饱带饥粮。

学要学正本，问路问老人。

人情到处赶，下雨好借伞。

家兴出恶狗，家败出恶人。

天有一日雨，人无一世穷。

不听老人言，吃亏在眼前。

一层抹布一层风，十层抹布过个冬。

一天省一把，三年买骡马。

路隔十里，各有乡风。

弯刀用直把，细儿说实话。

大路朝天，各人半边。

人怕伤心，树怕剥皮。

从小偷针，长大偷金。

人过三十无少年。

屋脊上葫芦两边滚。

嘴里讲古，手里摇橹。

打死儿子招女婿。

三十年河东，四十年河西。

草里寻蛇打。

家有老，千般好。

人亲骨头香。

狗脸不顺毛。

顺风吹火，用力不多。

吃了驴肉发马疯。

《青林寺村谚语歇后语选》

歇后语 歇后语由两部分组成，前半截是形象的比喻，像谜面，后半截是解释、说明，像谜底。在一定的语言环境中，通常说出前半截，“歇”去后半截，就可以领会和猜想出它的本意，所以称它为歇后语。

砖母子打墙——板不大

冷水烫鸡——一毛不拔

老鼠爬烟囱——一团漆黑

老鼠格风箱——两头受气

擀面杖吹火——一窍不通

高射炮打蚊子——大材小用

黄瓜打锣——去了一大截

叫花子背不起三斗米——自讨的

腊月三十借饭甑子——并了工（事情或时间重合）

麻子打呵欠——全体动员

狗子耕田——牛死了（比喻很自得）

老鼠啃书本——咬文嚼字

青林寺村有部分歇后语与谜语十分相似，例如：

方字写成万字——有缺点

太和犬——只分点子高低

嗑瓜子——吞吞吐吐

稻田栽秧——后来居上

半夜里吃黄连——暗中叫苦

青林寺村的歇后语中，有的就是由真人真事演化而来，歇后语的形成本身就是一个故事，只有了解这个故事产生的背景，才会深切理解这些歇后语。例如：

游士坡的包子——吃了悔，不吃也悔

廖炅远说话——文质彬彬

蔡家姨妈打猪草——茄子广椒一捞筲（盛物器物）

王疤三打锣——告明在先

◉ 传承交流

从口口相传到文本写定，从自由讲述到课堂灌输，从传承旧谜到制作新谜，青林寺谜语在传承交流中不断得到发展。

口口相传

口口相传大体有四种情形：

家庭内部　家庭成员之间的谜语猜讲活动最为频繁和常见。尤其是家长与孩子之间，谜语是家长们检验孩子智力和培养孩子思考能力的最便捷的方式。对每一位村民来说，猜谜是认识世界和学习语言的启蒙教育，几乎所有的村民都有类似的记忆，那些最简单、最常见、最易记的谜语几乎都是先经由母亲或爷爷、奶奶口中讲出，自幼习得。难怪青林寺村有那么多儿歌式谜语，例如：

一个老儿，八十八，天天起来地上爬。（扫帚）

一个老儿，九十九，天天早晨喝冷酒。（水瓢）

一个老儿，背背铁，一路走，一路歇。（螃蟹）

两个弟兄一般长，只吃干的不喝汤。（筷子）

青布面子，白布里子。一颗扣子，扣到底子。（竹子）

邻里之间 夏日乘凉，冬天烤火，邻里之间喜欢串门走动。人们聚在一起时，大人们海阔天空，讲古猜谜，有伢们在场，则跟着看热闹。赶上雨雪天气，无法下地干活时，村民们更是喜欢围在一起，猜谜讲书则是聚会的重要内容。

劳作间歇 六七十年代，农村实行集体化大生产，往往几十上百人聚在一起，劳作间隙，田间地头，坡上坎下，只要兴趣来了，吆喝一声：“打个灯拨子猜吵”，马上就有很多人响应。有时候，一个人打，众人猜，更多的时候，大家你打一个，我打一个，较着劲儿地来。在青林寺村，谜语的表现形式不仅是在口头上猜和讲，特殊的是它还可以唱。一些劳动场面，如打连枷、车水、水田里扯草、旱田里薅草，是擅长谜歌者一展身手的场所。讲谜语和唱谜歌交织在一起，一打一猜，一问一答，既赛智力又赛歌，辛苦枯燥的劳作得到调剂，劳动过程充满了乐趣。

红白喜事 每逢婚丧嫁娶，青林寺村人都会请客聚会。在婚嫁活动中，交亲、闹房等很多环节需要“说四句”，其中就不乏谜语存在；若是做生祝寿等大事喜事，谜语猜讲都是活跃气氛、调动情绪的重要方式。

家人劳作间歇围坐猜谜

邻里之间互相猜射谜语　　青林寺村委会　提供

村民切磋谜语技艺　　青林寺村委会　提供

谜语活动　从 1999 年开始，每年冬闲时节，青林寺村都要举行谜语竞猜活动，将谜语写在彩条上，悬挂起来，谁能猜中，就可“揭榜”兑换一把牙刷或是一块香皂等小礼品，整场赛事，观众活跃，竞猜踊跃，村民们就像赶集一样，兴高采烈，欢声笑语不断。

除此之外，青林寺谜语协会还不定期开展谜语知识培训活动，以老带新，扩大谜语爱好者队伍，组织会员积极参加市内外文化活动，为传承谜语文化起到积极推动作用。

随着青林寺谜语知名度的提高，青林寺谜语对外交流活动也逐渐多了起来。2016 年 11 月 25 日由中华谜书收藏联谊会组织的中华灯谜学术大家一行 9 人来到青林寺谜语村，与当地谜语传承人丁开清、赵兴寿等民间谜语高手交流，打谜语、唱谜歌、讲谜语故事、现场创编谜语，现场一片欢声笑语。

中华灯谜学术委员会举办的“长安文虎杯”第七届全国谜语征文创作大赛，将颁奖现场设在青林寺村，对推动民间谜语交流起到积极作用。

整理出版

自 1999 年丁开清出版第一本《青林寺谜语选》以来，整理出版谜语书籍逐渐成为村民们的自觉行动，整理的内容也逐步从单纯的谜语扩展到歇后语、故事等艺术形式。据统计，截至 2016 年，青林寺村已出版谜语、谚语、故事、民俗类书籍 27 种，为青林寺谜语的传承传播发挥了积极作用。

青林寺村公开出版谜语书籍一览表

表 4

作者	书名	出版社	时间
丁开清	《青林寺谜语选》	大众文艺出版社	1999 年
丁开清	《青林寺谜语选（续编）》	中国文联出版社	2001 年
丁开清	《青林寺谜语（精选本）》	大众文艺出版社	2002 年
赵兴寿	《青林寺谜歌选》	中国文联出版社	2002 年
丁开清	《青林寺村谚语歇后语选》	大众文艺出版社	2006 年
覃兴龙	《青林寺谜语新选》	中国广播电视出版社	2009 年
丁开清	《青林寺村传统谜语选》	长江文艺出版社	2009 年
彭林绪 丁开清 魏瑶	《谜人的世界——青林寺谜语的人类学考察》	中国书籍出版社	2010 年
赵兴寿	《青林寺谜语故事选》	三峡电子音像出版社	2011 年
丁开清	《青林寺村人物故事集》	中国文联出版社	2012 年
赵兴寿	《青林寺谜语少儿读本》	三峡电子音像出版社	2012 年
赵兴寿	《都官先生》	三峡电子音像出版社	2012 年
赵兴寿	《谜语说税》	三峡电子音像出版社	2013 年
赵兴寿	《青林寺村民间故事笑话集》	三峡电子音像出版社	2014 年
赵兴寿	《青林寺村歌鼓词》	三峡电子音像出版社	2015 年
丁开清	《青林寺村经典谜语赏析》	中国文联出版社	2015 年

青林寺村内部编印谜语书籍一览表

表 5

作者	书名	时间
青林寺村委会	《中国湖北青林寺谜语村》	2001 年
丁开清 赵兴寿	《婚育新风谜语选》	2004 年
丁开清 赵兴寿	《青林寺村民兵谜语选》	2007 年
丁开清	《青林寺村迎奥运谜语集》	2008 年
赵兴寿	《廉政乡音》	2008 年
赵兴寿	《青林寺村和谐共建谜语选》	2009 年
赵兴寿	《青林寺村情歌选》	2009 年
赵兴寿	《青林寺村礼俗》	2010 年
赵兴寿	《反腐倡廉古今事》	2011 年
丁开清	《建党九十周年谜语集》	2011 年
赵兴寿	《青林寺村地瓜》	2013 年

青林寺村系列文化丛书　　　　青林寺村委会　提供

校园传授　青林寺村所在的高坝洲镇中小学校，开展“谜语进课堂”活动，聘请丁开清、赵兴寿、李绪清等为顾问，开发谜语校本课程。学校针对中小学生不同年龄阶段心理特点和知识水平，循序渐进、由浅入深开展谜语传授活动。

高坝洲镇中心小学编制《青林寺谜语校本课程实施纲要》，其课程内容如下：

第一编　谜语的常识

一、谜语的组成

二、谜语的类别

三、谜语的制法

第二编　猜谜的思路

四、想象的魅力

五、别解的智慧

六、特征的锁定

七、视野的拓展

第三编　猜谜的攻略

八、移花接木法

九、折东补西法

十、掐头去尾法

十一、一分为二法

十二、等量代换法

高坝洲镇中心小学根据《青林寺谜语校本课程实施纲要》，专门开发了《青林寺谜语》校本教材，谜语传承活动体现规范化、制度化。在课堂传授的同时，他们积极开展“一课两会一节”（每周一节谜语课、每天早会晚会诵谜语、每学期一次灯谜节）活动，

谜语传承人进课堂讲授谜语知识

青林寺村委会　提供

2009 年 10 月，宜都陆城一小师生到青林寺村上谜语文化课

青林寺村委会　提供

精心营造“一石一路一围墙”（文化石、谜语长廊、谜语围墙）文化氛围，既传承了谜语文化，又丰富了学生生活。经过学校传授，学生每学期可以学会 3~5 则谜语。不少学生还学会了制谜，例如：

有时落山腰，
有时挂树梢，
有时像圆盘，
有时像镰刀。（月亮）
站着百分高，
躺着十寸长，
裁衣做数学，
它会来帮忙。（尺子）
四四方方指挥台，
红橙黄绿点将牌，
胸中自有百万兵，
手指一按答案来。（计算器）

学校传承活动取得积极成效，2015 年，青林寺谜语进校园系列特色课程被湖北省非物质文化遗产保护中心评为“湖北省十佳非遗保护行动”，同时受到教育部门嘉奖。

扩展延伸 青林寺谜语传承不局限于传承现成的谜语，许多村民具有谜语创新能力，能够将现实生活中出现的机械、电器等等新事物制成谜语，甚至对来访的客人，也可即兴将其姓名编成谜语。如2008年10月4日，三峡大学彭林绪一行来到青林寺村考察，丁开清即兴为同行的刘冰清制谜：

师与蜀君共一姓，
依水两点呈晶莹，
一十二月水相衬，
三峡民研一才人。（刘冰清）

青林寺谜语的扩展延伸，主要体现在形式和内容创新方面。在形式创新方面，青林寺谜语除了传统谜语和歌谜外，还出现了诗谜、歇后语谜，对联谜和故事谜。例如：

夫妻双双同出门，
不带铺盖不带银，
高楼大厦我有份，
生儿育女转回程。（燕子）

这分明是一首优美的咏物诗，作品不仅流露出对燕子的亲切赞美之情，更展现了村民们开朗向上的乐观情怀。

行为写春秋，
政声人去后，
处处不留名，
分明怕封侯。（行政处分）

这是一首“藏头诗”。告诫人们身后留名，一言一行要对自己负责，对历史负责，为人处世不要张狂，低调做人。谜底“行政处分”，与全诗内容协调，有警示告诫作用。

歇后语谜要把整条歇后语作为谜面来猜，例如：

堂屋里打连枷——照上照下。（日光灯）

这则谜语的谜面是由一则歇后语构成的，谜底是“日光灯”。其巧妙之处在于利用了“照”的双关，歇后语中的“照”是“照看、顾及”，本来堂屋打连枷是施展不开手脚的，所以要格外小心，以免连枷碰及堂屋中的物品；而作为谜面的“照”，是“光照、照射”的意思，指照亮堂屋的上下。破解了“照”字，便豁然开朗。

在内容创新方面，许多反映新时代生活的内容，特别是服务时政热点的重大宣传，诸如迎奥运、计划生育、反腐倡廉、民兵国防、税务知识、建党 90 周年等等已被纳入谜语之中，并创造出一批脍炙人口的新民间谜语。例如：

屋子长方方，
有门没得窗，
屋外热烘烘，
屋里结冰霜。（冰箱）

电冰箱在农村出现的时间还不长，这一新生事物也成为青林寺谜语猜射的对象。

靠人座位好稳当，
儿女行为好高尚，
力加两点不认办，
镶木成松绿山庄。（立党为公）

这是一则时政内容的谜语，充分表明青林寺谜语与时俱进的时代感。

源头无水河断流，
美女台边锁眉头，
任上几下风雨令，
正言相告已入秋。（原始凭证）

初看起来，这是一首悲秋诗。全诗描写以为美女伫立在河岸的土台边，望着干涸的河流眉峰紧锁，心怀伤感。然而，她也深知，任凭上苍几多号令已无济于事，因为时序入秋，进入少雨季节，自然规律无可抗拒。细加推敲，便会发现，这实际上是一则宣传税务知识的谜语。

宣传廉政的谜语，如：

斤在前面钱在后，
单衣着身好自由，
青山旁边长流水，
有声无形把名留。（谜底：两袖清风）

还有宣传民兵、国防的，例如：

对门山坳有座塔，
塔里住个金娃娃，

2002 年 11 月，联合国科教文组织中方顾问杨亮才（左）华中师范大学教授刘守华（右）在青林寺村考察期间题字

只等将军指令到，

手指一按就出发。（导弹）

2011 年，在中国共产党建党 90 周年之际，谜王丁开清编著《建党九十周年谜语集》，收录谜语百余则，热情讴歌了中国共产党在创建和发展过程中的历史人物、革命圣地和重大事件。例如：

一家共十口，

佃户无人手，

人在云上行，

其言义深厚。（古田会议）

传播研究 1999 年 1 月，丁开清《青林寺谜语选》出版后，青林寺谜语引起新闻媒和民间文艺工作者和学术界的持续关注，到青林寺村采访、调研、考察的记者、学者络绎不绝，助推了青林寺谜语的保护、研究与开发。

青林寺村媒体报道情况一览表

表 6

标题（栏目）	媒体	报道时间
《青林寺村猜谜——访湖北著名谜语村》	《长江日报》	2000 年 3 月 28 日
《中国谜语村探访录》	《人民日报（海外版）》	2000 年 3 月 31 日

续表 6

标题（栏目）	媒体	报道时间
《青林寺村——中国民间谜语第一村》	《半月谈》	2002 年第 3 期
《宜都青林寺村获授“中国谜语村”》	光明网	2003 年 12 月 18 日
《小崔说事》	中央电视台一套	2005 年 7 月 22 日
《中国谜语村探访录》	新华网湖北频道	2006 年 2 月 10 日
《走进中国谜语村青林寺村》	《楚天金报》	2006 年 6 月 7 日
《谜语改变一个村庄面貌——中国谜语村宜都青林寺村揭秘》	《楚天都市报》	2006 年 6 月 22 日
《宜都有个谜语村》	《党员生活》	2008 年第 1 期
中国谜语村——青林寺村	新华网湖北频道	2009 年 6 月 3 日
《走进中国谜语村》	中国国际广播电台《中国之窗》	2009 年 6 月 10 日
《大陆百则故事》	台湾三立电视台	2010 年 8 月
《远方的家》	中央电视台国际频道	2012 年 7 月
《世界第一等》	台湾八大电视公司	2012 年 8 月
《青林寺谜语的山水文脉》	《楚天都市报》	2013 年 3 月 25 日
《雨中访谜语之乡青林寺村》	《湖北日报》	2013 年 4 月 13 日
《猜谜唱谜让青林古镇令人着迷》	《湖北日报》	2017 年 2 月 13 日

青林寺谜语研究论文一览表

表 7

作者	标题	报刊（出版社）	时间
刘守华	《青林寺谜语的独特光彩》	《三峡文学》	2001 年第 5 期
中国民间文艺家协会	《中国民间文艺的奇葩——“中国谜语村”青林寺村的考察报告》	《中国民协会刊》	2002 年 11 月
丁开清	《青林寺谜语本源探微》	《三峡文化研究》	2004 年第 1 期
梁前刚	《青林寺谜语散论》	大众文艺出版社	2004 年 9 月
田莉莉	《从口头传承到文本写定——以湖北宜都青林寺村民间谜语传承为例》	中央民族大学硕士论文	2007 年
彭林绪　丁开清　魏瑶	《迷人的世界——青林寺谜语的人类学考察》	中国书籍出版社	2009 年 11 月
彭林绪	《青林寺谜语的特点与人的发展的关系》	《三峡大学学报》	2010 年第 2 期
刘传清　单文悦	《青林寺谜语的民俗性解读》	《三峡论坛》（三峡文学理论版）	2010 年第 6 期

续表 7

作者	标题	报刊（出版社）	时间
王作新	《青林寺谜语及其传承的初步考察》	《三峡论坛》（三峡文学理论版）	2012 年第 1 期
周开军	《关于建立非物质文化遗产传承人管理体系的思考——以湖北宜都市青林寺谜语传承人为例》	华中师范大学硕士论文	2012 年 10 月
张岚	《民间谜语传承教育的困境透析与对策探讨——以湖北宜都青林寺村民间谜语传承的个案为例》	西南大学硕士论文	2012 年 4 月
李姜洁	《青林寺谜语的保护与开发》	华中师范大学硕士论文	2012 年
杜美玲	《青林寺谜语的美学特征》	《西江月》	2013 年第 4 期
张世奇　王晓旭	《青林寺谜语的活态特征及传承方式》	《文学教育》	2014 年第 6 期

雾锁清江

观光旅游

青林寺村历史悠久文化底蕴深厚；地理环境独特，半岛环湖，山清水秀。拥有中国谜语村、国际高尔夫球场、青林古镇康养旅游度假区等旅游品牌，是生态休闲、文化旅游的理想场所。观光游览青林古镇风光，既可开阔视野、增长见识、陶冶性情、怡悦心情，又能鉴赏大自然造化之美，享受现代农村生活的乐趣。

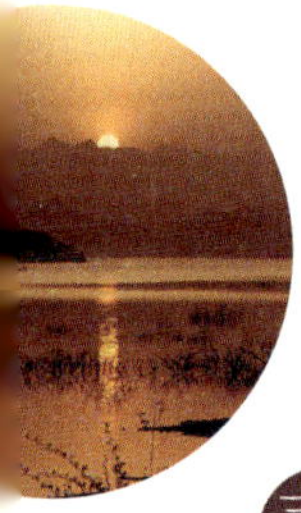

半岛环湖草木深，一江碧水映古镇。
山水人文相媲美，观光旅游怡性情。

◉ 青林览胜

清江风光 “向王天子一支角，吹出一条清江河”，那是远古的传说。

清江古称夷水，是湖北境内长江的第二大支流，也是长江上的一颗璀璨明珠。清江无论什么时间，什么季节，江水都是澄清澄清的。“水色清明十丈，人见其清澄，故名清江。”（《水经注》云：夷水，即佷山清江也，水色清照十丈，分沙石。蜀人见其澄清，因名清江也）

清江发源于鄂西利川市齐岳山，素有“八百里清江美如画”盛誉，宛如一条蓝色飘带，穿山越峡，逶迤西来，横贯鄂西南 10 多县市，洋洋洒洒 400 千米，流经青林寺村 7.1 千米，在宜都陆城款款注入长江。

千百年来，青林寺村的先民们就生活在这清江边，日出而作，日落而息。直到 20 世纪 90 年代，高坝洲电站修建，青林寺村成为高坝洲库区淹没大村。共淹没耕（园）地 1853 亩，移民搬迁 387 户，1441 人。从而使青林寺村形成了一面依山，三面环水的地形地貌，库区给这里青山绿水锦上添花，使这里的山水风光变得更加旖旎。

高坝洲水利枢纽工程是清江三级电站的末级，从 1992 年 8 月进入初设

清江山水

阶段。1997年5月，国家批准立项。1999年初期蓄水，第一台机组发电，2004年5月建成。该水利枢纽工程地跨宜都市高坝洲镇和五眼泉镇，上距隔河岩水利枢纽50千米，下距清江与长江交汇口12千米，总装机25.2万千瓦，年设计发电量8.98亿千瓦时。水库库容达到4.3亿立方米，坝区回水长50千米，与隔河岩电站尾水相接。

高坝洲电站建成后，库区形成亦江亦湖的自然景观，湖内数个翡翠般的岛屿，宛若绿珠，江水如黛，烟波浩渺，为清江库区两岸旅游开发提供了有利条件。

之后，依托高坝洲电站库区自然景观，已经建成一批旅游景点、景区。规模较大的有一座以“鄂学灵光”之称的杨守敬文化为内涵和清江山水风光为底蕴的杨守敬书院；有占地100平方千米，其中水面46500余亩的天龙湾国家湿地公园；有山水相连、水域宽阔的青林古镇康养旅游度假区；“宋山灵秀清江美”的宋山森林公园也坐落于此。“谜的故乡、谜一样的迷人”中国谜语村——青林寺村就点缀在这湖光山色里。

高坝洲电站库区形成的清江风光，因四季轮回的变幻而多姿多彩，宛如一首抒情的诗、一曲动人的歌、一幅迷人的画。

春天，青林寺村简直就是花的海洋。一片片洁白的梨花、一树树粉红的桃花，还有金黄的油菜花，白色的李花 、粉红色的杏花竞相开放，风韵各异。此时的清江，每一秒都有景，每一寸都是画。

夏天，赤日炎炎，而清江则是天然避暑胜地。鱼儿在清江里翱翔，千姿百态，万种风韵，清江充满了醉人的诱惑。

秋天，是青林寺村最美的季节。秋风从江面掠过，八卦山上国家柑橘公园黄灿灿的橘子随风摇曳，清江两岸便成了天然的调色板，一幅幅天人合一的山水画卷，令人心旷神怡。

冬天，青林寺村变成了雪的王国，纷纷扬扬的雪花洒满清江。清江岸边郁郁葱葱的橘林，一改往日翠绿的装束，银装素裹。冬雪消融、橘树掩映的青林寺村农家里，男人的酒碗，女人的针线，孩子的童谣，老人的毛把烟与火塘里滚烫的煨罐茶，构成一道独

渔舟唱晚

特的风景。

国家柑橘公园　国家柑橘公园核心地段位于长江、清江边的高坝洲镇，这里土地肥沃，气候温和，雨量充沛，日照充足，自然条件得天独厚，非常适宜柑橘生长。

10 万亩郁郁葱葱柑橘，是宜都市三峡长江经济带柑橘全产业融合发展示范区项目。其范围南至高坝洲镇大战坡村，北至南桥村、红花套村，东临宜洋一级公路，西至高坝洲镇青林寺村地块。

国家柑橘公园又是一个适合现代城市人群观赏、休闲、游乐的观光胜地。

公园建有三个核心区。即生态农业休闲旅游区、1500 亩柑橘生态食品加工科技园区和 8.6 万亩柑橘精品种植示范区。示范区道路、水、电、通信等基础设施齐全，住宿、

万亩橘园

餐饮、医疗、卫生及垃圾污水无害化处理等公共服务设施完善。

公园以生态农业为基础，休闲旅游为引领，柑橘产业化为支撑。通过产业链、价值链双重提升，由传统种植农业向新型观光农业转变。实现产业链、价值链、模式、组织制度创新，实现三产融合、三态合一。

“后皇嘉树，橘徕服兮。受命不迁，生南国兮。”自屈原《橘颂》开篇，中国历代文人墨客咏橘画橘，诗词歌赋，演绎出一幅幅灿烂的柑橘文化图景。

阳春三月，万物复苏。国家柑橘公园的柑橘树也抽出柔软的枝条，长出嫩绿的叶子。橘树上开满白色的小花。橘花素雅、清纯，花型小，色洁白，花蕊呈浅黄色，如米粒般大小。它既无桃花的妩媚，也无杏花的娇俏，却花香袭人，引来成群的蜜蜂，在橘园花蕊间飞舞。

在百花争妍的季节里，柑橘公园成了一道亮丽的风景线。宜华一级路、318 国道沿线，阵阵醉人的柑橘花香扑面而来，沁人心脾。放眼望去，漫山遍野的柑橘树，枝叶相拥着盛开的花朵，一丛丛，一簇簇，默默地缀在枝头，倾情地奉献着芬芳。

金秋时节，柑橘公园漫山遍野的柑橘林呈现出一派“树树笼烟欲带火，山山照日似悬金”的景象。瑟瑟的秋风，给大地抹上了一层淡淡的金色。橘树橘满枝头，仿佛一个个小灯笼，黄澄澄的，沉甸甸地挂在树枝上，压弯了树枝。

微风吹过，那黄灿灿的橘子，闪着明黄的光芒，像是一片黄色的海洋。正如苏轼描绘的那样：一年好景君须记，最是橙黄橘绿时。

国家柑橘公园通过深入挖掘柑橘文化，发展柑橘产业，建设橘文化旅游景点，把柑橘示范区建设成为集农业、旅游、休闲、体验、创意、研发、销售、会展、博览等功能

硕果累累

精品柑橘园

于一体的柑橘文化园。

八卦山观景台 八卦山位于青林寺村。

八卦山一带共有优质柑橘面积 10 万亩，其核心区域包括白洪溪村、大战坡村、陈家岗村、青林寺村等 8 个村，面积 30 平方千米。

八卦山柑橘示范区建设依托“双低”（低丘田、低效林）改造、现代农业、水利、农机、能源等项目。立足高起点规划，高标准实施，从而，达到高效益的目标。

八卦山柑橘项目于 2009 年 5 月完工，总投资 6000 多万元。新开梯田 7322 亩、改造老橘园 12621 亩、硬化道路 59 千米，修复道路路肩 85 千米、台阶路 17 千米、桥涵 462 处、修建沟渠 64 千米、修整堰塘 56 口、安装太阳能频振灯 130 个、铺设双轨软索柑橘运输线 130 米。全面推广“猪沼果”循环农业模式，大力推进“密改稀”“绿色防控”等现代农业技术，组建农业专业合作社等服务组织，全面推进新农村建设。

八卦山项目基础设施日臻完善，农业产业化水平和综合效益显著提升，10 万亩优质柑橘产量达到 25 万吨，优质果品达到 80% 以上，亩平收入 3000~5000 元，柑橘单项人

八卦山观景台鸟瞰

八卦山观景台

均纯收入达到5000元以上。

八卦山上，400多万株的柑橘树，整整齐齐栽植在人工打造的梯田上，八卦山观景台就修建在这里。登上八卦山顶，极目远眺，天空澄碧，远山含黛，田野翠绿，美不胜收。

谜园亭 2003年，青林寺村被中国民间文艺家协会授予“中国谜语村”称号，成为全国唯一冠以“国”字号的谜语村落。为了更好地传承、保护、弘扬青林寺谜语文化，宜都市青林古镇有限责任公司投资兴建谜园亭。

谜园亭修建在青林古镇青林大道的山坡上，为仿古建筑，双层六角景观亭。亭直径9米，高12米。四周栏板上刻有青林寺谜语，供游客欣赏与竞猜；配套有绿化景观，供游客俯眺青林古镇全景；亭的周围设有固定长凳，为游客提供憩息之用。

谜园亭四根亭柱上的两副对联，意境美妙，引人注目。

前面亭柱上联：谜园信步展四面风光任君指点；下联：碧水荡舟铺一湖烟雨供我神

游。后面亭柱上联：亭台四望绿水青山堪入画；下联：华夏一村奇诗妙文可传情。两副对联把青林寺村的山水风光，乡土民情描绘得栩栩如生。

谜园亭平台是全亭的制高点，与入口处石台阶的垂直高度近100米。平台观景，视野辽阔，既便近观，又宜远眺。

自谜园亭往东看，数万亩柑橘林映入眼帘，一片片柑橘林和蓝天、白云、绿叶、花草交织在一起，构筑一道养眼的风景线。

自谜园亭往南看，眼前就是碧波荡漾的青山湖。群山叠翠起，雾海冉层连。

谜园亭往西看，新修的青林小院（谜语文化一条街），一栋栋仿古建筑，粉墙黛瓦、花格窗子、朱漆门庭，传统古朴，最抢人眼。

从谜园亭往北看，近在眼前的是游客服务中心和民俗博物馆。灰墙、青瓦、坡屋顶和飞檐、翘角、花格窗古色古香。

谜园亭

谜语文化一条街

◉ 游览项目

谜语文化一条街　相传在唐代，有一天，一名香客走进青林寺村。该寺主持梦圆和尚请求对方为大雄宝殿题字。来人称，你又不知道我是谁，凭什么给你题字呢？梦圆和尚说：“我打个谜语，如果对了，就请留下墨宝。”随后，梦圆和尚又说：“开天冬夏连春秋，一年四季季无头。人活百岁不足奇，而今均已九十九。”话音刚落，来人朗声大笑，当即题写“大雄宝殿”四字，并落款“季无头，九十九书”。原来，来人就是唐代大诗人李白。而梦圆和尚的谜语，谜底就是“李白”。如今，这个传说的真实性无从考究，但从此以后，这里的村民就爱上了猜谜语。

如今，青林寺村的村民们不仅是能耕善作的农民，也是极具创造力的艺术家。他们制谜、猜谜，痴谜成风。

他们利用谜语这种祖辈相传、民众所喜闻乐见的文学样式，反映丰富多彩的乡村生活，表达爱憎分明的真实情感。

他们的谜语，雅俗共赏，有着浓郁的乡土气息、鲜明的地方色彩和完备的结构形式，

谜语长廊　　青林寺村委会　提供

融娱乐性、知识性于一体，具有娱乐消遣、传播智慧、培育和提高智能的多种功能。

谜语文化一条街，是青林寺村移民搬迁还建项目。位于青林寺村大道西侧，占地90亩，其建筑风格选取粉墙黛瓦、花格窗、合院硬山屋顶、青砖、朱漆等中式传统元素，糅合当代建筑风格，取山地中比较平缓的地势进行规划设计，通过建筑聚落围合出街道、广场等空间节点。

谜语文化一条街，以农户居住为主，兼有商业、购物、文化娱乐活动等功能，实行城市供水、天然气、雨污分流、集中式污水处理。

谜语文化一条街是青林寺谜语体验的场所。每年的端午节、中秋节，村委会都在此举办全村的谜语大赛。每到这两个节日，村民都会络绎不绝地来到这里，参加谜语竞猜，凡中奖者都会得到洗衣粉、香皂、毛巾之类的奖品。

谜语文化一条街上，悬挂有青林寺村经典的谜语，十分醒目，供游客参与竞猜。

省级非物质文化遗产传承人丁开清，在谜语文化街上开设有谜语工作室，可供谜语爱好者探讨、学习。

省级非物质文化遗产传承人赵兴寿，在谜语文化街上成立了谜语家庭传习所，为村民和游客研究、传习谜语、谜歌提供体验场所。

民俗文化中心（民俗博物馆） 灵秀青林，梦里老家。青林寺村悠久的历史，独特的地理，不仅繁衍出丰富多彩的民俗文化，也孕育出民俗文化的地域特色。

丁开清工作室

赵兴寿家庭传习所　　青林寺村委会　提供

青林寺村民俗文化中心（民俗博物馆），总建筑面积3300余平方米，为框架混凝土结构仿古建筑，采取新中式风格四合院类型设计，蕴含着有海纳百川的胸怀，承载博大中国文化的意境。

展览空间以中式四合院之精髓，传承渊源的历史文化，用中国文化演绎经典中式意蕴，赋予展览空间新的诠释，体现了传统古朴建筑风格。

青林寺村民俗文化中心，设有民间文艺表演大厅、青林寺谜语文化厅、生活习俗厅、礼仪习俗厅、节日习俗厅、地方特产展示厅、谜语文化长廊等。主要通过文字、图片、实物、雕塑、景物还原等形式和影片、模型、投影、液晶屏、触摸屏及互动体验等多种高科技手段，展示青林寺村民俗文化和非物质文化遗产。

水上乐园　青林寺村水上乐园项目，位于青林寺村青山湖，是青林古镇康养旅游度假项目之一，依托青林寺村的青山绿水，开展水上娱乐活动。

水上乐园主要项目有皮划艇、赛龙舟、帆船、水上摩托艇等。建有水上休闲垂钓平台，平台沿着青山湖展开，并可作为水上运动的亲水看台。

青林寺村水上乐园，是孩子们的天堂。每到夏季，阳光照在水面上，波光粼粼，一层层的波浪打在岸边，如身临海滩。乘坐青林寺村游艇，还可以感受阳光、沙滩、微微吹拂的江风。登上甲板，扬起风帆，体验游艇时尚生活。

青林寺村水上乐园，有专业的团队为客人打造游艇派对，商务集会等活动项目。

高尔夫球场　游客到青林寺村游览，可亲身体验一场高尔夫运动。

宜昌三峡国际高尔夫俱乐部是集商务、休闲、健身、度假于一体的文化旅游项目，由宜都东阳光公司投资 2.5 亿元建设，于 2012 年 5 月 1 日正式运营。

高尔夫球场东起青林寺村，西至清江，南与宋山自然风景区相互呼应，交通便利，距宜昌三峡机场仅 30 千米。

球场由美国设计师吉姆利用原始地貌整体规划，球道设计别出心裁，极具挑战性，是湖北省内首屈一指的、适合各级别球手的国际锦标赛级 18 洞 72 杆山地高尔夫球场。

练习场设有 26 个打位，长度 250 码，特聘专业教练提供技术指导，并量身定做技术训练。

球场配套建设有会所和饭店等。高尔夫会所设有球具室、休息室、中西餐厅。2012 年 5 月 1 日与球场同步运营。

特警训练体验 青林寺村特警训练基地，是以先进军事文化为内涵，打造的以科技为支撑，集训练、教育、体验、休闲、娱乐于一体的旅游新品牌。

青林寺村特警训练体验项目，是宜昌市公安局在该村清江边投资建设的特警支队业务技术用房及

水上乐园

宜昌三峡国际高尔夫球场一角

打高尔夫球　　郭军军　摄

公安机关警务技能训练基地。特警训练基地项目规划占地面积 533.45 亩，总建筑面积 32900 平方米，总投资为 24120.88 万元。其中一期工程建筑面积 19300 平方米，二期工程建筑面积 13600 平方米。

基地场区分为综合训练区、宿舍区、后勤服务区、教学区、室外心理行为训练场、模拟街区 6 大块。其中综合训练区包括 400 米障碍训练场、室内外射击场馆、排爆试验场、搏击馆、电子射击馆、泅渡训练场、警用装备库、运动场等。

特警训练基地不仅是武警业务技术教学和警务技能训练场所，也是独具特色的军事主题文化公园。公园强调军事主题的功能内涵，透过低空训练、水上训练、射训运动等项目，力求构建特色旅游度假方式。内部教学训练之余，特定时段可以为普通游客提供警营生活体验。

◉ 旅游服务

游客服务中心 青林古镇游客服务中心位于青林寺村青林大道中段，距沪（上海）渝（重庆）高速、宜（昌）岳（阳）高速公路宜都北出口 9 千米，318 国道 2 千米，254 省道 7 千米。青林古镇景区毗邻清江画廊、车溪风景区，距中国十大风景名胜之一的长江三峡景区仅 40 千米。

游客服务中心服务区，沿着青林大道两侧建设，为 3 层框架结构仿古建筑，建筑面积约 4921 平方米。具备游客接待、休闲、购物、售票、投诉和旅游集散等服务功能及住宿、餐饮、会议等综合性服务。

旅游线路　交通条件

青林古镇旅游线路 青林古镇旅游线路：青林寺村入口广场—游客服务中心—民俗文化中心（民俗博物馆）—谜语文化一条街（青林小院）—谜园亭—高尔夫球俱乐部—水上乐园—汽车露营俱乐部—特警训练基地—演义秀场—异国风情小镇—古镇商业街—八卦山观景台—国家柑橘公园—青林寺村有机生态农场—青林寺村森林公园—返回游客服务中心。

交通条件 三峡机场距青林寺村 20 千米。汽车车程：30 分钟抵达青林古镇。

宜昌火车站东站距青林寺村 22 千米。汽车车程：20 分钟抵达青林古镇。

宜昌中心客运站距青林寺村 30 千米。汽车车程：30 分钟抵达青林古镇。

山城水都大饭店　　　青林寺村委会　提供

宜都中心客运站（宜昌东站）距青林寺村22千米。汽车车程：20分钟抵达青林古镇。

沪（上海）渝（重庆）高速、宜（昌）岳（阳）宜都北出口，距青林寺村9千米。汽车车程：15分钟抵达青林古镇。

318国道距青林寺村2千米；湖北省254省道距青林寺村7千米。汽车车程：分别是3分钟、10分钟抵达青林古镇。

酒店服务

山城水都大饭店　山城水都大饭店位于青林寺村秀丽的青山湖畔，由宜都东方阳光公司投资3亿元建成，是一家能满足各种大型会议的标准五星级饭店。

宜都大酒店　宜都大酒店距青林寺村15千米。位于宜都市陆城长江大道86号，是一座涉外三星级酒店。

宜都清江国际酒店　宜都清江国际酒店距青林寺村15千米。位于宜都市长江大道，酒店地处交通要道，出行便捷。

小西湖花园酒店

小西湖花园酒店 小西湖花园酒店距青林寺村 14 千米。该酒店集住宿、餐饮、商务、休闲为一体，是一家星级园林式酒店。

酒店融古典园林和现代设计风格为一体，优雅别致。酒店绿化面积高达 70%，植被覆盖率高，内有多种名贵树木；环境优美，风景如画。

农家乐 青林寺村位于清江高坝洲水电站库区，三面环水，一面依山，优美山水环境和富足的旅游资源，孕育了一批独具特色的农家乐。

青林寺村农家乐在宜都市相关部门指导下，集风味饮食、安全卫生、优美环境于一体，形成一种新兴的旅游、休闲形式，为游客提供回归自然，获得身心愉悦的休闲旅游活动场所。

青林寺村农家乐的业主，均为当地的村民。他们利用当地生产的原生态食材，进行精细加工，既满足了游客舌尖上的惊喜，又物美价廉，深受游客欢迎。

青林寺村农家乐大多建在高坝洲库区周围，依山傍水，空气清新，环境优美，受到游客的青睐。

风土民情

青林寺村地处鄂西山地向江汉平原过渡地带，曾是土、汉族集聚的地方，也是巴文化和楚文化的交融地之一。青林寺村在各民族不断融合的过程中，汇集成凝聚祖祖辈辈村民智慧、内容丰富的乡土风情，形成了既有汉民族共性，又渗透有土家遗风的岁时节令、生产劳作、衣食住行、婚丧嫁娶、民间娱乐等习俗。这些乡风民俗，一直伴随着历史进程，流传演变，形成了现今多姿多彩的民俗文化。

◉ 物产美食

清江鱼　青林寺村地处清江高坝洲电站库区，是一个三面环水，一面依山的自然村落，也是盛产清江鱼的地方。

产于清江库区的清江鱼，被誉为“千湖之省”湖北的水产一绝。2016年，“清江鱼”已向国家工商总局申请注册商标。

清江鱼　　李霓　摄

清江发源于鄂西山涧洞泉，由近50条山泉溪流汇集而成，水域水质优良，无污染源，渔业资源十分丰富，生长出美名远扬的清江鱼。好山出好水，好水养好鱼。无公害、无污染是“清江鱼”的主要特征。“清江鱼”商标获湖北著名商标称号。

清江鱼主要品种有：黑鮰、红鮰、黑鲤、红鲤、鳜鱼、白甲、银鱼、大口鲶、鲫鱼、花白鲢及青虾等，以银鱼、鮰鱼和白甲最为名贵。

“清江鱼”品牌以生长水域环境优良、肉质细嫩、无泥腥味、食用安全深受国内外客人士青睐。系列产品先后获得“中国名牌农产品”“湖北十大名牌农产品”和第八、九、十届中国农交会金奖，有5个清江鱼品种通过国家有机产品认证。

清江鱼制成干鱼、腊鱼，风味殊佳。清江腊鱼，色艳味鲜，久存不坏，是宴席上不可多得的佳肴。湖北土老憨生态农业开发有限公司生产的“清江野鱼”，以清江野生鱼类为主要加工原料，采用三峡地区传统配方，经科学生产工艺精制而成。产品不加任何防腐剂，开袋即食，美味可口，老少皆宜，是居家旅游、休闲馈赠的理想佳品。

长期以来，清江鱼系列产品除俏销国内大中城市中高端水产品市场外，还远销欧、美、日、韩等十多个国家和地区。

宜都蜜橘 宜都位于长江与清江交汇之处，地处柑橘北缘地带，土地肥沃，气候温和，雨量充沛，日照充足，自然条件得天独厚，非常适宜柑橘生长，是我国重要的柑橘产地之一。

宜都蜜橘栽培历史悠久，拥有2000多年的栽培历史。唐代现实主义诗人杜甫，在游览宜都横碛橘园风光时，即兴作诗：春日清江岸，千柑二顷园。青云羞叶密，白雪避

宜都蜜橘

花繁。结子随边使，开筒近至尊。后于桃李熟，终于献金门。

宜都蜜橘已经成为湖北省宜都市特产，是中国地理标志产品。青林寺村位于宜都蜜橘主产区内，全村高峰时期柑橘面积发展到 1400 多亩，柑橘总产突破 600 万千克。

宜都蜜橘外观果形端正、色泽鲜艳、皮薄光滑、大小一致。内在品质好，汁多渣少、酸甜可口、香气宜人、风味独特、营养丰富。远销俄罗斯、加拿大及东南亚地区，橘瓣罐头出口到美国、日本、欧盟。

鲟鱼 鲟鱼是现存起源最早的脊椎动物之一，因地域或品种不同又有中华鲟、中国鲟、鳇鱼、苦腊子、鳣等名称。其中，中华鲟是中国特产的珍贵鱼类，属中国国家一级保护动物。

青林寺村坐落在清江高坝洲电站库区。清江库区宽阔的水域，为青林寺村发展网箱养殖鲟鱼创造了有利条件。

2007 年，在天峡鲟业公司“公司 + 农户”经营模式带动下，一向具有水产养殖传统的青林寺村成立了清江名优鱼专业合作社。

2013 年，湖北天峡鲟鱼公司在宜都市红花套绿色产业园区，建起世界鲟鱼博览园。博览园集科研、物种保护、旅游观光、科学普及、鲟鱼养殖和繁育以及产品开发于一体，是三峡、清江旅游黄金线上的重点景区之一。参观鲟鱼博览园，可以近距离领略目前世界上品种最为丰富的鲟鱼种群，世界上现仅存的 27 个鲟鱼品种，鲟鱼博览园内有 17 个。

鲟鱼早就是人们喜爱的食品。如陆玑《诗疏广要》：大者千余斤，可蒸为臛，又可为鲊，子可为酱。

鲟鱼是食用价值极高的大型经济鱼类，肉味鲜美。可以鲜食，也可熏制，骨骼为软骨均可食用，鱼筋、肠、鳍都可加工成上等名菜，特别是鱼鳍可制成鱼翅食用，鱼卵可制成享有盛誉的黑鱼子酱。

宜都生产的鲟鱼鱼子酱，含有人体所需的微量元素、矿物盐、蛋白质、氨基酸和重组基本脂肪酸，不仅能够有效地滋润营养皮肤，而且可以增强身体的免疫力。深度开发的鲟鱼罐头、鱼子酱，已出口欧美等国家。

十大碗 “十大碗”是青林寺村一带传统的待客盛筵，是逢年过节，红白喜事，招待客人的一种菜肴礼仪。

青林寺村民每逢过年过节、红白喜事都会杀猪宰羊，打鱼杀鸡，打糕剁丸，整席做成“十大碗”。鱼糕为“头子菜”。过年吃糕，年年有鱼（寓意年年有余），年年有糕（寓意一年更比一年高）。“十大碗”一般由一碗头子（由鱼糕或肉糕、肉圆、海参、肉松、木耳等原料合成）、一碗扣鸡子、一碗扣羊肉、一碗八宝饭（又名甜菜，由糯米、莲子、红枣、桂圆、红丝、白糖、猪油、薏米 8 种原料合成）、一碗蒸肉、一碗笋子鱿鱼、一碗杂货、一碗红烧肉、一碗汤（种类有鱼圆子汤、虾米汤、鸡蛋汤等）、一碗烧全鱼组成。随着时代的发展，现在青林寺村宴席已不限于“十大碗”，盛菜器具大多已由碗装改为盘装，菜肴花样也不断翻新。但“头子菜”始终没有变化。

十大碗

游士坡包子 清末民初，是清江航运的鼎盛时期。青林寺村条子河码头货进货出，各种商号应运而生。以游士坡为中心，各种商铺、饭店、茶馆、客栈一应俱全。

游士坡包子

当时，游士坡上包子铺，做的包子是又大又白，香喷喷的，对过路的客商有很大的诱惑力。由于受当时经济条件所限，游士坡的包子是用豆渣馅做的。过客吃了感到有些后悔。后来，就流传有“游士坡的包子，吃了悔，不吃也悔”的说法。

现在，游士坡的包子用的都是当地生产的原生态食料，荤的有猪肉、羊肉、牛肉馅的；素的有萝卜、白菜等蔬菜馅的。荤素搭配，品种齐全。其包子皮薄馅多、味道鲜美、柔嫩可口、独具特色。

游士坡包子的做法：将面粉加上水、老面揉匀，盖上盖子发酵，直到有蜂窝眼就发好了。再将发酵好的面揉匀，分别擀成小圆片，再将猪肉、羊肉、牛肉剁成碎末，或者是时令蔬菜剁成碎末，再加上少量的食盐、生姜、花椒面等等佐料，搅拌均匀后，把馅放在面皮里捏好后，放入蒸锅蒸约 20 分钟，出锅端起来就好了。

鲊广椒　鲊广椒，也称为鲊辣椒，是青林寺村人长年备用的一道家常菜。它是以青、红辣椒和玉米面为主要原料加工而成，佐以用餐，开胃爽口。

鲊广椒

鲊广椒的做法：选用青、红辣椒（老嫩不分），洗净剁成细末，拌上生玉米面搅匀，再加上适量食盐、味精、花椒粉等佐料，装在坛子里封好，使其发酵变得微酸即成。吃的时候，掺肥腊肉炒熟（也可不放肥肉，但油不能少），晶黄透亮，酸辣可口。

鲊广椒特有的酸酸辣辣的味道，可以减淡肉的油腻感，味道独特。鲊广椒蒸肉、鲊广椒扣肉的味道相比粉蒸肉、梅菜扣肉多了一些坛子菜带来的特有香味。因而鲊广椒入菜广泛，菜谱很多，可以做蒸鲊广椒、炒鲊广椒、鲊广椒炒蒜苗、鲊广椒炒腊肉、鲊广椒炒肥肠、鲊广椒蒸肉、鲊广椒扣肉、鲊广椒扣鱼、鲊广椒面糊等。

豌豆豆豉　豌豆（蚕豆）豆豉是青林寺村家家户户每年必备的家常菜。这种豆豉口味独特，可以当小菜吃，也可作为做菜的佐料。

豌豆豆豉

豌豆豆豉的做法：先把豌豆去皮，用水淘净后滤干。在簸箕上面先放一层黄荆条枝叶，再放一层茅草，在茅草上面放淘净滤干的生豌豆瓣。然后，在豌豆瓣上放上茅草和黄荆条枝叶覆盖，待过上一段时间发酵后，把长满黄色霉的豌豆瓣用水淘净再滤干。用椿树皮、花椒树叶、紫苏叶等煎水，待冷却后放进淘净滤干的豌豆瓣，放在太阳下曝晒，最好不要移动。若遇上下雨，则用斗笠盖上，以防变酸，直到水分全部蒸发，完全晒干，豌豆瓣变得金黄油亮，呈半透明状，就晒好了。

现在，青林寺村人虽然生活条件改善很多，但招待客人的十大碗，豌豆瓣仍是少不了的佐料。甚至，有的人出省办事、出国旅游，都还忘不了带上一瓶豌豆瓣调节口味。

香肠　香肠是青林寺村人一种传统食品。是以猪的小肠衣（也有用大肠衣的）灌入调好味的肉料干制而成的。

香肠　　李广彦　摄

腊肉

香肠的做法：首先是将新鲜的猪前颊肉，切成小块条状，再将食盐、生姜沫、花椒粉、辣椒面，有的还放些豆瓣酱水后，一起搅拌均匀，然后，将其灌入猪肠衣里，制成农家香肠。晾晒几日，待水分稍净后，用松枝或者香樟树叶，有的还加入橘皮生暗火，将香肠熏干，即可食用。

在村民生活欠富裕年代，香肠只有年节或招待客人时才食用。现在人们生活条件大大改善，一年四季都可以吃到美味的香肠了。尤其是到青林寺村“农家乐”吃饭，香肠是少不了的一道特色菜。

腊肉　腊肉是青林寺村人最喜爱的食品之一，也是青林寺村人吃的一种特殊做法做成的肉。

腊肉的做法：青林寺村腊肉制作颇讲究。冬腊月间，农家都要杀年猪。年猪分切完后，就用大的容器来腌制，腌制材料一般是粗盐，也有的加一点辣椒粉、花椒粉。腌制一两个星期后，就挂起来晾干，然后进入熏制程序。熏制腊肉就挂在火垅的上方，真正好的腊肉是慢慢熏制。熏制过程中，会特别烧一些有香味的植物，比如香樟树枝、竹子、橘子皮等，这样熏制的腊肉就会有特别的香味。

青林寺村腊肉色泽红润，香味独特，肥肉如膏，入口即化。瘦肉颜色粉红鲜艳，带骨头的部分有特别的风味，香软异常；带皮的肉烟熏味明显，皮吃起来爽滑。腊肉中最具美味的是猪排骨和猪蹄膀，前者肥瘦相同，颜色鲜明，骨香特别；后者盘骨香腻，再加上爽滑的胶质肉皮，十分可口。

如今，青林寺村的腊肉经过包装，已经进入城市的超市，成了城市居民的特色食品。

袱子酒　袱子酒，又名米酒，也叫醪糟，是青林寺村的特产。

袱子酒的做法：首先用水将糯米（或大米）浸泡半天，反复淘洗几次，淘清白浆，漂洗干净。然后，用蒸锅蒸熟后，用筷子插些小孔，洒上一些温水在糯米饭上，再蒸上 5 分钟，这样能使糯米饭松软。米饭出锅后，摊开放在竹编的簸箕上，用凉开水均匀地浇在饭上，一来使饭粒不会粘连，二来降温。然后，将特制酒曲均匀地撒在米饭上，再用勺子将米饭翻动，目的是将酒曲尽量混均匀。最后用勺子将拌好的米饭轻轻压实，抹平表面，成平顶的圆锥形，中间压出一凹陷窝，将剩下的一点酒曲撒在里面，倒入一点凉开水后，将容器盖严，放在温度（30℃左右）适宜的地方。如果温度不够，可用厚毛巾、棉衣等将容器包上保温发酵。大约发酵 24~48 小时，将容器打开，有浓郁的酒香味道，袱子酒就做成了。

袱子酒

过去青林寺村人过春节时，如果有客人来，首先会用一碗热腾腾的袱子酒来招待客人。

◉ 生产习俗

青林寺村地处长江中游鄂西山区向江汉平原过渡地带，上连巴蜀山地，下接江汉平原，巴楚文化交融，在长期的生产劳动中形成了其特有的生产习俗。

青林寺的农耕生产孕育了独特的民俗文化。

水稻生产习俗

水稻种植要经过整田、浸种、育秧、插秧、追肥、防虫、防病等环节，收割期还要防倒伏霉烂和禽兽损害。

在水稻生产过程中，有一系列娱乐祭祀活动，如：栽秧锣鼓、扯草锣鼓、车水锣鼓等。

整秧田 初春时节，水田开始蓄水或灌水，渗透水后再耕。水田翻过以后，要耙田。为了保水，秧田整平后还要“做掩脚”，砌田埂，然后播种。

育秧 “秧好一半谷”，择优选好的谷种育成秧苗非常重要。育秧最初的做法，谷种是不经水泡和催芽的，直接撒于田里，可是秧苗不齐、瘦弱，烂秧多，分蘖差。后来，改为窝坑催芽、温室催芽和温室无土育秧。

插秧 插秧当地叫栽秧。栽秧是水稻种植的关键环节，劳动强度大，季节性强，历来为农家重视。

根据秧苗的秧龄和长势，先确定栽秧日期，提前备好酒菜，将腊肉洗净煮好，请乡邻亲友来喝栽秧酒。栽秧酒菜肴十分丰盛，通常是“十大碗”。

栽秧人下田之前，专请的掰秧人，天不亮就下秧田掰秧苗，把秧苗扎成秧把子，挑到栽秧田边，并将秧把均匀地抛在田中，为栽秧做好准备。

早饭后，栽秧的人不分男女，一起下田栽插 。出嫁的姑娘也同姑爷（女婿）一同回娘家帮忙。有的人家还请人打栽秧锣鼓，锣鼓班子一般 4 人，一人打鼓，一人敲锣，一人吹唢呐，一人唱歌。歌词以传统唱词为主，兼有即兴发挥，现场编词，既为栽秧把握节奏号令，又为栽秧人解乏提神。

收割 晾晒 青林寺村因田块小且分散，收割水稻一般是使用齿镰，人工收割，割谷能手一天能割一亩左右。

扯秧苗　　冉德强　摄

插秧　　冉德强　摄

常规为下午收谷。用头年的稻草搓成两米多长的草绳，叫“草腰子”，用来捆扎割下的稻谷。多人接抱，一人捆扎，约25千克左右扎一捆，称为“草头”，置于田头。然后，用钎担挑到稻场上。挑草头是一个技术活，手持钎担，先将钎担一头插入“草头”的中心，手用力掂在手臂中央，然后，将另一头插入另一个“草头”中，双手一抬，悠悠两下挑上肩。力气大且技巧好的人能挑上50千克 。体力弱，技巧差的人只能先将一头上肩，用背扛起再去插另一头，然后，挺腰扛起，俗称“挖鳝鱼”，这常会引来旁人嘲笑。

晴朗之日，将收割的稻谷均匀地平铺在稻场上，进行脱粒，也叫打夜场。遇到天气不好，不能脱粒就要把草头堆在稻场上，叫箩草箩。

稻谷脱粒时，用牛拉着一条石磙 ，在稻谷草铺上反复碾压，称为赶磙，直到谷粒全部脱落为止。石磙碾几遍后，还要翻叉，即把下面没碾好的翻到上面来。碾好后，将稻草和杂质除尽，稻谷则置于稻场翻晒。晒干后，用月板和搭板子收拢，再用木掀板把晒好的稻谷均匀地抛向空中，在风力作用下，饱满的、瘪壳的和杂质就依次由近到远地散落在稻场中，俗称“扬掀”。

割水稻　　冉德强　摄

入仓 将扬好的谷粒，再用风斗筛选，进一步去除杂质和石子之后，收藏于谷仓中，做种子或储备粮。

谷仓一般都是放在堂屋（客厅）中，用木板框一垛一垛叠加而成，称为“垛柜”。每垛以 4 块木板拼成四方形，长 2 米左右，宽 1.5 米左右，高 0.3 米米左右。仓的底层有一小口，外部用仓盖盖好，然后，用黄泥将顶部封好，叫“泥仓子”。除此之外，储藏谷的容具还有睡柜、黄桶、扁桶、围席等。

玉米生产习俗

青林寺村人称玉米为“玉米”，也叫“高粱”。一般种植在旱田里。在一些缺水的水田里也有种植。

玉米生产包括播种、补苗、薅草、收获。

播种 土地翻耕后，用耙将田耙平。用耕牛边拖沟，边撒种，俗称“压犁沟”。或是前面一人挖窝，后面一人丢种子，叫点播。前面一人拖沟，后面一人丢种子，叫条播。一般一窝要丢 3 粒种子，由丢籽人用脚扒土，将玉米种子盖上。如果是用火土粪盖种子就更好。

补苗 玉米出苗后，要补苗追肥。将出苗多的玉米苗，移栽到没有出苗的地方，叫“补苗”。补苗主要是为了充分利用田亩面积，少空地，增加收成。玉米苗长至三叶以后，要培土追肥。将玉米苗培成垅，追肥一般施用水粪或饼肥。

薅草 玉米田里除草叫薅草，薅草一般要薅 5 次，最少要薅 4 次。第一次薅草时间是在间苗的时候，主要为培土保墒，薅得较浅。第二次薅草时间是在 5 片叶时，要薅得深，为以后管理创造条件，除薅尽杂草外，松土培蔸，为玉米长根奠定基础，因此，这一次至关重要。第 3、4 次薅得比较浅，除尽杂草就行了。所以俗话说，“头遍浅、二遍深，三遍、四遍刮刮脸”。

如果遇上干旱或阴涝，薅草的次数得看情况而增减。天旱，多薅可以松土保墒；天雨多涝，多薅有利于渡沟，使水分蒸发。薅草是比较枯燥和辛苦的农活，特别是玉米苗长到半人至一人高时，头顶太阳晒，地上热浪烤，玉米林子闷热不透风，玉米叶子边缘锯齿也刺人。“锄禾日当午，汗滴禾下土”是对薅草农人生动形象的写照。于是，有些请工的人家或者是换工的人家，就请锣鼓班子，在田间地头打起薅草锣鼓，唱起歌来助兴。薅草锣鼓一直流传到 20 世纪 50 年代初期。

薅草锣鼓的锣鼓班子均有比较固定的成员。敲鼓的人，通常称为“打鼓匠师傅”，

玉米　　冉德强　摄

翻晒玉米　　冉德强　摄

其所用锣鼓可多可少，有单锣鼓（一锣一鼓）、夹锣鼓（两锣一钹 、勾锣）、坎锣鼓（四样锣鼓加配唢呐）之分。

锣鼓班子彼此配合默契，开场时鼓点子一发，司锣、钹的便清楚要打唱何种曲牌。锣鼓歌的曲牌多样，锣鼓节奏丰富多彩。从开场歌起，锣鼓班子始终遵照曲牌，配合着薅草人群演奏，除了以山歌的形式配以锣鼓外，还时常灵活应对薅草人要求，现编一些新词唱来活跃薅草劳动气氛。

收获　到了农历七月，玉米成熟了，男女老少都下田“掰玉米”，青林寺村民俗称“掰苞子”。收获玉米多数是用箩筐和背篓搬运的。先将背篓放于田间地头后，大人、小孩手提竹篮，将玉米掰下用竹篮装着，待竹篮装满后，再集中放在背篓里，由大人转运至稻场或者家里。也有背着背篓，边掰边扬手丢到背篓里，背篓满后背到田边集中地点 。

收回来的玉米，剥去玉米包叶，放在稻场上晾晒。晒干后的玉米要脱粒，称为“扭玉米”。扭玉米有技巧，先用铁钎（玉米钎子）或木钎在玉米上撮开一条路，然后，把玉米按在铁钎或木棒上，用力转动。这样玉米粒就纷纷落下，既快又省力。扭下来的玉米通过晒干、整净等程序，最后进仓入库。

小麦生产习俗　小麦是青林寺村种植的主要粮食作物之一，青林寺村人俗称“麦子”。小麦为冬季接茬作物，一般霜降前后播种，次年小满前后收割，俗称“夏收”。小麦在耕地、耙田、播种、除草、收割等环节都比较粗放，产量也不是很高。

小麦冬播前，将猪、牛圈肥送往田头和火土泥封堆放在一起，使之熟化备用，称为“堆肥。”通过发酵处理后，肥力增加，还不会伤害作物根系。

小麦播种有条播和撒播两种形式，分厢分行的为条播，将种子直接均匀撒入田间的为撒播。

初春时节，地表温度不断增高，表土开始解冻融化，此时松土，能增加地温和保墒，有利于小麦返青。麦田松土时，条播的小麦，用中耕器耕；撒播的小麦，用耙田的耙来耙。如果冬季无雪，气温和地温都较高，土质过于松散，就不必松土，反而需要保墒。

青林寺村一带割小麦仍沿用传统的镰刀，故新麦开始收割时，俗称“开镰”。割麦人一镰一镰地往前割，割到一定数量之后，放到地上，称之为“一铺儿”。捆小麦主要用“稻草腰子”。也有就地取材，抓起一把麦杆子，把麦穗儿拧紧向后一别扎紧，然后，将麦秸开站放地上，俗称“扎把子。”一般 4 把就可捆成一个麦草头。

小麦割完捆好后，要往场上搬运，方式主要是肩挑，俗称“挑草头”。挑麦草头与挑稻谷草头不同，钎担头要飘着插，即把草头掀平后平插，否则，就会“梭筒”（草头散了）。

小麦收割完后，一般由儿童到麦田里去拾麦穗，俗称“捡小麦”。凡见到拾麦穗的孩子，家长们总要说几句鼓励孩子的话。有的为了培养孩子珍惜粮食的习惯，还把孩子拾到的麦穗，单收单打。这个习俗，使精打细算，节约粮食的传统代代相传。

打小麦主要是采取人工脱粒方式，有用牛拉石磙碾压或是人工用连枷打的，俗称“打场”。过去，打小麦几十人、上百人同场打连枷，一人喊号子众人和，场面十分热闹。

小麦收场先用扬叉翻动脱粒干净的麦草，俗称“出场”。再收拢麦粒，然后视风向、风力，将连糠带粒的小麦迎着风头扬起，俗称“扬场”。扬场人迎风斜站，手持木掀，铲起小麦，视风力大小而确定扬麦的角度，迅速将木掀上的小麦顶风扬起，麦壳便被吹向风下头，麦粒则落在场中。另一人则持扫帚，将麦粒堆上没脱完的麦穗，或分量较重的草棒，用扫帚轻轻地扫向旁边，使麦粒非常干净地堆于场中央，俗称“刷样”。这样整干净后，趁晴日再晒一到两天，通过清掀后，把扬净的麦粒入库。

柑橘生产习俗 进入 21 世纪以来，柑橘成为青林寺村主要经济作物。柑橘品种分早、中、迟熟。早熟又分特早和普早。特早熟品种一般在 8 月底成熟，普早品种在 9 月底成熟，中、迟熟品种在 10 月底至 11 月成熟。柑橘生产主要有苗木定植、管理、采摘等环节。

青林寺村一带的柑橘，早熟品种每亩栽植 70 株左右；中、迟熟品种一般 60 株左右。苗木定植的关键是浅栽，保证嫁接部位暴露在地表以上。

柑橘修剪

柑橘幼树管理，主要是追肥、修剪、整形。柑橘成树的管理主要是修剪、防病治虫、施肥。修剪一般在 3 月份进行，病虫枝、枯枝、过密枝都要剪除。柑橘防病治虫，一般喷 4 次农药即可。4 月为第一次，5 月为第二次，第三次在 7 月，第四次是采果后，柑橘清园时消毒。柑橘施肥时间，一般在果实采摘以后至春梢萌发之前进行。肥料以多元素复合肥为主，一般还要配以一点数量的农家肥。柑橘施肥采取沿树冠滴水处抽槽沟施，全年所需肥料一次性施足。

柑橘早熟品种特早和普早一般是边采摘，边销售，不需要存放。中、迟熟柑橘采果后要进行存放，一般在 10 月下旬开始采摘，立冬左右结束。这时柑橘采摘，轻剪轻放，不伤果面，以免存放时腐烂。

华犁　　青林寺村委会　提供

风斗　　青林寺村委会　提供

铁耖　　青林寺村委会　提供

木耖　　青林寺村委会　提供

秧马　　青林寺村委会　提供

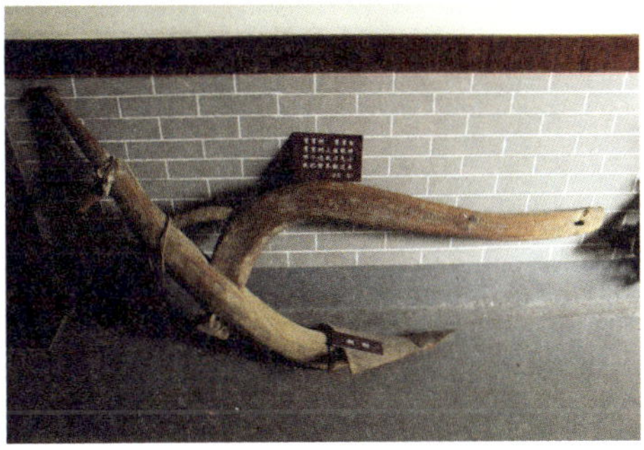

窝犁　　青林寺村委会　提供

月板　　青林寺村委会　提供

◉ 生活习俗

青林寺村地处鄂西山地向江汉平原过渡地带，地形多为丘陵山冈，日常饮食以大米为主，辅以小麦、玉米、红薯等。饮食习惯为一日三餐，部分老年人冬季有四日八餐的习惯。

食用菜肴一般以自种蔬菜、自养畜禽、自制腌菜为主。现今市场有售的各类蔬菜和畜禽在青林寺村均有种植和养殖，但总量不大，自给自足，间或还需到市场采购。自制的腌菜有腊肉、腊鱼、盐菜、鲊广椒、豆瓣酱、各类泡菜等。随着时代进步，经济发展，青林寺村人的饮食习惯，也在不断变化。

饮食礼仪

青林寺村居家饮食，有许多讲究。

平常一家人在一起吃饭，一般是饭菜全部做好端上桌，等吃饭的人全部到齐后，才能吃饭。最忌讳的是人未到齐，有人就端菜端饭，甚至狼吞虎咽大吃起来。

团年饭礼仪。团年饭菜全部做好后，端上桌先要“醮亡人”，然后，一家老小才围上桌吃饭。座位也有些讲究，即祖辈坐上席，父母坐下席，孩子们坐在两边。吃饭时，晚辈应不时给长辈敬菜，长辈也要谦让晚辈或孩子们多吃一些，席间其乐融融。长辈碗中的饭吃完了，晚辈应主动替长辈盛饭，长辈不吃了，晚辈应给长辈倒茶。

待客礼仪除了菜肴要尽量丰盛外，吃饭也有一些讲究。

饭菜端上桌后，要先请客人入座上席后，主人全家才依次入座。然后，主人双手平抬自己面前的一双筷子，向客人说“您请吃饭”，客人才端持碗筷，并说“糟蹋您哒”（打扰、麻烦人的意思），这才和主人一起开始吃饭。若客人是会喝酒的，则要先劝客人喝酒，并拿一只空碗放在客人面前，便于客人放菜。酒过三巡，待客人说酒喝好后，才能给客人盛饭。此时，客人要放下筷子，稍作停休，待主人将饭盛来双手送上后，客人起立，用双手接过饭碗，并说“难为您哒，耽误您吃饭哒”，才坐下继续吃饭。

在人家做客吃饭时，要尽量显得礼貌一些，并在主人吃完之前放碗。饭吃完后，要双手平抬手中的筷子，向各位示意，并说“你们慢慢吃啊”，主人则说“您要吃饱啊”，一边去给客人倒茶，这时客人方可离席。

赴婚丧、祝寿等宴会，要由支客先生安排就座。面对大门的上席为敬，对面下席次之；并排两桌，则靠中间的上席更为重；若同时摆四桌席，则近大门的两桌席比里面两桌的上席又次一些。上席、下席都是要支客先生请坐才入席的，坐的都是主人的重要亲戚，一般客人都自觉坐两边旁席。待客人坐定后，支客先生才吩咐厨房出菜。每道菜端上席时，都有一定的顺序，放在桌上也有一定的位置，若是出现错误，不仅会让人笑话，还会得罪客人。

一般第一碗上桌的是头子碗，端菜人手持大托盘，一边走，一边高喊“顺哪”，以提醒客人让道。这时，吹鼓手吹奏起欢快的迎菜调子。端菜人端着菜走到席前站定，接菜人将菜端上桌放在正中。席上一般有一位与主人很熟的人，自动代替东家，带头请客人喝酒、吃菜。接下来上的菜依次是扣笋子、扣鸡肉、扣羊肉，每上一碗也都先放在正中，并将先上桌的菜往上、下席两边推。客人在代东的引领下，拈菜食用。拈菜时，也尽量只在自己面前一方拈取，拈取量适宜，切忌东挑西选或将筷子伸向远处的碗中。第五碗上桌的是蒸菜、蒸肉。这时，支客先生要高喊一声“大炮手啊”，提示炮手鸣炮。然后，端上席的菜有：扣圆子、扣鱼块、扣肉、扣肚子。最后一碗是汤菜，依然放在桌子正中。席间，客人也可自行拈菜，但要请客吃，即在拈菜时，向席上各位示意，并说“你们都来菜啊”。于是，众人也都跟着把这一碗菜拈一些来吃，切忌一声不响地自顾自吃。

饭毕，双手平抬筷子向其他人示意，口说“你们都慢慢吃啊”，其他人则说“您落箸啊”。这时，代东人就喊“倒茶啊！”负责倒茶的用小圆盘端来茶水，让客人漱口，送上用热水烫过并拧干的湿毛巾让客人擦手。先吃完的客人喝茶以后，不得先离席，要等同桌的其他客人，全部吃完后，方可离席散坐。

早上“吃茶”就没有什么大的讲究。因为食物就是一碗米酒，或者在米酒里面加一个鸡蛋煮好后，由帮忙的人用大托盘端给客人，随吃随接。客人吃完后，倒茶的人会倒一杯茶，端去让客人漱口。

在一些红白喜事场中，由于来的客人多，有些客人晚上没有地方睡觉，东家就安排一些娱乐活动，打牌或者讲书熬夜。半夜过后，厨房里要安排夜宵，弄几碟凉菜，或者煮一些面条端上桌，请客人吃夜宵。吃夜宵没有多少讲究，愿吃的就吃，不想吃的就不吃。

现在，一般的红白喜事是用圆桌坐席，而不用方桌了。每桌人数也由原来的 8 人一桌改为 10 人一桌。坐席的地方大部分在搭建的棚子里。所以，上下席排列，没过去那么讲究了。但如果在堂屋坐席，还是以面向大门为上。一般情况下，多把贵重客人请到

宴客坐席

一桌坐席，并安排陪客陪席。

饮食禁忌 过去旧的饮食习俗，家里人进餐，忌大声喧哗、嬉笑以及边吃边唱歌、忌离开饭桌进食。吃饭时忌伸懒腰，忌说“不想吃”等不吉言辞。

饭后，忌将用过的碗倒扣于桌上，忌用筷子敲击盘、碗。忌饭后饮酒，俗以此为“饭（犯）上”，即对长辈不敬。

如果小孩子碗中饭没吃完，长辈不要怕浪费而端来吃掉，这叫不吃子孙的饭。意思是上辈吃了子孙的饭，子孙今后就没有饭吃了。

过年时，桌子上会摆一道烧全鱼，但只能看不能吃。民间谓之“听话鱼”，亦有的仅食其中部，而不动头尾的，以示主人办事有头有尾，年年有余，以图吉利。

豆腐一般是不上团年宴席的，但办丧事的宴席第一道菜必定是煎豆腐。过去办酒席时，乌龟、狗肉、鳝鱼等不得上席。

受男尊女卑旧传统思想影响，青林寺村有妇女不上饭桌的习俗。

进餐对筷子的使用也非常讲究。用餐前或用餐过程中，不能将筷子长短不齐地放在桌子上。这种摆放方式，代表“三长两短”，被认为是很不吉利的。

小孩子吃饭时，喜欢玩筷子，常常会把筷子的一端含在嘴里，用嘴来回去吮，不时地发出“咝咝”声响。这是一种无礼的行为，会被认为没有家教。

用餐时，如果有人用筷子敲击盘碗，会被认为是对同桌用餐人员的一种羞辱。因为过去只有乞丐要饭时才会用筷子击打饭盆，利用发出的声响，配上嘴里的哀告，引起行人注意以给予施舍。

在给人盛饭时，有人为了方便省事，把一副筷子插在饭中递给对方，这会被人视为大不敬。因为传统上这是为亡人上香时的做法，无异被等同于给亡人上香一样，有违餐饮礼仪。

用餐时，如果将筷子随便交叉放在桌上，等同于对同桌其他人的不尊重。

此外，在宴请客人时，菜品数目以双数为尊，多为 12、16、18 碗（盘）等等。

二十世纪六七十年代以后，有些旧的习俗已不复存在，但大多还是为人们所遵守。还有些禁忌甚至变忌为兴，如蛇肉、乌龟等，过去为避席菜，今天已变成席上的珍贵佳肴。

居住习俗

20 世纪初期以前，青林寺村民居多依山傍水。普通的民居多为草屋、瓦屋，一般以土木结构为主，结构一般为三正两偏、两正两偏。纯木结构民居甚少，样式不一，结构一般为一正两偏、两正一偏、三正一偏、三正两偏等。

建房习俗 青林寺村人建房很有讲究，对房址、风水、朝向等都要慎重考虑，认真琢磨后方才实施。

一是建房选址。大多数房屋选择依山而建，选址都要考虑交通方便，水源充足，方便生产等因素，房基也要通风向阳，干燥无潮。房屋朝向以坐北朝南为佳。无论朝向哪个方向，都忌讳朝向东、南、西、北正方向。

20 世纪 80 年代民居

二是选择吉日请人破土动工。瓦（土）匠师傅先要放好开挖基础线，开挖基础要挖到硬底为止，同时还要用扁石或条石砌基。建房重稳固，万丈高楼从地起，基础坚实，房子坚固，坚固才能安居，安居才能乐业。基础做到正负零时，瓦匠砌第一块砖或者土匠师傅打第一板墙时（俗称下脚），主人要整酒席，促使各位工匠师傅、帮忙人员尽心尽力，同时还要给掌墨师傅（即主持师傅）封上红包，图个吉利。

三是选好招山上梁日期，以求平安吉祥。山尖高矮根据屋的进深长短而定，传统高度为一丈几尺八（寸）。民间有“船不离五，屋不离八”之说，八与“发”谐音，俗信不离八，就能不离“发”。二十世纪五六十年代农户建房，上梁非常慎重，很有讲究，都要举行“上梁仪式”。上梁要选吉日吉时，亲戚朋友、乡邻都要携带鞭炮前来庆贺。上梁时准备好包子、糖果、鞭炮，掌墨师傅在下面指挥，西发东起，直到发起到位，便把包子、糖果甩过大梁，并高声喊道：“一甩金银满堂，二甩荣华富贵，三甩人命长寿，四甩万子千孙”，这时鞭炮齐鸣。这天是整个建房过程中最隆重的一天，富裕人家要杀猪宰羊，请厨师办酒席，招待各位工匠艺人、帮忙和特来祝贺的亲戚朋友。贫穷人家这天也有所讲究，多少都要弄几桌，饭、菜、酒比平常都要讲究，以表慰劳、谢意，还给掌墨师傅封红包，鼓励各位工匠在以后的工程中，更加仔细，注意安全。

四是房子建好后，过烟火（搬入新居）也要选一个吉日。特别是那些大户人家要杀猪宰羊，请厨师、支客、管账、炮手及帮忙人员大办酒席，有的还请戏班子唱大戏庆贺一番。这天还有几个礼仪：一是在大门两旁竖立两根长短粗细相仿、带蔸的青竹，表示新居落成一年高一年，犹如竹子万年长青。二是在室内室外要张灯结彩，贴上吉祥的对联，在门前挂上大红灯笼，点蜡烛，室内是蔑扎纸糊的圆灯笼。三是要在原旧居发一盆或一缽火，蒸一小甑子饭，由家庭主妇提到新居堂屋再到厨房，家中人员按辈分高低，小辈先进，老辈在后；老辈先出，小辈在后。中午，厨师、炮手、帮忙的一切准备就绪，支客先生请客入席就座，主人向前来祝贺的各位客人、工匠艺人、帮忙的敬酒，并要说祝酒词：“感谢各位工匠艺人、师傅们操心劳神，感谢各位帮忙的不辞辛苦劳累，感谢各位亲戚朋友鼎力相助，感谢众乡亲、左邻右舍大力支持，我代表家人向各位敬上一杯庆功酒、好运酒”，然后开席进餐。

民居样式　结构与用材　传统的民居样式，有两正一偏、两正两偏、两正两拖两偏一横屋、三正两偏、三正三拖两偏一横屋（大门带卧槽）等。房屋进深达 10 米以上的三正间，堂屋两侧两正间中设有1米宽左右的过道，这样二间变为四间，全屋可以转通。

民居住宅，做成什么样式、采用什么结构、做多大、怎么装饰，是根据家庭人员多少和经济条件来确定的。

土砌草盖的住宅（土木结构），俗称“草屋”或“茅草屋”。进深较浅，一般只有3.7~5.3米，开间3~4米，水路陡，下雨易流，不易烂草。样式有两正两偏、三正两偏之分，山尖半腰设拉杆两三根，偏屋水路同样要陡。没有拖檐。

土砌瓦盖的住宅（土木结构），俗称“瓦屋”。这种房屋进深较深，一般为8米、8.7米、9.3米，10米以上的也有，开间一般4米或4.3米不等，水路较平。瓦屋一般有两正两拖两偏屋，有的带横屋；三正三拖两偏屋一横屋，中堂两侧正间中间，设有一米宽左右的过道，全屋可以相通，二间即变为四间，既可做内房也可做其他房。室内土地平、木门槛，土砖墙要用泥巴把墙抹平收光。讲究点的内外刷白，先用精灰抹成白黄色，再用白色膏子灰粉刷。

◉ 岁时节俗

一年四季，每逢节日，青林寺村人通过丰富多彩的民俗活动，增进乡里友情，表达美好心愿，除疫祛灾，寄托期盼，用古老的民风民俗，营造一个个岁时节日的祥和气氛。

二月二

农历二月初二，是传统的“龙抬头”节日。青林寺村俗称“祭祀龙”节。祈祷“龙”保佑，一年风调雨顺，庄稼丰收，消灭疾病，身体健康，钱多有余，粮满溢仓。农历二月初二青林寺村民间有吃粑粑，玩草龙灯，不做针线活，吃炒豆，剃龙头，泥墩子、整仓子，熏虫驱瘟的习俗。

吃粑粑　相传，农历二月初二堵龙口，吃了粑粑腰不疼。所以，到了二月初二，过去一些富裕点的家庭，就是吃的正月十五留下来的糯米粑粑。贫困点的家庭，做不起糯米粑粑、黏米粑粑，也要做小高粱（红高粱）、大高粱（玉米）粑粑。十分贫困的家庭，也要把干苕米磨成面，把青菜甚至野菜挖来做馅，做成粑粑吃。

现在，已基本上没有高粱和苕米做的粑粑了，但吃粑粑的习俗始终没有变。

玩草龙灯　农历二月初二，习惯玩草把子龙灯。过去有一户扎一条稻草龙灯玩的，也有几户联合起来扎一条稻草龙灯玩的。小孩子们相聚在一起玩灯，富裕人家还讲究用红绸子蒙着，到了日落之前，将稻草龙灯玩到河边、堰塘边烧掉。

不做针线活 在农历二月初二这天，所有的裁缝师傅都要在家休息一天。哪怕就是有姑娘要出嫁，要赶做嫁妆的人家，也要停一天针线活。相传二月初二是龙抬头的日子，明晃晃的银针会伤着龙的眼睛。

吃炒豆 过去，老人们经常说“吃了龙眼豆眼睛亮”，没有龙眼豆，一般农家就是炒黑黄豆。家里没有黑黄豆的，就炒豌豆、蚕豆、蛮豆都可以。只要是豆类，都意味着是吃了炒龙眼豆，眼睛会明亮。

剃龙头 过去，青林寺村一带男人一般都有剃了头过春节的习俗。过了阴历正月，离上次剃头的时间至少也有 30 多天，头发长得够长了。这时也需要剃头了，加上要过“龙”节，要对“龙”虔诚些。所以，每个男人都会去剃头，人们把这次剃头，称为是剃龙头，以图吉利。现在，成年人基本不刻意去剃龙头了，但婴幼男童还有剃龙头的习俗。

泥墩子 整仓子 农历二月初二这天，青林寺村的老人们都会说：“二月初二龙抬头，大仓子满，小仓子流”。意思是说这年会风调雨顺，农业丰收。过去，农家都会把篾墩子搬出来，用牛粪拌稀泥再泥一次；把木头仓子搬出来，晒一晒整修一番，检查虫蛀，俗称：泥墩子，整仓子。

熏虫驱瘟 农历二月初二这天，借助龙抬头能降服万物的日子，将艾叶捆扎成把后点燃，放在屋内熏。如果房间里潮湿，还要撒上干石灰在地上，达到熏虫驱瘟的目的。还有的用楝树叶子面，撒在菜叶子上面，就可以驱赶虫蝎。

四月八

每年农历四月初八，青林寺村有嫁毛娘的习俗。毛娘就是毛虫。毛虫是一种繁殖能力很强的害虫。过去没有很好的药物防治，因此，毛虫非常多。毛虫危害人体健康，人体皮肤沾染毛虫，就会瘙痒，浑身起疙瘩，严重的还会肿胀疼痛。因此，民间有嫁毛娘的说法，即像嫁姑娘一样，把毛虫嫁出门去，减少虫害。

因为四月初八是如来佛祖的寿诞生辰，选择这个日子嫁毛娘最好、最灵。嫁毛娘就是用一张不足一尺见方的纸，写上四句嫁毛娘的话，贴在堂屋、房屋、厨房等各个房间里，就把毛娘嫁走了。堂屋里写的是：佛祖寿诞，书此驱虫，今日嫁你，永不归宗。厨房里写的是：毛娘毛娘，远离厨房，上有烟熏，下有火炕。房屋里写的是：毛娘毛娘，莫去绣房，今日嫁你，远走他乡。火垅里写的是：南山有桑，北山有杨，今日嫁你，永不还乡。也有的人家只写一张贴在大门上：佛生四月八，毛娘今日嫁，嫁到山中去，永不归我家。

较早以前，嫁毛娘要延请道士、和尚进屋写“嫁语”、念咒语，现今基本都是村人自书自贴。

端午节

“五月五，是端午。门插艾，香满堂。吃粽子，撒白糖。龙船下水喜洋洋。”这首儿歌叙述的就是端午节。青林寺村俗称端午节为过端阳，是五月初五、十五、二十五的总称。五月初五为头端阳，五月十五为大端阳，五月二十五为末端阳。

青林寺村民间过端阳有采艾蒿，纪念药王，接姑娘、女婿回娘家过端阳，包粽子，饮雄黄酒等习俗。

采艾蒿　五月初五清早，在露水未干时，村民就到野外采艾蒿，采回后插在大门两边，起辟邪祛风的作用。用枯艾叶燃烟，可以驱赶蚊虫。

纪念药王　五月初五，相传是药王菩萨生日。当天，人们会用紫苏、川芎、甘草、分葱煮鸡蛋吃；用紫苏、川芎、甘草、淡竹叶、车前草加茶叶泡水喝，可以解暑，用这水洗澡，可以清热解毒。

接姑娘、女婿回娘家过端阳　端午节这天，青林寺村人家里凡是有出嫁的姑娘，娘家人要接姑娘、女婿回家过端午。因为夏收农活告一段落，姑娘、女婿回娘家又称为“爬坡”。已婚女子要带着丈夫和小孩回娘家，拜见父母。如果姑娘家有老人的，要带些红糖、面条、油条之类的食物。家里实在是拮据的，空手也行。接姑娘只是为了让嫁出去的女儿回娘家团聚，提不提东西，并不那么重要。

姑娘、女婿回娘家团聚过端午，女儿娘家的父母要准备好酒菜，有的人家还用刚收获的新麦面“擀包面”，并邀请亲朋好友作陪，一起度过一天美好快乐的时光。

粽子　　李霓　摄

包粽子　粽子是端午节传统食品，主要分为甜味、咸味两种。甜味的有水粽、赤豆粽、蚕豆粽、枣子粽、玫瑰粽、瓜仁粽、豆沙猪油粽、枣泥猪油粽等；咸味的有猪肉粽、火腿粽、香肠粽、虾仁粽、肉丁粽等。

青林寺村过端阳，家家户户都有包粽子，相互赠送粽子的习俗。首先是采寮叶，买糯米，加上一些佐料后，包成三角形的粽子。然后，将粽子煮熟后，用来祭祀屈原。当地流传有《粽子歌》："有棱有角，有心有肝，一身洁白，半世煎熬。"既是对屈原人格的热情赞扬，又是对屈原生平的真实写照。

饮雄黄酒 饮雄黄酒，是青林寺村端午节民间的习俗之一。把雄黄掺到白酒里，有的是把雄黄水洒在墙旮旯、门旮旯里；有的还在小孩的耳、鼻、额头和面颊上涂一点。这样都可以避除毒虫、蚊蝇叮咬，驱散瘟疫毒气。

六月六 俗话说：六月六，龙晒衣。说的是农历六月初六，龙要到河滩上晒鳞，脱去一层皮。青林寺村民间有"六月初六，晒衣服"的习俗。传说这一天晒衣衣不蛀，曝书书不蠹。每到六月初六这一天，家庭主妇都会利用六月初六的大太阳，把衣服、被子都拿出来晒一晒。说的是搭载，又说是借光，即托龙的洪福，晒晒衣裳。

六月初六这一天，不管晴天还是雨天，船工都歇驾（休息），祭祀"王爷菩萨"。青林寺村的酿子口，过去就有一座王爷庙。六月初六这天，对河两岸，上下数十里的船家，都要到王爷庙前焚香朝拜。

过月半 "过月半"是青林寺村一带一个传统节日，是祭祀去世亲人的日子，当地过月半比清明节还要隆重。

在当地，农历七月初七至农历七月十五统称为"亡人天"。七月初七日，为新亡人进门，初十以后为老亡人进门。所谓新亡人，是指去世不满三年的人，满了三年以上的称为老亡人。接亡人过月半，新亡人从初七开始，最迟也不超过初十，老亡人从十一开始直至十五，新老亡人祭祀结束。

农历七月十五，出嫁的女儿都要回娘家"过月半"。这十多天的时间里，各家各户要备上好酒好菜，还买回来许多纸钱、香烛等，女人们忙碌着准备饭菜，男人们按照传统礼节给去世的亲人准备下半年用的纸钱，名为"封包"。"月半节"给亡人烧纸"封包"与当今寄包裹的形式一样。随着时代变迁，现在大都是在月半期间的中午，将饭、菜、酒类食物端上桌后，就在桌子的四方地下，烧些纸钱，主人边烧纸钱边说："前朝先祖，世代亡人，今天接你们回来过节，你们吃了、喝了就拿些钱回阴间去，愿你们一路走好，祝你们在阴间平安！"然后把酒、茶洒在桌子周围就行了。

滥水节 滥水节，又称为"乱岁节"。滥水节和月半节一样，不是指的具体某一天，而是指的一个特殊的时段。滥水节共有 15 天，从当年的大寒开始，到翌年的立春的头一天结束。

传说是当年掌管方位的太岁，要移交给下年任职的太岁，这一时期正值交接期，无人看管，故称滥水节。滥水节期间，没有风水禁忌和动土禁忌，人们可以趁此期间，挖阳沟（实为阴沟）、填阶沿（台阶）、打阳尘（室内用长把扫帚打扫丝网子灰尘之类），干干净净地迎接大年到来。也可在此期间为亲人墓地进行修整或立碑等。

节日饮食

春节　春节是青林寺村人一年中最重要的传统节日，俗称“过年”。

青林寺村人一般从农历冬、腊月杀年猪开始，就有了过年的气氛。杀年猪后，家庭主妇们就开始忙碌着熏制腊肉，制作香肠，准备过年物资。一般的农家，从腊月二十以后，就开始准备各种过年的食物。先要炒玉米泡子、蚕豆、苕金果，做米酒，打豆腐。这些俗称为“忙年”。

玉米泡是把玉米先放点盐或味精煮熟，晒干后再用细砂炒，吃起来十分香脆。苕金果，又称苕泡子，最简单的做法就是将煮熟的红薯切成小丁，晒干后用细砂炒，这种苕泡子味道甘甜，很有嚼劲。比较讲究的人家，是先把红薯去皮煮熟捣烂，加入芝麻等香料拌匀，再把薯泥擀成小薄片儿，待晒得半干后，再剪成菱形小块，进一步晒干后用细砂炒，这种苕泡子吃起来香甜酥脆。

米酒是为过年期间待客准备的。客人进门后，喝过茶，抽了烟，如果还不到吃正餐

春节饮食　　青林寺村委会　提供

时间，或者是早饭还未做熟，女主人就会煮上一碗米酒，让客人先填填肚子。早上叫“过早”，中午叫“过中”，晚上叫“夜宵”，俗称为“吃茶”。

腊月三十的清早，家庭主妇都会取下腊猪头、香肠、猪肝、猪蹄、猪肚、猪肉以及羊肉等，用温水洗净，然后将其放在一口大锅里，烧大火煮，直到煮熟烂为止。猪头还要拆去骨头，猪蹄、羊肉则用砂罐装着，放在火塘边煨。男人们忙着杀鸡、剖鱼。所有的家庭成员都围绕着中午的团年饭各司其职。

团年饭是一年中最隆重的家宴，桌上菜肴最丰盛，平常很少吃的都要上席。诸如：猪头（俗称元宝）、鱼（寓意连年有余）、年糕（寓意一年更比一年高）等更是必不可少。家庭主妇做饭弄菜，蒸炒烧煮，十碗八扣端上桌来，一家大小欢欢喜喜、热热闹闹地在一起吃团年饭。

元宵节 青林寺村人称农历正月十五这天为“巴巴年”，意味着春节结束了。元宵节的习俗是吃汤圆。“汤圆”又称“汤团”或“汤圆子”，也有的称“元宝”。

汤圆 李霓 摄

过去的汤圆大多数是老百姓自己动手制作。元宵节前，家家户户都要准备好糯米。先将糯米泡上一段时间，把水滤干后，放在石臼里，将糯米舂成粉。这样舂出的粉比用磨子磨出来的要细腻得多。把粉子放在太阳下晒干，就成了糯米粉。待需用时，用水调和揉捏即成。

在煮汤圆时，青林寺村人还有加上米酒一起煮，或加红糖，或放点猪油，或煮上几个鸡蛋的习惯，吃起来更是甜香有加。

宴客礼仪 青林寺村一般的人家，平常家里来了客人，都会热情招待。客人进门就是：“毛把烟，煨罐茶；开口是的洒，闭口喔吙啦。”说的是家里客人来了，先是敬烟倒茶。一边陪客人拉家常，一边用炊壶烧新鲜开水泡茶，人们认为用过时的开水，给客人泡茶，是对客人的不敬。

青林寺村人泡茶也很有讲究，先把火垅里的柴火燃得旺旺的。主人一边烧水，一边刷洗茶罐子。茶罐子刷洗干净后，放在火塘边不时地转动烘烤，等到罐子里的水全部蒸发后，才抓把茶叶放进去。

将放了茶叶的茶罐，再重新放到火塘边略微烘烤，待罐里微微冒出一层白雾，才把滚烫的开水倒进罐里，浓浓的茶香就飘溢而出。

主人将茶杯清洗干净，把茶罐里的新鲜茶倒出少许后，再倒回罐中，如此反复冲两三次，直到茶罐里的茶汁完全渗出并均匀了，才倒入茶杯，请客人喝茶。

家里来了客人，一般是男主人陪客人聊天，女主人在厨房里做饭。若是平常来往稀少的客人，做饭就讲究一些，腊肉切一块，香肠煮几节，杀只鸡，尽量多做几道菜，至少6~8个，或者更多。若是平常来往频繁的一般客人，做饭就稍微简单一些，但也要做五、六道菜。

农忙季节，家里来了客人，因为农活忙，没有时间照顾客人。一般是选一块半瘦半肥的腊肉，用温水清洗干净后，切成半寸见方的小砣砣，连同佐料一起装入砂罐，放在火塘里慢慢煨煮，直到熟烂为止。吃饭时装入大炖缽，架上火炉，炖得汤滚开，边吃还不时加入一些时令蔬菜，称为“炖缽炉子”。

家里有婚丧嫁娶等重要活动，饮食则有固定的菜谱，十碗八扣的，通常称为“十大碗”。

有一首《好吃包歌》（“好吃包”即馋嘴的人），很好地反映了青林寺村一带的菜肴、水果及茶饮：

一想樱桃黄，麦李在树上，又想瓜子蜜生姜，还想血灌肠。

二想蒸猪肉，黄焖煎豆腐，又想仔鸡多酌醋，高笋炒葫芦。

三想腊肉干，牛肉焖得烂，又想红心腌鸭蛋，肥肉炒大蒜。

四想塘里藕，豆腐炖泥鳅，又想后院红石榴，干锅炒黄豆。

五想汤油茶，茶里佐芝麻，又想田鸡过油炸，还想嫩丝瓜。

此歌所述的菜肴品种，相当于一张农家食谱菜单，所列食物，都是今天人们追求的绿色食品。

过去，在普通家庭日常生活中，饮食一般较为简朴。如《好吃包歌》所列的食品，如果有一两样在平时能上饭桌，就算是美餐了。现在，随着经济的发展，生活条件的改善，如今歌中所记食材，都已进入青林寺村平常百姓家餐桌。

◉ 民间礼仪

青林寺村人，从呱呱坠地到颐养天年，从诞生到离世，都伴随着一系列的民俗活动，形成了一套地方特色的礼俗惯制。尤其是在人生诞生礼、婚礼、葬礼等几大礼仪中，包含着丰富多彩的传统习俗，充分体现了呼唤生命，珍惜生命的主题。

生育习俗

十月怀胎，一朝分娩，是人生一大喜事。青林寺村民间习俗，如果家里有女人怀孕，男人不得在家里乱钉乱挖、在外面乱搭乱建、不得插堰剅桩等等，认为这些会带来女人难产，会影响胎儿正常生长。

孕妇在怀孕期间，要适当运动。俗话说“牛要耕、马要驮、孕妇要干活”，适当干活，适当运动，对孕妇分娩有好处。

女人“发作”（临产）时，家人不得张扬，尽量不让旁人知晓，因为多一个人知道就多一个时辰，孕妇就多一份痛苦。

产妇称为“月母子”，产后一个月称为“坐月子”。为了恢复健康，这一个月必须好好休息，不能负重，不能洗冷水，不能伤风感冒。

小儿出生后，家里遇到的第一个人叫“逢生人”。传说逢生人的性格往往决定小儿的性格。

如果是生了男孩，做父亲的免不了要被别人打屁股，这是众人为之恭喜的举动。过去重男轻女思想严重，有“生了儿子打破磬，生了姑娘三天闷”的俗语。如今生育观念发生了翻天覆地的变化，此类习俗已淡化。

从婴儿出生到一周岁，主要有烧三朝和洗三、送祝米、抓周等习俗。

烧三朝和洗三　孩子出生后的第三天，烧开水放下艾蒿给新生儿洗澡。名为“洗三”。“洗三”要醮饭，打发送子娘娘和土地菩萨。打发送子娘娘是为了酬谢她，而土地菩萨是特意来讨喜酒喝的。当天，在堂屋燃香、烧纸叩拜天地，保佑婴儿平安。父亲或长辈给婴儿取名字，接左邻右舍到家喝酒吃饭，名曰“烧三朝”。

“洗三”这天，女婿要给女方娘家报喜，接岳父、岳母来做“家公”“家家”。在重男轻女思想比较严重的时代，报喜又有“报荤喜”“报素喜”之分，生了儿子为“报荤喜”，生了女儿为“报素喜”。报荤喜是除了带烟酒糖等食品之外，还要买几斤肉，报素喜则不带肉。

送祝米 报喜时，新生婴儿的外婆选定送祝米日期，女婿返家后，按选定日期邀请亲戚朋友到家里聚会。

外婆家前来祝贺，礼品中绝不能少了大米或大米制品，俗称“送祝米”。“送祝米”那天，俗称“过客”。这天，婴儿的“家家”（外婆）、舅妈、姨到姑娘家为最尊贵的客人，坐上席，男方的姑、舅、姨等亲戚都只能做陪客。

“家家”送祝米的贺礼除了大米之外，还有油条、麻花、鲜面粉、鸡蛋、红糖、面条、喜饼等。同时，还有为外孙准备的帽子、围兜、衣服、鞋袜、幔巾、斗篷、摇床等。

婴儿的外婆、舅妈、姨妈到之前，婴儿家中支客先生（一般办喜事，支客先生有支客、副支客，副支客就是女支客）就开始张罗安排。堂屋正中并排两张方桌，盖上红布，摆四束鲜花，点燃一对蜡烛。外婆、舅妈、姨进堂屋喊“送恭贺”，婴儿家帮忙的人接过外婆、舅妈、姨的礼物，放在桌子上。待客人洗手、洗脸、喝茶后，由女支客高声说四句点物报数，礼簿先生造册登账（外婆的礼物一般不记账）。

与有些地方待婴儿满月办“送祝米”习俗不同，青林寺村历来是产后半个月内一定要办“送祝米”宴。

抓周 “抓周”是为小孩做的一周岁生日庆典，所有亲戚朋友，都要来为小孩周岁庆贺。

抓周宴开席之前，先将外婆、舅、姨等送给小孩的礼物摆在大方桌上，把小孩抱

抓周

上方桌，有的是用篾团窝（千万不能用簸箕，因为过去小伢夭折，一般是用簸箕摊放），看小孩首先抓什么，支客先生就在旁边说些吉利话，如“小手抓算盘，定把大事干”“小手抓住笔，读书考第一”“小手抓住糖，长大当宰相”，这俗称“抓周”。

育儿习俗 新生婴孩，第一次到访其他人家，这家会给红包，至少要给一只索线，意思为长大了能说会道，口若悬河，一说就是“一条线。”

每当日头下山，不等天黑，就要把小孩抱进屋，包括小孩的衣衫，尿布，都要在天黑前收进屋。据说若是天黑后，屋檐下有个屋檐关，屋檐关有个屋檐神，屋檐神喜欢和小孩装疯，小孩会受吓生病。

婴幼儿时，小孩若“吵瞌睡”（夜晚哭啼不止），大人便用纸条写上“天皇皇，地皇皇，我家有个夜哭郎，过路君子念一遍，一夜睡到大天亮，”让过路人去念。

在小孩阶段，爷爷、奶奶、爸爸、妈妈都要确保小孩避免“烫火关”“邪煞关”。“烫火关”是说小孩几个月后，脚开始会蹬，手开始会抓。这时候，大人吃饭时，抱在身边，靠近桌边，稍不小心，小手、小脚会抓到、蹬倒桌上滚开的汤，小孩嫩肉嫩皮就会被烫伤。冬天，多数大人都会把小孩带到火垅边烤火，一不小心，小孩掉入火垅，烧伤小孩，这些都叫“烫火关”。大人要尽量避免小孩被烫伤。“邪煞关”是指小孩家附近，如果有重病人或是病人，家长去探望时，一般不要带小孩去。同样，如果附近死了人，人死众家丧，也理当去帮忙，大人也不要带小孩去。如果是小孩家附近，突发工伤事故或是水、火等灾情，大人应当前去抗灾救灾，千万不要带小孩去。老人会说这些地方有邪煞，小孩受影响会生病。这就叫“邪煞关”。

从小孩孕育开始到扶养长大成人的整个过程，都怕孩子生病生灾。为此，就为小孩佩戴上项圈，为孩子除邪避灾，项圈有金项圈、银项圈，也有铜项圈。做不起项圈的人家，就用红布做一个代替。人称这项圈为长命锁。小孩到了12岁，主要亲戚聚拢来，将小孩颈项上的项圈取下，名曰“开锁”，意味这个孩子从儿童进入少年了。

做生　祝寿 青林寺村人寿诞庆贺有“做生”与“祝寿”之分。“祝寿”是晚辈为长辈、老人祝贺生辰的一种礼仪。一般60岁以上为“祝寿”，60岁以下则为“做生”。

青林寺村习俗认为12岁与36岁，都是人生中的两个大结巴，凡戴了项圈的小孩，12岁要“打教”解结（请道士做法场）。没带项圈平安度过12岁，大人都感到十分欣慰，因为小孩不会成为“化生子”（童年时夭折死亡的孩子）。民间流传“人逢三十六，喜的喜来哭的哭”。为了保平安，一般都要用喜庆来压一压。20世纪80年代以后，开始流行“做三十六”。36 是结巴数，为避忌讳，在庆典场合，青林寺村人一般用“四九逢春”“六六大顺”来替代。

人到 60 称为花甲，因甲子重新开始，值得庆贺，便有做整生的习俗，70、80 亦如此。给人做整生，一般是“男做进女做满”。如做 60 岁，男的满 59 岁做，女的满 60 岁做。

如今做生祝寿已超出上述范围，在农村，整生大做，散生小做已成习惯，不过还是信守“男不做三（十），女不做四（十）”的习俗。

婚嫁习俗

男大当婚，女大当嫁。青林寺村大多沿用的是传统的婚嫁方式。

过去，男女青年婚姻遵循“父母之命、媒妁之言”，婚姻大事讲究门当户对。男女青年的婚姻基本上都要经媒人撮合，双方能不能自由恋爱。成婚，不是看感情基础，而是要合“八字”，看是否五行相克、阴阳相合。还有个别特殊的婚嫁方式，如“姑表婚”“姨表婚”，称为“侄女赶姑，亲上加亲”。所以，常有两家和两姓几代连续通婚的老亲世戚。此外，还有“兄亡弟娶嫂”“姊亡妹填房”的习俗。

新中国成立后，一些陈规陋习基本被革除，但由于人们的交际范围较小，男女青年的结合大多还是靠媒人介绍。

改革开放以后，随着社会的进步，青年人的视野变得开阔，自由恋爱结婚成家的已占相当大的比重，只不过还是要按传统习俗，办理相关的婚姻礼节。

经媒人介绍的对象，女方要“看人家”（到男方家里去了解家庭情况），女方满意才同意订婚。结婚要择吉日。有男方求恳、报期、过礼等习俗。

说亲　“天上无云不下雨，地下无媒不成亲。”这是自古以来形成的婚姻习俗。特别是在男女青年婚姻不能自主的年代，表现尤为突出。男女青年经媒人（俗称介绍人）介绍以后，首先要“看人家”，也叫“过门。”看人家时，男女双方都要互给打发，即赠予物资或钱。如果女方愉快地接受了打发（钱物），就说明“看人家”这一关过了。“过门”之后，男女双方经过一段时间接触、了解，就可以确定正式订婚了。

在二十世纪五六十年代，订婚之前还要请人“查八字”，看是否五行相克，阴阳相和，现在基本没有这些习俗了。

求肯　“求肯”是在男女青年见面之后，男女双方满意且双方家庭都没有意见的情况下进行的。如果双方都感到满意，就可以到民政部门办理结婚登记手续，领取结婚证。拿结婚证后，女方家庭就要为姑娘准备嫁妆，男方则要委托介绍人到女方家庭征求意见，确定结婚大致时间。大致时间确定后，由男方请阴阳先生，根据男女双方的生辰八字看日期，选择婚期吉日。婚期确定后，男方还要到女方家去征得女方家人同意，称为“求肯”。

报期过礼 如果女方家里没有不同的意见，答应如期嫁人，在婚期的前三天，介绍人要带着男方到女方去“报期过礼”。在20世纪90年代之前，报期的礼物一般是半头猪、半头羊、两只鸡、两条鱼以及烟、酒，还有准新娘的衣物、布料、首饰等。此后，过礼一般都是改为送现金了。

婚礼 婚礼当日男方早上开席，有陪郎的习俗。即用两张桌子拼连，请童男（未婚青少年）坐席作陪。陪郎时，鞭炮阵阵，唢呐声声，吹花献花，热热闹闹。

陪郎后，男方要安排接亲队伍到女方家去接亲。接亲人员一般有大炮手（即放鞭炮的人员），抬挑嫁妆的帮忙人员，其中挑三元的（即盆、桶、玻璃器皿）由女方请人，在介绍人和新郎的带领下到女方家接亲、吃中饭。20世纪90年代以后，由于经济发展，交通便利，接亲队伍变成了车队。女方在中午开席时，要请未婚女陪姑，坐席作陪。吃中饭后，亲戚们要为出嫁的姑娘放“压箱钱”，有的称为“上花”（送陪嫁之物）。

新娘离家出发时，叫“发亲”，发亲时辰由女方择定。“发亲”时间一到，新娘在新郎的邀请下，由众人簇拥含泪步出闺房，这叫“姑娘出闺房，好事也要哭一场”。走出大门外，由大炮手开道，按照媒人、新娘、新郎、送亲客、接亲人员的顺序，离廾新娘的家。

迎亲车队　　何伟　摄

男方来叫接亲，女方送叫送亲。送亲客也很有讲究，一般为两男四女。亲娘不能相送，习俗为“娘送女，穷到底”。接亲人员到达女方家里时，往往被女方姑舅老表戏弄，关上大门，拒之门外，要新郎求情、媒人说和后方才开门。

男方做得不周全的地方，女方可以“直言”，这叫“抬头嫁姑娘，低头接媳妇”。

婚礼当日，男方要请大炮手放三眼铳，请乐队助兴。大炮手、吹鼓手里应外合，迎送客人。吹鼓手一般都坐在大门外的屋檐下吹奏粗、细乐迎客、迎菜、迎亲。有言为证：吹鼓手，吹鼓手，坐阶沿，喝冷酒。

黄昏时分，娶亲的队伍在众人的期盼下，一路风风光光地归来。嫁妆最先到，家里则要安排儿女双全的妇女给新房铺床。铺新床时，在新床头前放有特意准备的枣子和筷子，意为“早生贵子”。

新娘到男方家时，要鞭炮齐鸣，吹鼓手将新娘迎进门。由事先安排好的晚辈，递上洗脸水请新娘洗尘，新娘要给“利市”（红包）。稍顿之后，开始举行结婚典礼。结婚典礼由一人司仪，主婚人、证婚人、介绍人、送亲客在大堂上方就座，中间用红漆桌子拼连，点上红烛（或罩子灯），摆上香烟、喜糖，新郎新娘并排站在下方，等候新婚典礼。结婚典礼后，新郎新娘在鸣炮奏乐声中，步入洞房。送亲客随后也进入结婚新房里休息。

婚宴开席时，要请童男童女陪新娘、新郎入席。送亲客也要男方派人陪客，不能怠慢。

酒席结束后，新娘要向公婆交钥匙，公婆开箱要说上“四言八句”，如“手拿钥匙响叮铛，我为媳妇开宝箱，开金箱，开银箱，开得金银福满堂”等。开箱后，新娘拿出

婚礼现场　　冉德强　摄

香烟、喜糖，泡上一壶清茶，为迎接众客人闹洞房做准备。

过去，新婚闹洞房有“三天无大小”的习俗。就是在新婚头三天的时间里，不分年龄大小、辈分亲疏，公爹、佬伯（夫兄），往往都会被拖进新房戏弄，围观人群前呼后拥，哄堂大笑。闹房主要是突出一个“闹”字。有文闹，也有武闹的。文闹的是用诙谐的语言对四言八句；武闹则是用推、拉、抱、压等手段，恶作剧，戏弄新郎新娘。

交亲　结婚当天晚上，四更天过后，送亲客要向支客先生统计交亲人数。如果新房人能坐得下，就在新房里交亲。如果新房太窄，交亲人多坐不下，就在堂屋里交亲。

堂屋里用两张桌子拼连，由送亲客从女方娘家的茶食篮子里拿出糖果，用红包“小费”打发男方帮忙泡茶倒茶的姑娘们，请帮忙泡两壶茶，交亲就开始了。

首先是送亲客行礼，说什么姑娘在娘家没教好，还望亲爷亲妈，哥嫂小叔姑妹帮助等客套话。男方派代表回礼说：“请送亲客回去后，告诉亲爷亲妈，他们会把媳妇当自己的亲骨肉一样看待”等等。

此后，新娘将准备好的“茶鞋”（新娘亲自为长辈做的布鞋）拿出来，逐一派发，表示晚辈尊敬老辈。先给公公、婆婆，再给叔叔、婶婶以及男方的姑、舅、姨妈。这些人都是提前通过媒人向男方打听过的。接收了“茶鞋”的人要给钱，一般要比市场价贵很多。

交亲结束后大已亮，送亲客就陪新娘拉些家常，收拾东西准备返回。男方则通过介绍人清点送亲客中的小孩人数，准备给小孩子派发红包。这时，新娘脱去新婚衣裳，换上娘家准备的新衣裳，给新郎官换上在娘家给他做的新鞋子。

次日早上，有吃鸡蛋习俗。鸡蛋是由娘家准备带来的，帮忙的人将鸡蛋摆上桌，请所有前辈们吃鸡蛋（一人两个）。新郎新娘挨桌挨人敬烟、倒茶，用茶盘收取“鸡蛋钱”。因有众人围观，碍于脸面，前辈们一般都出手大方。如今，吃鸡蛋的习俗依然存在，不过对象已扩展到所有坐席就餐的人。在酒店举行婚宴，在上菜之前先吃鸡蛋，并收取“鸡蛋钱。”

第二天的早饭，婚宴仍然是很讲究的。第一轮席以后（送亲方的人员吃了饭之后）就暂停开席。帮忙的人迅速将堂屋（客厅）收拾打扫，在堂屋中并排摆上两张小方桌，盖上红布，摆上鲜花，点燃红色蜡烛。男方父母亲、新郎新娘面向大门，站立在堂屋上方，送亲客从新房走出来，面朝堂屋神墙，背对大门，站立在一排说：“亲爷、亲妈，亲哥，我们多谢你们的盛情款待”，一致鞠躬。新郎、新娘并排站立，一齐还礼鞠躬。送亲客第三次向新郎新娘抛来红包，这次红包要比前一天的两次红包数额大，因此，男方在场的都非常注意，尽量帮新娘接住红包。

送亲客在男方亲属陪同下，临告别时，支客先生怀抱双拳，打躬作揖说：“请亲客们回去后，少喂鸭，多喂鸡，多栽糯谷备糯米，宰杀年猪砍催蹄，接个木匠做圈椅（婴儿座椅），准备明年前来送祝米”。一番话后，才把来亲们送走。

回门 吃鸡蛋茶后，新郎新娘就要回门（回娘家）。

回门时，男方要准备好给新娘父母、伯婶、姑舅、姨妈的茶礼和派发给女方小字辈的红包。午饭时，娘家众人会翻新花样给新郎出难题考验新郎，活跃气氛，增进感情。新郎则要面接岳父岳母等众亲到他家里去做客。回门回来时，新郎新娘的老表们亦会费尽心思捉弄一对新人。

送油过路 新郎新娘回门时，丈人们随同手提精致的麻篮，里面有做鞋子的样包，样包12页（代表12月），每页夹着钞票或者银圆，有两把花伞，有梳头油等送到男方家，俗称“送油过路”。女方前来送油过路，男方安排也很隆重，除了姑、舅、姨妈亲戚外，还接了许多知己好友来陪客。吃饭时，要“啃老鸡蛋”，即前天没有来的，补吃鸡蛋茶。亲家们出手特别大方，有给几百、上千元甚至几千元的。第二天吃了早饭，还用桌子拼连，摆上瓜子、花生、糖果类喝茶，相互说一些客气话后才辞别。

实行计划生育政策以后，独生子女比较普遍，婚姻除了传统的嫁、娶以外，又出现了一种新的形式，叫“两来两走”，即女方不称嫁姑娘，男方不称做上门女婿。

现在举行婚礼的当天，一般是男方组织一个迎亲车队（车队由 6 辆以上双数小轿车组成，还请有摄像师全程摄像）到女方家接新娘。新娘的父母及至亲“送油过路”，改在当天随车队一起到男方家。

迎亲车队在回来之前，新郎的父母及伯叔都要化妆成丑角，还要戴高帽子，有的身上还背着吹火筒、火钳等道具去接新娘。迎亲车队回来以后，在离新郎家不远处停下，由新郎父亲及伯父抬着轿子去接。并且由新郎的父亲把新娘从婚车里抱上轿子，然后，再由新郎父亲及伯叔们抬回家里。这叫整“烧火佬”（新郎的父亲及伯叔戏称“烧火佬”）。

婚宴开始之前，要举行结婚典礼仪式，在仪式上男女双方父母，要给新婚儿女封红包（称为改口费）。在婚宴上，首先要吃老鸡蛋，给钱多少视与新婚夫妇亲疏关系而定。

花轿迎亲

婚宴结束后的闹房、交亲等环节，现在一般都已简化。

丧葬习俗

青林寺村丧葬习俗十分讲究。后辈为了表示对死者的孝顺，往往是以厚葬为荣。习俗主要有：

入材　升堂　青林寺村丧葬习俗，在死者临终那一刻就进入了相关程序，人在即将断气前，要迅速推倒蚊帐。断气后，在亡者的脚头下方放一盆子或者钵子先烧一些火纸，俗称“落气纸”。用一张火纸盖住亡人的脸。然后，在家门口放一大吊鞭，通过鞭炮声给附近乡邻们报信。

随后由孝子或侄男到“都官”先生大门外跪请，请其帮忙主管丧事。都管先生请来后，按孝家的交代进行操办。

帮忙人员给亡者抹澡，穿衣整容后，将“寿木”（即棺材）抬到堂屋，按照传统规矩布置、摆放，然后进卧室，将亡者遗体抬出卧室放入棺材，盖上棺盖。盖棺既要留有空隙，又要平稳。此为“入财”。

在堂屋的正中脉，离大门四尺五尺远的地方（看堂屋进深大小而定），放一张大方桌，靠堂屋神墙放两条板凳，将棺材脚部方放大门方向，头部放神墙方向。在方桌上方空隙处前后依次放上香碗（用一只碗装大半碗沙灰、将香点燃插于碗内）、亡者灵牌、亡者遗像。方桌下面放置烧落气纸的盆子或者钵子，用于给亡者烧纸钱。

棺材的底下放着撒丧的“斗”，斗里装有五谷杂粮、孝男孝媳的嚎丧棒。还放有“引锣”、点亮的“马灯”、捆绑棺材的草辫子和力索、系上一只活紫公鸡。在灵牌的上方高处横一竹竿，竹竿上晾放一匹四丈九尺长的白布（意思为七七四十九）。以上程序完成后，即在大门口放一大吊鞭和爆竹、礼花炮等，此为“升堂”。

亡者停放的堂屋统称“孝堂”，亡者的子孙称为孝子孝孙。孝子孝孙都要戴孝。孝布有白色、红色两种颜色和长孝、短孝之分。主要孝了是白色长孝，孙辈是白色短孝，第四代以后晚辈戴“红孝布”。

待“升堂”等诸事做完后，都管先生才能安排人请风水先生择期安葬。

打丧鼓　陪亡人　青林寺村办丧事，因停丧的时间有长有短，有的停放一夜，有的停放两夜、三夜，甚至还有七夜、十夜的，一般都有请人打丧鼓的习俗，就是打丧鼓陪亡人。打丧鼓由三到五人组成，一人打鼓，一人主唱，其他人附和，主要内容是纪念去世的亡人。

20 世纪 60 年代以前，丧鼓班子不需要孝家请，会唱丧鼓的人闻讯前来，称为“赶鼓”。一来就是十几人，甚至二三十人来孝堂唱丧歌，落韵腔板最为激烈热闹。一唱就到天亮，甚至几天几夜，都不收取孝家报酬。到了六七十年代，孝家给歌师一条毛巾，一包香烟就可以了。80 年代以后，打丧鼓、唱丧歌职业化，兴起了包场。三个人唱一夜给多少钱，或者是歌师与都管先生协商谈价。

打丧鼓，唱丧歌的，都讲究押韵。唱词多为诸如封神演义、三国演义、水浒、西游记中的情节，编成三言句、五言句的鼓词。还有回忆死者生前的人生经历、业绩品德的，也有即兴编的歌词等。

唱丧歌开场时，孝子跪拜、放鞭，请响鼓。一般是孝子跪到开场歌词唱结束。最后收场也同样，放鞭、跪拜，直到收场歌词唱完，方才结束。

在青林寺村办理丧事时必须要请十盘鼓（土家乐队），主要是为祭奠亡人和给亡人送葬的。乐队用的是锣、钹、鼓、勾锣、响小锣等打击乐器和唢呐。十盘鼓在离孝家半里路之遥，长号高昂，紧接着就是一路吹打至孝家稻场边，稍停脚步，继续奏乐。这时，都管先生在孝家门口稻场上摆上东、南、西、北、中五个方凳子，每个凳子上燃一蜡烛，放上一挂鞭，中央的小方凳子上还放着一把毛把烟和一条香烟。孝家帮忙的鞭炮手燃放起鞭炮，迎接十盘鼓师傅的到来。

出殡　送葬　东方开始隐现鱼肚白，都管先生就让指挥打丧鼓的煞鼓。首先，“八大金刚”（抬棺材的人）将棺材盖好，棺口用质量好的石灰浆抹上再盖盖子。帮忙的人端一钵子饭，在棺材腰处上下，正转三转，反转三转，名为“接气”。接过气后，用草辫子捆绑棺材，这是披麻戴孝的意思。重要的是用绳索将棺材捆绑，前有两截辫稍，后有两根辫稍。前面两人用肩背住辫稍，后面两人用手提住辫稍，两旁各自安排人肩扛手提两根辫稍，剩余的“八大金刚”在空隙处紧紧地抓住绳索。随着“起”字吆喝一声，乐队鼓响锣鸣，一鼓作气将棺材抬出大门，落原来准备好的落“杠”处。在棺材抬出大门的同时，孝堂内一人拿扫帚，一人拿撮板，随着鞭炮声，迅速地扫出孝堂里的渣、纸等垃圾，此即为“出殡”。

吃早饭时，都管先生即安排亡者的后代，年龄最小的抱灵牌，安排送葬的队伍，依照顺序走。打引锣的走在最前面，提灯的第二，亡灵第三，岁竹签第四，丢买路纸钱的第五，摇头白幡第六，白鸽第七，花圈第八，提斗撒丧第九，灵柩第十，乐队十一，送葬亲友十二，依此顺序送葬。

做坟 灵柩抬到墓地后，打桩拉横直线，看朝向、定方位。方位定好后，在十字线中东西南北各挖三锄、烧纸、放鞭，名曰“开山”。

开山后开始挖穴，俗称打井，因地方狭窄，打井的人轮流换班挖，分一半的人搬运砖石，为砌坟做准备。井打好后，“八大金刚”将灵柩抬到井边放到井下，鞭炮齐响，锣鼓齐鸣。名曰“下肂”。

“下肂”后，将此前烧的纸钱灰倒入棺材脚头，孝子脱去鞋子，手牵衣兜，兜里由“八大金刚”放一捧土，从棺材脚头爬到头部出井。孝子跪爬时，“八大金刚”要打孝子的屁股，一边打一边喊：“打发、打发，越打越发”，在场的孝子个个如此。孝子跪爬结束，“八大金刚”迅速将四周松土朝棺材上堆，名曰“掩棺”。

“八大金刚”砌石的砌石，挖土的挖土、填堆、垒拜台（跪拜时用）。半圆锥体坟做好后，乐队奏乐，鸣放鞭炮，“八大金刚”为亡者叩拜，此为“圆坟”。

回灵　复山 圆坟后，“八大金刚”和乐队将亡者灵牌和遗像送回孝家（21 世纪后，大部分将灵牌在“下肂”前就火化于井内，只留遗像送回孝家）。

传统的“复山”，是亡者在上山入土为安的第二天清晨，孝男孝女及亲人，带着茶、酒、烟以及亡者生前所喜爱的饭菜，送到坟前摆着。然后燃放鞭炮、磕头敬香、告慰亡灵。现在基本上在“圆坟”后就接着“复山”了。

在长期的生活实践中，青林寺形成了独特的丧葬习俗。随着实践的推移和人们思想观念的改变，丧葬习俗中一些繁杂的过程至今已有简化，一些迷信的东西有所淘汰，有些习俗仍在传承。

◉ 方言土语

青林寺村方言土语生动地映现了该村的民俗文化。

方言

方言地方色彩 青林寺村方言属于北方方言西南次方言，其地方色彩主要表现在两个方面：

一是同样的表述对象，青林寺村方言采用了完全不同于普通话的表达方式。比如把“淋雨”说成“余雨”，把“出了事故”称为“出拐”，把“专注做事”称为“顶真”；再如称“丈夫”为“大爷家”，把给女孩找婆家称为“寻人家”或“寻婆佬”。

另外一种情形是，同样一个词语，在青林寺村方言和普通话中，表示完全不同的意义。比如，青林寺村人把“柳树”叫作“杨树”，而把普通话的“杨树”叫作“柳树”；把玉米叫作“高粱”，而把普通话的“高粱”叫作“小高粱”或“小籽”；“屋”在青林寺村方言里是指整座房子，而“房屋”则专指“卧室”。再如下表：

青林寺村方言与普通话对比表

表 8

词语	青林寺村方言义	普通话义
相信	喜欢；偏爱	不怀疑
过细	待人客气；仔细	仔细
洗澡	游泳	用水洗身体
歇	休息；住宿	休息；停止
起火	由玩笑到生气	失火

方言构词方式 青林寺村方言构词方式灵活多样，有语音方式、语法方式和修辞方式等多种类型，其独特情形分述如下：

一是“子”尾后缀。单音或双音词加“子”尾构成名词标志。比如：

加在名词后的：

脸皮子、脚尖子、窗户子、病人子、车滚子、指甲子、痨药子、笔筒子、月母子、猫子、壳子、把子加在动词后的：

挑子、剪子、凿子、刨子、骗子、炊子

加在形容词后的：

末脚子、憨子、犷子

二是重叠构词。有的用重叠儿化或者重叠后带“子”尾构成，其中重叠儿化的，往往带有喜爱的感情色彩，重叠后带“子”尾的往往带有厌恶的感情色彩。举例如下：

洞→洞洞儿，洞洞子	把→把把儿，把把子
槽→槽槽儿，槽槽子	缝→缝缝儿，缝缝子
根→根根儿，根根子	箍→箍箍儿，箍箍子
本子→本本儿，本本子	带子→带带儿，带带子
格子→格格儿，格格子	盒子→盒盒儿，盒盒子

有的是由拟声词重叠后加“神”构成形容词，“神”读轻声。例如：

啪啪神、咚咚神、嘟嘟神、叽叽神、呼呼神、轰轰神、摇摇神、荡荡神、吼吼神、喷喷神、闪闪神、晃晃神

三是倒序构词。有的词，词素完全一样，意义也完全相同，但顺序正好颠倒。例如青林寺村方言把“整齐”说成“齐整”，把“疲沓”说成“沓疲”，把“牢靠”说成“靠牢”。

四是修辞法造词，多用比喻借代，十分形象生动。比如用“果果汗”来形容“大汗”，用“半头裤子”来指称“短裤”。

比较典型的还有：

格子：蒸笼

虹背子：驼背

倒拐子：肘

滚子：轮子

团鱼：鳖

爬爬子：小虫的统称

豁皮：指的是木材锯成木板边上的部分，比喻不起作用的人

方言表义精细　青林寺村方言的近义词丰富，能根据需要，准确而严密地表情达义。比如：“扎实”“作活”“牢实”“牢靠”“靠牢”“靠气”都有表示“结实”的意思，但又有细微差别：“扎实”多指绳索结实，“作活”泛指物体坚固结实，也指事情办得到

位、妥帖；“牢实”泛指结实，“牢靠”专指人可信可靠；而“靠牢”则指事情稳妥、妥帖，“靠气”指有成算把握。

方言词汇选录

语气助词：

撒：啥？有疑问助词的意思

哒：用于词尾

唦：用于词尾

哦：表示同意

指示代词：

咧哈儿：这里

那哈儿：那里

兜里：里面

名词：

柑子：橙子

腌菜：咸菜

袱子：毛巾

苕：红薯

稀饭：粥

渣货：垃圾

雀尕子：鸟

脑壳：脑袋

日白：撒谎

暴暴：傻瓜

动词：

讲礼性：讲客气

日诀：讽刺

扯人：纠缠不清

没得哒：结束了

难为你：谢谢你

奈不活：没有能力去做

穿包：泄露、败露

贴皮：倒贴钱的

遭业：可怜

不清白：糊涂

无交过：极其难过

过细：客气

没得改：好的没话说

直把：爽快

谐费：讨厌、讨人嫌

过擦：斤斤计较的

黑哒：天黑了

土语

青林寺村土语词汇丰富，用语活泼，形象性强，形成了自身讲究押韵和善用比兴的语用风格，极富表现力和感染力。

土语讲究押韵 “歌落句”在青林寺村盛行，也称“顺口溜”。尤其是婚庆礼俗中，接亲、送亲和闹房，都免不了要说“四言八句”。因而，讲究押韵成为青林寺村土语的语言特色。无论是谜语、谚语，还是顺口溜，都得到充分体现。

譬如谜语：

床面前一个坑，挏啊下去半人深。（押 en 韵）

一颗谷，撒满屋，撒不完的往墙窟眼里筑。（押 u 韵）

大风吹，吹得动，大刀砍，没得缝。（押 ong 韵）

譬如谚语：

穷不丢书，富不丢猪。（押 u 韵）

娇狗上灶，娇儿不孝。（押 ao 韵）

早饭一根绳，捆到一家人。（押 en 韵，青林寺村方言无 eng 韵）

人情到处赶，下雨好借伞。（押 an 韵）

譬如建房上梁时说的“四言八句”：

椿树树王圆又光，今日变作房上梁。书就福禄子孙旺，百事顺遂大吉昌。（押 ang 韵）

譬如陪郎时说的“四言八句”：

豌豆开花好大朵，你把令杯传给我。四句实在不会说，我把令杯传下个。（押 o 韵）

譬如歌谣《鸦鹊子窝》，整篇押 o 韵，末尾改为 a 韵：

鸦鹊子窝，半片趖，河里的岩头爬上坡。先生我，后生哥，哥哥读书我教学，爹过喜事我打锣，妈送祝米我抬盒，一抬抬的家家门口过，家家还在睡摇窝，舅妈还在摇婆婆。手里拿块糊锅巴，屁眼洭的像黄蜡。

这种押韵的“歌落句”在青林寺村随处可见，富有生活气息。民国时期，津市有个米贩子到游士坡卖米，卖到郑丹喜家。郑丹喜家没有秤，就用旋子量，旋子又是个穿了底，就在下面垫把蒲扇。由于旋子漏米，卖家自然就吃亏不划算。廖光照得知后，现场作了一首顺口溜：

郑丹喜，要买米，无钱无秤做生意。拿个旋子没得底，用个蒲扇来垫起，一下印了一斗几。津市佬，发脾气，娘儿屁，狗日的，这个生意我做不起。

土语善用比兴 青林寺村方言中众多的土语、谚语，运用比兴，深刻隽永，情感鲜明。比如“砍倒树儿捉八哥”，比喻办事呆板。这样的熟语还有：

一个巴掌拍不响

河里淹死会水人

聋子不怕雷打

满罐子不荡浅罐子荡

鳝鱼泥鳅扯不到一般长

譬如谚语“火怕烧苕，人怕坐牢”，以“兴”起句，以“比”为喻，由事入理，既贴切又深刻。再如：

火要空心，人要聪明；人生一世，草木一秋；麻雀虽小，肝胆俱全

歇后语则多用比喻，例如：

半夜的玩龙灯——玩了转去哒

茶壶里煨（或煮）饺子——有货倒不出来

灯草抵门——自靠本身

快刀切豆腐——两面光

棉条打鼓——不咚（懂）

篾串豆腐——经不起一提

刘备借荆州——一借永不还

裙子里赶虼蚤——褶褶（折折）儿来

石磙掉到河的——冲棱（充能）

脱哒裤子打屁——多此一举

又如谜语制作，更是多用比兴：

珍珠白姑娘，许配竹叶郎，

穿衣去洗澡，脱衣上牙床。（粽子）

黑船装白米，送到衙门里，

衙门八字开，空船转回来。（嗑瓜子）

土语词汇选录

天文地理：

日头——太阳

星子——星星

天道——天气

天上——空中

毛毛雨——毛毛细雨，形容雨很小

跑暴——夏天的短时暴雨

起风——刮风

岩头——石头

色气——颜色

温笃子水——温水，强调的是不热

温热水——温水的意思

时令时间：

日期——确指某一天

时候儿——时间

热天——夏天

冷天——冬天

明儿——明天

明儿再——以后

一向时——好长时间

连后儿——后来

清晨八早——早晨

中界——中午

夜哒——夜晚

大天白日——白天

先日——从前、过去

一直以来——从来

一下儿——一会儿

将儿——刚才、刚刚

三不知一——偶尔

动植物：

小高粱——高粱

谷——水稻穗、谷粒

木豌豆——豌豆

豌豆——蚕豆

广椒——辣椒

葵花——向日葵

巅子——树木或禾秆的顶端

疙巴——树木分枝地方形成的结；绳索打成的结

脚猪——种公猪

母猪——下仔的母猪

奶尖子——雌性小猪

鸡子——鸡

抱鸡母——孵化期的母鸡

线鸡公——阉割了的雄鸡

踏水——公鸡交配

骚牯子——未阉割的雄性牛、羊

赶仗狗——猎狗

草狗子——母狗

牙狗子——小公狗

沙羊子——母羊

喊春——雌猫发情的叫声

鸟雀子——飞禽的通称

虰虰——蜻蜓

克蚂子——青蛙

克蚂蛉子——蝌蚪

曲蟮子——蚯蚓

贼蛛——蜘蛛

房屋器具：

房屋——卧室

礓踏子——台阶

家业——日用器物，也指吹打乐器

风斗——除去粮食秕粒、尘和叶的一种手摇风车

钩子扁担——两端带钩的扁担

麻篮——盛针线的篮

顶顶儿——顶针

挑子——小饭勺

托盘——托运茶水、菜肴用的木制方盘
遮盖——雨具的总称
人事：
踏代——继承上辈人的某些特点
台面儿——相貌，长相
姑娘伢儿——女孩，未婚女子
带刀——理发师
杀猪佬——屠宰工
撮白佬——扒手、行诈骗的人
反撇子——习惯使用左手的人
驼子——驼背
私伢子——私生子
撒尿包——晚上尿床上的人
鼻洟包——喜欢流鼻涕的人
夹生——指不愿与人方便、不变通行事的人
出趟——大方
懂水——在复杂的场合所表现的机灵适度的言行
硬札——指老年人身体硬朗
尖机（包）——吝啬的人
罗似——指穿着举止不精神，很掉味
抛皮——指大手大脚的人
子本——形容小孩不乱动手脚，引申为本分
柱势——形容人长得很粗壮
俏健——形容老年人身体健康
轻狂——不稳重
勾狡——挑剔、狡猾
高滑——狡猾
省事——识趣、懂事
张巴——大惊小怪

搞家子——形容某人有能力，有手段，很能干，但不按套路行事

扯白掉谎——撒谎

扯皮拉筋——闹纠纷

戳皮——挑事、从中作梗、故意找茬子

担待——有胆量，敢承担、承受

担不住——承担不了或者是没有成事把握

苕泡——憨

亲属称谓：

爹——父亲，当面、背后都用。“爹”前可加排行用以称呼

父亲的弟兄，如：大爹、二爹、幺爹等

大爷家——男人、丈夫

姑娘婆婆——已婚女子、妻子

媳妇子——老婆

媳妇儿——儿妻

家公爷爷——外祖父

家家——外祖母

公佬——夫父

婆佬——夫母、婆婆

丈人佬——岳父

丈母娘——岳母

两爷子——父子俩、父女俩

两公孙——祖父（母）与孙子俩

两口子——夫妻

娘儿母子——母子（女）俩

兄弟——弟弟

姊妹——姐妹、兄弟姐妹合称

姊儿妹子——同胞兄弟姐妹

人家——别人

各人——自称

恁么——这样、这么

甚么子——什么

化伢儿——什么

吗伢子——什么

红白喜事：

把信——送信，多用于向亲友告丧

过喜事——结婚

过喜八郎子——男子结婚

过脚——死亡

隔期——看日期、择日

求肯——请求允婚

日常生活：

过早——吃早饭

过中——吃午饭

洗汗——洗澡

刁嘴——挑食

人情苛派——送人情的花费

背不住——承担不起，忍受不了

不见哒——遗失、丢失

掉哒——掉到地上或者是随身的东西丢失了

不经管——不耐用

不惯相——不习惯

不囊饮食——饭量小，吃不下饭

不得闲——没空

引伢儿——带小孩

尘子——酒水、油等液体中的杂质

打杂——吃零食，也指做下手活

打花杂——做事时精力不集中

打张——受惊吓、感到意外

掉底子——出洋相，丢面子

发梦天——梦呓

呼烟——吸烟

捡桌子——饭前收拾桌椅，准备上菜

气候儿——气味

声气——声音

伤人——食用过于油腻食物给人的感受，腻人

运脚——时运

交际娱乐：

礼性——礼节、礼貌

行走——亲友间的往来

般辈儿——同辈

出手——（办事、送人情等）很大方

出挺——让人暴露缺点，让人难堪

出敌多——做出非常之举，让人难堪

出毒——不理智地做出带有破坏性的行动

出拐——出了事故或麻烦

出豁子——纰漏暴露，出了事故或麻烦

挨嚷——受到批评、训斥

挨噘——挨骂

打圆凿——当面斡旋，帮人把事办成

打败希——出洋相

打总成——成全

打叉儿——插嘴

打平伙儿——合伙

得宜——意气相投的人

二黄八调——说话、办事不顾场合，不明事理

赶嘴——在别人吃饭的时候不邀而至

敘业——小孩间结怨

苛费——花费、破费

攀伴——依赖同伴，做事时攀上别人，或是干脆推给别人去干

勤勉——亲友间往来密切，间隔时间短

神嬉——开玩笑

使错——无意，不小心

想方儿——打主意，特指借钱

占香因——占便宜

争嘴——发生口角

不当人之——可怜

讲古——讲故事

哑谜子——暗语

动作：

挨面着脑——从前往后逐次进行

揞到——攒起来，不轻易用

趾倒——跌（摔）倒了

驾事——开始

搞不清白——不知道、不清楚

搞不彻——忙不过来、拼不过

高信——告诉

抛撒——浪费

估谱儿——估计、大概

估堆儿——粗略地估计

狡嘴——顶嘴

奈得何——会，拼得过

起板——正式着手、起头

使起——怂恿

札付——叮嘱，特别强调

蹋戏——嘲讽，有看不起的意思

歇驾——休息

遇撞——邂逅、正巧赶上

走手——偶尔失误

指望——希望期望、料想

啄嘴——打小报告

招呼——接待

言情状物：

巴结——有求于人而奉承，做事不麻利

带兴哒——连带、连累

裹粘——唠叨

乖就——好看、乖巧

归着——有着落

归宜——妥善、妥帖

惯使——纵容、娇惯

活泛——灵活、灵巧

很——聪明、能干（指小孩）

蹩——不好、次等

何犯着——没有必要、不值得

活车——办事灵活

就便——顺便

经世——指物件经久耐用

将就——差不多、勉强凑合

快兴——爽快

宽深——宽敞

磨疲——办事拖拉

嫩生——鲜嫩

辽撇——直巴、干脆、爽快

撩人嫌——讨人嫌

伶干——干净

溜耍——无牵挂，办事麻利

撇脱——简单、容易、洒脱、随和
全款——齐全
轻省——负担不重，轻易的不费力气的
散淡——清闲自在，无拘无束
刷快——手脚麻利
纯善——单纯
土条——不时兴的
下蛮——花大力气，用大功夫去
下作——下贱
些微——稍微，一般
消停——空闲、不忙
熨帖——事情办妥、结束
圆款——周到、周密
掖别——场地窄小施展不开手脚
遭孽——可怜
作活——牢实
直巴——直爽
得许——幸亏
左以——索性
横直——反正
卯起哒——豁出去
和共——总计
其他：
脑壳——头
鼻拱——鼻子
眼睑——眼睛
嘴沿皮子——嘴唇
耳洞——耳朵
膀子——臂

倒拐子——肘

胯子——腿

磕膝包儿——膝盖

连巴肚子——小腿肚

妈子——乳房

砣子——拳头

条胯——裸体，指下半身不穿衣服

指甲儿壳——指甲

不好——生病

结火——便秘

抽筋——抽风

灌脓——化脓

害伢儿——妊娠反应

有喜——怀孕

母猪风——癫痫病

痨药子——毒药

拉稀——腹泻

生肌——伤口愈合

体气——狐臭

布衫子——罩在棉袄外的上衣

卧单——床单

胎褂子——内衣

围腰子——围在腰上的围裙

掩底子——鞋垫

板面——机器轧制的面条

板油——猪油

菜蕻子——菜苔

灰面——麦面粉

清江日落

村民生活

随着经济社会发展，在沿袭传统生活习惯基础上有了极大变化。尤其是改革开放以后，村民收入有了明显增长，通过消费、分配以及日常支出情况，直观反映出村民生活的大幅改善和生活质量的提升。服饰由传统的单调、稀少、质地差演变为多样、丰富、新潮，是村民精神文化生活改善的一个重要侧面。饮食由过去的求温饱，转向食材多样、营养搭配。住房普遍实现楼房化，由分散居住逐步向小区成片集中，水、电、路、网络配套完善。村民出行更加便利，羊肠小道被四通八达的公路网取代，70%的农户拥有了家用小汽车。村级管理更加民主，惠民政策广泛落实。五保户实现了老有所养，病有所医。特困家庭、失独家庭、伤残人员等得到妥善安置照顾，相关配套优抚政策全部落实。新型农村养老保险广泛推行，村民再无后顾之忧。少数困难户，村级组织积极开展“精准扶贫”，帮助落实脱贫致富门路，因人施计，因户施策，实行“对口帮扶”。

◉ 村民收支

收入 青林寺村在二十世纪七八十年代以前，基本上是以传统种植业为主，村民生活处在自给自足的小农经济形态，收入以实物为主，仅能维持温饱。20 世纪 50 年代，全村总产值不过 4 万 ~5 万元。进入 70 年代，随着农业投入增加，技术进步，林副业的补充，全村总收入有所增加，1976 年，达到 23 万元，人均纯收入原青林大队 63 元，原青冲大队 45 元。

农村实行大包干责任制以前，个人收入由生产小队在年终统一进行核算分配。核算分配的依据是每个劳动力根据劳动量所记录的工分。分配本着先国家后集体再个人的原则进行。生产队每年必须先完成国家的农业税，然后留足集体提留的公积金、公益金，再减去当年的生产、管理等费用，剩余的利润按总工分进行分配，得出每 10 分工分的分值。农村改革开放以前的六七十年代，由于生产力水平不高，收入水平也十分低下。每 10 分工分的分值一般在 0.3 元左右。最高的原青林寺五组曾经达到 0.8 元，最低的原廖家湾村在 1977 年个别生产队每 10 分工分只有 0.08 元。年终分配时，进款户（余粮户）不到五成，大部分是超支户（缺粮户）。在集体统一经营时代，本地流传的顺口溜：分配一张表，字又写得小，贴又贴得高，仔细地一瞧，没有进（指进款户），只有找（指超支户）。生动反映了当时的收入状况。

1976 年度青冲大队基本人口情况一览表

表 9　　单位：户、人

队别	总户数				总人口						
	合计	贫下中农户	中农户	富农户	合计	男	女	其中			
								贫下中农户	中农	地富	五类分子
合计	143	102	36	5	733	348	385	520	181	25	7
1	22	19	3	—	117	57	60	102	14	1	—
2	21	13	8	—	118	51	67	72	46	—	—
3	16	15	1	—	90	43	47	82	6	1	1
4	27	17	5	5	124	63	61	75	26	19	4
5	27	18	9	—	144	64	80	91	49	3	1
6	30	20	10	—	140	70	70	98	40	1	1

1976 年度青冲大队劳动力、土地情况一览表

表 10　　单位：人、亩

队别	总劳动力				耕地面积					耕牛
	其中				合计	集体			自留地	总头数
	男	女	整	半		合计	其中			
							水田	旱田		
1	24	19	35	8	183	177.1	107.1	70	5.9	10
2	20	17	30	7	180	173.8	121.3	52.5	6.3	10
3	16	14	25	5	88.7	84.1	59.4	24.7	4.6	11
4	26	19	37	8	141.2	135	109	26	6.2	13
5	25	17	38	4	164.3	157.2	133.4	23.8	7.1	11
6	31	14	39	6	177.1	167.1	119	48.1	10.2	9
茶林厂	—	—	—	—	30	30	5	25	—	1
合计	142	100	204	38	964	924	654	270	40	65

1976 年度青冲大队生产资料统计表

表 11

队别	耕牛（头）				人力车（辆）			农械（个）		新式步犁（部）	水利	
	其中				合计	板车	手推车	喷雾器	喷粉器		堰塘（亩）	容水（万立方米）
	水牛	黄牛	能劳	母								
合计	33	32	39	12	25	11	14	14	7	24	55	33.6

续表 11

队别	耕牛（头）				人力车（辆）			农械（个）		新式步犁（部）	水利	
	其中				合计	板车	手推车	喷雾器	喷粉器		堰塘（亩）	容水（万立方米）
	水牛	黄牛	能劳	母								
1	3	7	7	1	3	2	1	2	1	4	9	5.3
2	7	3	7	3	5	2	3	3	1	4	10	8
3	4	7	5	3	3	1	2	1	1	2	9	3.7
4	7	6	7	1	4	1	3	2	1	4	12	7.2
5	6	5	6	3	5	2	3	2	1	5	7	4
6	5	4	6	1	4	2	2	2	1	3	8	5.4
茶林厂	1	—	1	—	1	1	—	2	1	2	—	—

1976 年度青冲大队基本农作物情况一览表

表 12　　　　单位：亩、千克

队别	粮食总产			比七五年		纲要产量		春粮			
	面积	单产	总产	总产	+-%	面积	单产	面积	单产	总产	其中小麦
	1412	168.5	238500	220515	+8	789	302	318	95.5	30350	24000
1	257	179.5	42711	36196.5	+17.6	149	286.5	61	120.5	7345	63015
2	260	155	40672	41657	−2.4	149	273	48	66	3169.5	2226.5
3	142	180	25931	28301.5	−8.4	73	355	30	92.5	2764	1904.5
4	217	172.5	37925	35950	+5.5	113	335.5	52	89.5	4661.5	3839.5
5	248	178.5	44692.5	39523.5	+12.8	138	324	56	100.5	5637	4264
6	272	187.5	44339.5	36401.5	+21.8	145	305.5	65	92.5	6027.5	5007
茶林厂	16	124	2237.5	2486.5	−10	22	101.5	6	124.5	749.5	475

1976 年度青冲大队粮食作物基本情况一览表

表 13　　　　单位：亩、千克

队别	大秋作物产量									
	面积	总产	早、中、一季度		玉米		红苕		杂粮	
			面积	总产	面积	总产	面积	总产	黄豆	绿豆
计	758	177200	585	147100	107	9700	66	17600	750	2050
1	142	30753	98	22706.5	35	3863	9	3513.5	186	466
2	146	31169.5	105	27865.5	26	1645.5	15	1334	5	319.5
3	71	20223	56	17458.5	1.8	23	13	2586.5	50	105
4	113	27294.5	98	23019.5	5	528.5	10	3425	60	261.5
5	133	33283	112	27351	16	2425.5	5	2112	142	252.5
6	143	33024	113	26809.5	18	922	12	4443.5	268	581
茶林厂	10	1488	3	898	5	273.5	2	200	50	66.5

1976 年度青冲大队稻棉及油料作物基本情况一览表

表 14　　单位：亩、千克

队别	二季稻		棉花		油料作物						
	面积	总产	面积	总产	合计		油菜		芝麻		棉籽
					面积	总产	面积	总产	面积	总产	
合计	336	30950	52	750	75	3200	56	1200	17	500	1500
1	54	4613	16	295	14	1075	10	300	2	180	595
2	66	6333	10	100	16	670	12	405	4	65	200
3	41	2944	3	45	6	189	3	44	3	55	90
4	52	5969	8	119.5	11	465.5	8	126.5	3	100	239
5	59	5772.5	5	36.5	11	278	8	145	3	60	73
6	64	5288	8	116	17	453.5	15	166.5	2	55	232
茶林厂	—	—	2	50	—	100	—	—	—	—	100

1976 年度青冲大队年终粮食分配情况一览表

表 15　　单位：人、千克

队别	粮食三大支出				国家征购		新提储备	社员口粮		
	合计	种子	留用		原粮	米扎		人口	平均	粮食
			饲料	机动						
合计	63900	35900	21350	6650	15850	11831.5	1150	742	212.5	157600
1	10686	5673	3850	1163	4528.5	3606	1171.5	117	225	26325
2	11862	6763	4010	1089	3611.5	2565	—	120	210	25200
3	6431.5	3521.5	1998	912	179.5	125.5	—	92	210	19320
4	9208	5500	2880	827.5	2088	1468.5	—	127	210	36670
5	12193	7136.5	3920.5	1136	2259.5	1581.5	—	144	210	30240
6	11320	6426.5	3925	968.5	3195.5	2482	—	142	210	29820
茶林厂	2237.5	880	795	562.5	—	—	—	—	—	—

1976 年度青冲大队年终五业收入分配情况一览表

表 16　　单位：元

队别	全年总产值							比 1975 年	
	合计	五业收入					其他收入	+	—
		农	林	牧	副	渔			
合计	60893	53078	1465	2486	2576	514	774	3428	1547
1	10984	9918	153	604	138	92	79	1085	—
2	10103	9082	69	448	—	168	336	—	489
3	6216	5740	140	242	54	—	40	—	894
4	9821	8297	626	172	439	65	222	—	164

续表 16

队别	全年总产值							比 1975 年	
	合计	五业收入					其他收入	+	一
		农	林	牧	副	渔			
5	11133	9457	125	709	723	103	16	1044	—
6	11126	9965	99	205	702	74	81	1299	—
茶林厂	1510	619	253	106	520	12	—	—	—

1976 年度续青冲大队支出情况一览表

表 17 单位：元、%

队别	生产支出							管理费	
	合计	五业支出					其他支出	金额	占比
		农	林	牧	副	渔			
合计	20013	15795	520	1653	—	114	1931	554	—
1	3675	2817	18	398	—	10	432	140	—
2	3143	2621	7	349	—	5	161	68	—
3	1321	1005	3	36	—	53	224	88	—
4	3154	2823	—	319	—	4	8	50	—
5	4911	3823	491	—	—	17	580	113	—
6	3350	2488	1	493	—	4	364	82	—
茶林厂	459	218	—	58	—	21	162	13	—

1976 年度续青冲大队税金情况一览表

表 18 单位：元

队别	税金		开支合计			集体		
	合计	其中农业税	金额	比 1975 年		折旧基金	公积金	公益金
				增	减			
合计	3015	2540	23582	—	6549	535	2333	632
1	653	528	4468	—	2055	153	424	109
2	664	565	3875	—	2236	80	390	101
3	507	465	1916	—	1032	62	248	68
4	399	393	3603	—	481	100	406	96
5	242	242	5266	—	148	90	420	110
6	547	347	3979	—	597	50	445	148
茶林厂	3	—	475	—	—	—	—	—

1976 年度青冲大队现金收入情况一览表

表 19 单位：元

队别	提留			社员分配				
	储备基金	上交大队	合计	金额	其中大队拨入	纯收入平均		
						每户	每劳动力	每人
合计	222	2243	5965	33293	1947	232	137	45
1	222	438	1346	5567	397	253	129	47
2	—	454	1025	5281	78	240	142	44
3	—	248	626	3871	197	240	129	43
4	—	358	960	5555	297	205	123	45
5	—	300	920	5369	422	200	127	37
6	—	445	1088	6537	478	217	145	46
茶林厂	—	—	—	1113	78	—	93	93

1976 年度青冲大队进款户、超支户情况一览表

表 20 单位：元、分

队别	每 10 分工分值			进款户		超支户	
	可分配总金额	总工分	分值	户	元	户	元
合计	33293	1335760	0.249	22	1489	125	45909
1	5567	231986	0.24	2	157	21	8203
2	5281	203104	0.26	1	65	22	9162
3	3871	181740	0.213	3	196	23	6998
4	5555	244211	0.226	3	159	25	4968
5	5369	214761	0.25	4	110	13	5696
6	6537	217923	0.3	9	802	21	10882
茶林厂	1113	42035	0.265	—	—	—	—

1980 年，农村开始实行联产承包责任制。1983 年，进一步实行大包干生产责任制，实行包产到户，集体不再统一经营管理。实行大包干后，农民按责任田面积缴纳的国家的征购粮、农业税，完成集体提留的公积金、公益金，剩余部分全部归农民自己所有，投资、收益分配完全由农户自己掌握。由于包干到户符合农民的心愿，农民生产积极性极其高涨。农业投入不断增加，粮食产量不断提高，工副业、林业、养殖业发展迅速，农民收入大幅度提升。不仅年年完成国家的征购粮和农业税，个人所得部分比大集体时期翻了好几番。1985 年，青冲大队粮食总产达到 514950 千克，比 1976 年翻了一番多；经济总收入 381700 元，比 1976 年增长了 6.2 倍；人均纯收入 437 元，比 1976 年增长了 9.7 倍。

村民出售柑橘

村民采收柑橘

落实大包干生产责任制以后，粮食总产成倍增加，但经济收入尚不够充裕。因此，从 1984 年开始，大面积发展柑橘种植，到 1988 年，全村旱田基本栽上了柑橘，90 年代开始，有部分农户水田也开始改种柑橘。1994 年，全村 95% 的耕地改种柑橘，柑橘面积发展到 1400 多亩，柑橘产量达到 250 万千克。至 1998 年，柑橘总产突破 600 万千克。此后由于高坝洲水库建成蓄水，淹没柑橘面积 900 多亩，产量也大量减少。在移民迁建过程中，通过开山造田，在昔日荒山荒坡上新建了 400 多亩柑橘园。2016 柑橘面积恢复到 1616 亩，总产 520 万千克，产值 830 万元。

2000 年，高坝洲水电站蓄水后，青林寺村大部分农田淹没，形成一个宽阔的水库。良好的水面资源，为青林寺村发展网箱养鱼带来了发展机遇，网箱养鱼成为该村一项主要收入来源。

网箱养殖鲟鱼　　　　青林寺村委会　提供

1997年，国家免除征购粮任务。2006年，国家又免除农业税和集体提留，农民种地不再承担任何负担，收益全部归农民所有。当年，国家开始实行粮种补贴政策，每亩土地补贴10元，之后逐年增加，2010年增加到40元，2015年达到96.4元。2016年，全村经济总收入达到3769.53万元，人均纯收入达到19608元。

支出 青林寺村本是地理偏僻的农业村，二十世纪七八十年代以前，村民生活维持自给自足，消费水平低，粮食、棉花、食油靠集体分配。家庭日常开支主要是食盐、照明用煤油、穿衣等，大部分家庭靠养猪、养鸡出售给食品公司、供销社换取少量的现金收入来维持家庭开支。改革开放以后，农村生活发生了根本变化，农户由集体成员变成了生产经营单位，收入支出均大幅增加。1990—2000年是青林寺村住房换代的高峰期，90%的农户由过去的土坯房、平房改建为楼房，建房成了当时农户的最大开支。

2001年，全村户均总收入48140元，户均总支出36105元。其中生产支出25840元，日常生活消费支出与以前相比有了很大提高。2010年以后，有的农户开始买车，有的增加资产投入，有的经商，有的开始投资入股理财等，村民的支出呈多样性、时尚化。因此更加注重教育、文化、医疗保健等方面的消费开支。2016年全村户均总收入128634元，户均总支出88045元，其中生产支出37500元，生活支出10670元，穿戴支出4500元，交通支出3500元，水、电、电视、网络、通信支出5000元，教育、医疗支出5600元，人情往来支出16000元，其他支出5275元。

◉ 衣食住行

服饰 青林寺村民的服饰与当地传统的生活习俗、水陆往来影响以及邻近土家族聚居区域等因素密不可分。20世纪60年代以前，男人上衣多为对襟，女装多为大襟，少数老年男性还保留穿长大褂习惯。20世纪70年代以后，开始流行开胸装，男性多为中山装为主。村民极少买衣服，各家各户大多是一年请一两次裁缝，为家人做衣服，条件好的农户，为家庭成员各做一件（套）。条件差的农户，哥姐穿旧了的衣服，由弟妹捡旧穿。“新三年，旧三年，缝缝补补又三年”“笑破不笑补”是20世纪70年代以前村民着装的真实写照。日常穿的衣服和外出走亲访友送人情的衣服严格分开，好一点的衣服平常不穿，留着走亲戚朋友时穿。家庭困难没有好一点衣服的，走亲戚时就要向别人借衣服穿。20世纪

80 年代以后，随着经济发展，人们生活水平提高，农户基本不请裁缝到家里做服装，衣服都到服装店购买，补丁衣服也基本退出历史舞台。服饰色彩逐渐丰富，传统的灰蓝主色调被多种色彩取代。青年男性穿西服、休闲服多了，青年女子穿裙子渐趋普遍。随着经济条件的改善，服饰的品质、档次、款式都发生了明显的改变，服装佩饰基本跟上时尚变化。

饮食 20 世纪 80 年代农村改革开放以前，青林寺村由于粮食产量不高，生活水平普遍低下，集体分配的粮食不足以吃饱吃好，所以，“忙时吃干，闲时吃稀”“小菜半边粮”是常有的现象。

在大集体时代，粮食分配是先缴足国家的征购粮（即以粮食代缴的农业税，又叫公粮），再留足集体的提留粮，然后按人分配口粮。如果还有剩余，可以作为余粮再卖给国家。集体提留粮主要提留储备粮、种子、饲料。社员的口粮标准一般在每人每年 210 千克原粮左右（红薯、土豆每 2.5 千克折合 0.5 千克原粮，稻谷、小麦、玉米等其他粮食 1 千克为 1 千克原粮）。有的生产队粮食产量比较高，口粮标准能达到每人每年 225 千克左右，有的生产队粮食产量低或灾年减产，口粮标准就要降低，最低标准有每人每年 180 千克原粮的。不仅如此，有时在低标准情况下还要吃返销（即从已卖给国家的征购粮中又购回来）和供应粮（即国家供应给生产队粮食指标，以维持最低口粮标准）。在人均口粮标准内，分两部分分配到户，即工分粮和人头粮。一般实行三七开，70% 按人平均分配，30% 按工分分配。这样，家大口阔，劳动力少的农户分得的口粮就达不到平均标准，而劳动力多的家庭分得的口粮也就高于平均标准。

村民日常饮食

1964—1977 年青冲大队六队粮食产量、征购及口粮分配统计表

表 21　　　　单位：亩、千克

年度	人口（人）	耕地面积				粮食总产		定购任务	实际征购	口粮				
		合计	人均	其中		数量	人均			合计		其中		
				水田	旱田					数量	人均	队内实留	返销	供应
1964	106	175	1.65	105	70	36125	340.5	9609.5	9431.5	20840.5	196.5	20840.5	—	—
1965	116	175	1.5	105	70	51462.5	443.5	9609.5	12380	31005	267.5	31005	—	—
1966	132	175	1.32	105	70	41227.5	312	9807	—	30333.5	230	28455.5	1802.5	75.5
1967	133	175	1.31	105	70	32839.5	247	9807	—	27930	210	21750.5	—	6179.5
1968	138	175	1.26	108	67	39502	286	9807	307.5	31050	225	31050	—	—
1969	146	175	1.19	108	67	34377	235	9807	—	29930.5	205	22072	3839	4019.5
1970	142	186	1.3	114	72	35674	251	5308	—	27800.5	195.5	20348.5	6516.5	935.5
1971	140	186	1.32	114	72	27426	196	5308	—	26865	192	13758	2719.5	10387.5
1972	140	176	1.25	126	50	36847	263	5308	—	29400	210	23986	3480	1934
1973	140	176	1.25	126	50	43892.5	313.5	5308	2006	29610	211.5	27581.5	2028.5	—
1974	142	176	1.23	134	42	41170.5	290	5308	—	30450	214.5	26950	3463	37
1975	142	167.6	1.18	134	33.6	36401.5	256	5308	—	29972.5	211	25070	902.5	4000
1976	142	167.1	1.17	119	48.1	44339.5	312	5210.5	1415.5	29820	210	27690	2130	—
1977	145	167.1	1.15	119	48.1	43935.5	303	5210.5	—	30599	211	26034.5	4564.5	—

20 世纪 80 年代初，农村落实了大包干生产责任制，粮食产量大幅增加，收入快速增长，温饱问题已完全解决，村民的日常饮食需求已不仅仅满足吃饱。改革开放以前“打牙祭”才能吃到的鸡、肉、鱼摆上村民的日常餐桌。特别是在落实大包干生产责任制后的初期，生产积极性高涨，农忙季节生产互助蔚然成风。在互助中安排生活互相攀比，以菜肴丰盛、味道鲜美为荣。一般每桌都在 12 个菜以上，鸡、鸭、肉、鱼，应有

村民自种菜地

尽有。农忙季节，天天像过年一样，生活十分惬意。

20 世纪 90 年代种植结构调整以后，农田已不种粮食作物，全部改种柑橘。人们日常粮食消费都在市场购买，蔬菜、猪肉自种自养、自给自足。与 20 世纪 90 年代以前相比，村民的饮食特点是大米消费量下降，杂粮消费量上升；肉食消费量下降，蔬菜消费量上升。大肉大鱼减少了，时令蔬菜增多了，各种新鲜水果摆上桌面，成为饮食的一部分，健康、保健、文明、节约的饮食新风尚逐渐形成。

居住 20 世纪初期，普通民居住宅分草屋和瓦屋两种。土砌草盖的住宅（土木结构），俗称"草屋"或"茅屋"，进深较浅，水路陡，下雨易流，不易烂草。土砖瓦盖的住宅，俗称"瓦屋"，进深较深。一般以土木结构为主，砖木结构很少，样式不一。家境条件尚好的农户建有土砌瓦盖的砖木房子，少数困难户仍是草屋，因经济落后，村民住宅一般很少更新，几十年甚至上百年仍是老样式。

青林寺村民居住条件的改善经历了三个阶段。

第一阶段在20世纪70年代以后，茅草屋改成瓦屋。全村大部分茅草屋在70年代末、80 年代初改成了瓦屋，村内最后一间草屋在 1991 年改成了瓦屋，全村告别了住茅草屋的历史。

第二阶段在 1990—2000 年，平房改楼房。随着农村经济的发展，村民收入增加，改善居住条件逐步摆上各个农户的议事日程。加上 1996 年开始的高坝洲水库移民迁建，为青林寺村居住条件的改善带来了机遇。全村 90% 以上的农户在这个时期由土木结构的平房改建成为砖混结构的两层楼房。

第三阶段在 2010 年以后，原有楼房装修改造以及拆旧改建别墅式楼房。大部分农户在近几年对原建楼房进行了屋面改造，室内装修。在青林古镇旅游项目开发中，有 60

老民居　　青林寺村委会　提供

20 世纪 90 年代民居

村民厨房

21 世纪新民居

多个农户住上了别墅式三层楼房。

在青林寺村居住条件的变化中，改变最大的是厨房。在二十世纪五六十年代，有 50% 的农户没有专用厨房，用的是土灶，没有排烟的烟囱，一到日落时分，家家生火，户户冒烟。70 年代后，随着草屋改建瓦屋，各个家庭才有了专用厨房，土灶也逐渐改成了烟囱灶，室内再也不受烟熏之苦。21 世纪以后，为了改善农村卫生条件，宜都市政府出台奖励政策鼓励农户改建卫生灶，每建一个卫生灶补助资金 800 元。家家户户由烟囱灶改成了卫生灶，做饭产生的油烟全部排到室外，碗柜也改为一体柜，厨房卫生条件大为改观，现在村民的厨房，窗明几净，美观时尚。

出行 20 世纪 70 年代以前，青林寺村地理位置偏僻，交通闭塞，基本不通公路。村民出行都靠步行，特产物资、生活用品进出村全靠肩挑背驮。1971 年，修通第一条横贯南北的公路，1973 年到 1978 年，向北修通第二条出村公路，到 1990 年，修通到村小组的公路，2015 年，全村所有农户都通公路，并全部实现混凝固化，交通条件实现根本性的改观。

交通条件的改善，为村民出行提供了便利，交通工具也随之发生变化。二十世纪七八十年代有了自行车，90 年代以后摩托车成为主要交通工具。2000 年以后，随着农村经济的快速发展，经营运输的货车增多，客运巴士车、公共汽车通行满足了村民出行多层次的需要。到 2016 年已开通宜都陆城至青林寺村的客运班车，每天往返 5 趟。全村共有摩托车 295 辆，购买家用轿车 157 辆，货车 15 辆，通村公路上车流量逐渐增多。

青林寺村至宜都客运班车

村民家用轿车

社会保障

青林寺村从来就有乐善好施、帮难扶困的纯朴民风。如遇天灾人祸，邻里亲友间乐意捐款捐物，互相帮助渡过难关。在社会生产力水平低下，社会保障体系缺乏的背景下，村民自发的相互救助维系了相对稳定的社会秩序。新中国成立后，村民开始拥有基本的社会保障，青林寺村五保户由集体供养，少数贫困户每遇春荒冬寒，缺吃少穿，各级组织均及时给予照顾，解决弱势村民的基本生活保障。

五保 落实大包干责任制以前，凡是女满 55 周岁、男满 60 周岁的孤寡老人都纳入五保对象，由集体负责供养，五保户死亡后其财产归集体所有。村集体安排专人负责五保户日常生活，根据工作量大小给予工分补助。原青林寺村 1983 年在原三队集体仓库屋基础上建立大队福利院，五保户实行集中供养，至 1997 年因高坝洲水库搬迁而停办，五保老人转入高坝洲镇福利院生活。2001 年合村以后，青林寺村有 5 个五保老人在高坝洲镇福利院集中供养，其中 4 个相继去世。至 2015 年，全村还有 3 个五保老人，其中 1 个在高坝洲镇福利院集中供养，2 个在村内分散供养。

低保 从 2007 年开始，青林寺村开始落实农村最低生活保障（简称“低保”）政策，当年全村有 4 人享受低保政策，保障金额每人月均 15~25 元。此后因低保政策调整，享受低保的人群逐年扩大，保障金额也不断提高。到 2015 年全村共有 24 人享受低保，全年保障金额 74580 元。

失独家庭补助 从 2004 年开始，国家对失去独生子女（简称“失独”）家庭实行生活补助。当年有一对夫妇享受补助，补助标准每年 1200 元。2015 年，有 4 对夫妇享受补助，每对夫妇每年补助标准 4080 元。

优抚 在农村落实大包干生产责任制以前，义务兵由集体给予记工分补助，改革开放以后由国家发放优待金。从 20 世纪 90 年代开始，国家对抗美援朝等参战退伍老兵发放抚恤金，2008 年发放范围扩大至带病退伍伤残军人、伤残民兵。2011 年，对年满 60 周岁的退伍军人开始发放抚恤金。2015 年，青林寺村参战援外退伍军人 2 人，抚恤金标准每人每月 360 元。伤残退伍军人 5 人，抚恤金标准每人每月 365 元。享受退伍军人老年生活补助 7 人，每人每月补助标准根据在部队服役年限长短而不同，原则上每服役 1 年每月补助 15 元。

新型农村养老保险 2009 年，开始实施新型农村养老保险，当年有 194 人缴费参保。同年国家开始发放 60 周岁以上老年人基础养老金，标准为每人每月 60 元。当年全村有 145 人享受老年生活补助。2012 年，国家对年满 80 周岁以上的高龄老人在原有养老金基础上增加生活补助，增加标准为 80~89 岁每人每月 50 元，90 岁以上每人每月 100 元。当年，全村享受高龄补助的 80~89 岁的 29 人，90 岁以上的 2 人。2014 年开始，国家提高了 80 岁以上老人高龄生活补助标准，80~89 岁每人每月补助 150 元，90 岁以上每人每月补助 300 元。2015 年，享受 80 岁以上高龄生活补助的老人全村共有 31 人，其中 80~89 岁的 27 人，90 岁以上的 4 人。

精准扶贫 2015 年，青林寺村精准扶贫工作全面展开。村委会按照精准扶贫政策要求，通过召开村民代表会议，在全村困难户基础上确定精准扶贫户 7 户 18 人，其中五保户 2 户 2 人（分散供养），低保户 5 户 16 人。经在全村进行公示，全部符合政策标准。在开展“精准扶贫”中，工作专班采取“一对一”帮扶办法入户走访，调查家庭困难情况及致贫原因，根据各贫困户不同情况制定详细帮扶措施。帮扶人定期每月对贫困户进行跟踪走访、慰问，实时了解家庭阶段性困难，落实具体帮扶措施。驻点单位宜都市熊渡电业有限责任公司出资 1 万元为贫困户柳家信修缮房屋一栋；为 2 户五保户改造危房；为贫困户子女提供劳务信息，寻找合适的稳定工作，增加家庭收入。同时，为扶贫户落实了相关社会保障政策。2016 年度脱贫 4 户 12 人，未脱贫 3 户 6 人。

柳家坳

名人与名村

青林寺村钟灵毓秀、人杰地灵，历史上孕育了一大批各方面出类拔萃的优秀人物，吴林伯、廖致亭、谢宝山是他们当中的杰出代表。随着《青林寺谜语选》的出版，青林寺谜语犹如一位藏在深闺人未识的少女展示在世人面前，引来众多专家、学者到青林寺村考察、调研。在青林寺谜语的推介、研究以及“中国谜语村”的命名工作中，全国知名专家学者贾芝、杨亮才、刘守华、王作栋等与青林寺谜语结下了不解之缘。谜语村走出的哲学教授廖贵仁，身在他乡、心系故土，长期关注家乡的文化建设。在高坝洲水电站建设过程中，为了抢救非物质文化遗产——青林寺谜语，以裴学明为代表的移民工作人员，不畏艰难，圆满完成了库区的文化遗产抢救工作。

青林寺村文化底蕴深厚，乡土人才众多。他们当中的杰出代表有廖贵年、赵兴寿、赵有贵、丁开清、廖新远（中）等。他们在青林寺谜语的保护、传承以及谜语文化品牌的建设中，发挥了积极作用。

◉ 历史名人

廖致亭 （1902—1959），名届远，青林寺村人。

廖致亭出身于书香之家，受其祖父廖湘甫、父亲廖明柏影响，自幼喜读诗书，刻苦勤奋，学业颇佳。早年就读私塾，后就读于省立第九中学。高中毕业后，在家开办私塾。以其学识渊博，功底深厚，加之为人诚实宽厚，与人为善，且对学生要求甚严，并重视文章写作，深得家长及社会好评，声誉颇高。后来被多家官学聘用，曾任青林寺小学、古老背小学校长。

1932 年，廖致亭被宜都县政府聘为县教育局秘书。

1938 年，廖致亭始任私立宜都清江中学国文教师。1940 年，因江北失守，日本侵略军侵犯江南，即随学校辗转于毛湖淌的白马溪、五眼泉拖溪、望佛桥的净心庵、丑溪的胡家花园等地，给学生流动上课，悉心执教。1941 年，进入宜都县立初级中学任教。1942 年秋，抗战时局维艰，廖致亭受校长委托创作了校歌：清江清，长江长，梁山何峨峨，宋山何苍苍。光荣我校，随抗战序幕而创始，随时代进程而恢张，勖勉我辈宜自强，术德兼修，蹈厉发扬。如山岳之磊落，如波涛之汪洋，掀天揭地，大风泱泱，为我民族争荣光。歌词具有浓厚时代气息，又富有文化底蕴和地方特色，大气磅礴，励志昂扬，至今仍在宜都市第一高级中学校园传唱。1944 年被鄢沱乡选为县参议员。

廖致亭长期从事教育工作，治学严谨，因材施教，深受学生的尊重与爱戴，曾受到校方“业务能力强”的评价。在曾师从廖致亭的众多弟子中，吴林伯、廖贵仁、谢宝山、赵廷华、廖富远等大多学有所成，走出青林寺，成为社会主义建设的有用之才。

谢宝山（1917—1986），学名谢自新，青林寺村人，医生。

谢宝山出生于一个富裕家庭，9 岁入廖致亭私塾启蒙，与吴林伯、吴润民等人同班就读。完成中学学业后学医，师从名中医廖宗澈。随师学医 3 年以后师傅不幸病故。他天资聪慧，师傅医术大部学成。此后由于青林寺已有几家药铺，他弃医从事其他行业。曾经自办私塾教过书、当船老板从事水运以及任过一段时间保长。

1949 年新中国成立后从医。开始以个体行医为主，1955 年青林乡成立卫生所，被聘为乡卫生所医生。由于医术精湛，1957 年由红花套区推荐到宜昌医疗培训学校进修一年。结业后继续在青林卫生所当医生。1970 年回青林寺村务农。1973 年被红花卫生院聘为门诊医生至 1978 年退休。1979 年原青林寺村又聘请其为村卫生室医生，1984 年因年老多病而回家休养。

谢宝山中、西医兼通，尤为擅长中医。其医德、医术在原红花套区内乃至周边地区有口皆碑。在 20 世纪 60 年代，塔平桥一位赵姓女患者，因浑身疼痛而瘫痪，在宜都县医院住院花费 900 多元未治愈，后转到宜昌地区医院治疗，花费 400 多元医药费仍不见好转。出院回家后慕名请谢宝山治疗，经过诊断，对症处方，第三副中药就初显疗效，经过两个多月的治疗，患者就能下床行走，生活自理了。前后花费不到 200 元，患者及其家属千恩万谢、感激不尽。

二十世纪六七十年代，由于经济困难和农村医疗条件落后，看病难、治不起病。谢宝山用他精湛的中医技术以及不花钱、少花钱的中草药、偏方救治过不少的疑难杂症、危重病人和普通患者，直到生命最后时刻，仍为患者处方治病。1986 年 10 月病逝于家中。

吴林伯（1916—1998），青林寺村人。

吴林伯自幼家境贫寒，其读书求学费用靠父辈五兄弟共同维系。9 岁始受读《论语》《孟子》。1939 年考入国立师范学院（湖南蓝田）国文系学习，师从马宗霍、钟泰、骆鸿凯。大学毕业后赴重庆，任重庆南开中学教员兼文科主任，从熊十力习佛学及玄学。1945 年夏，辞去南开中学教职，赴四川乐山复性书院，从国学大师马一浮习儒学及汉魏文献，并经马一浮亲教，选定以《文心雕龙》为中心研究方向。1947 年后，先后任上海育才中学国文教员、中华教育社国学专修科主任兼教授。1953 年，任华东师范大学中文系讲师。1956 年，出任山东曲阜师范学院中文系讲师兼古典文学教研室主任、院务委员会委员。1962 年返乡，任宜昌师范专科学校讲师。1978 年，调入武汉大学中文系，先后任副教授、教授，至 1986 年退休。1998 年，因患鼻咽癌在武汉大学病逝，享年 82 岁。

吴林伯被学界称为朴学家，一生著述甚丰，已成书手稿包括《周易正义》等 27 种，生前及逝世后先后出版有《论语发微》《文心雕龙字义疏证》《庄子新解》《老子新解》和《文心雕龙义疏》等。

吴林伯的学术成就集中体现在《文心雕龙》研究上，历 40 余年撰写的《文心雕龙义疏》被列为武汉大学“百年名典”。其独创的义疏体例，集校注、解说、串讲、评析于一体，系统而全面地阐述了文学理论观点，表达了对先秦至南北朝文学发展史的诸多见解，引征宏富，论析深入，明辨是非，纠谬归正，堪称 20 世纪“龙学”研究力作。

吴林伯恪守马一浮先生治学原则，强调从经学入手，而守专门之学。吴林伯受马一浮先生启发，而选定《文心雕龙》为自己终身专攻。紧紧围绕着《文心雕龙》这个题目，遍考先秦汉魏六朝典籍，无所不读并深入研究，因而能深入理解《文心雕龙》这部有关先秦汉魏六朝文学理论的伟大著作的精髓，并取得重大成就。

吴林伯治学谨严，武汉大学评价他“读书征引繁博，巨细靡遗，剖析毫厘，细致深入，考据、辞章、义理结合贯通，体现了深厚的学历和笃实的治学精神。”吴林伯关爱学生，常示门人“为山不亏一篑，穷理止诸自足”，告诫学生“非议再多，坚定不移；处境再窘，坚定不移；工作再忙，坚定不移；困难再大，坚定不移”。后期在武汉大学及门弟子虽为数不多，然如北京语言大学方铭、厦门大学易中天、湖南社科院陈书良、湖北大学陈桐生等，皆学有大成，影响广远。弟子方铭在《吴林伯先生的主要著作和学术追求》《吴林伯先生学行述闻》中表达了对吴林伯的敬仰与怀念，易中天也曾撰文《小板凳上做的学问》怀念吴林伯。

吴林伯热爱家乡故土，为缅怀先贤杨守敬，1984 年 8 月专门致信宜都县县长，尔后又与李国平、朱裕壁、朱语今、吴于廑、唐长儒、陶德麟、刘真等名流联名倡议，呼吁建立杨守敬纪念馆，促成了杨守敬纪念馆的建立和杨守敬文化的弘扬。

名人与谜语村

2003 年 11 月，中国民间文艺家协会名誉主席贾芝在青林寺村题字

贾芝情系谜语村（1913—2016），山西襄汾人，中国社科院荣誉学部委员，中国文联第八届荣誉委员，中国民间文艺家协会名誉主席，国际民间叙事研究会资深荣誉委员，民间文艺学家、民俗学家，新中国民间文艺事业的开拓者、奠基人。

1998 年初冬，青林寺村回乡知识青年丁开清历时 8 年采录整理、选入谜语 981 则的《青林寺谜语选》分类编排与注释工作即将煞尾，宜昌市文联副主席王作栋致信贾芝，详细汇报了该书内容、采录者情况、成书经过、青林寺村村落环境、谜语传人、谜语濒危现状等情况，并提请贾芝题写书名。贾芝阅信了解情况后十分欣慰，认定《青林寺谜语选》是我国有史以来首部关于一个村落的谜语选集，是民间文艺集成后期的重要成果，并欣然提笔为《青林寺谜语选》题写书名。

2001 年 1 月，丁开清选编 1142 则谜语，完成《青林寺谜语（续编）》书稿。中国文联出版社出版时向贾芝赠送了样书，贾芝惊喜之余，认真审读，不禁为一个村落有这么大的谜语存量并连续成书而感到高兴，再次欣然提笔，写下了“中国谜语村　贾芝敬题　辛巳年之春”这幅珍贵的墨宝。

同年 4 月，湖北省民协副主席王作栋向贾芝汇报了青林寺村被湖北省文化厅命名为“湖北省民间文化之乡”，被湖北省民协命名为“湖北省民间谜语村”等情况，贾芝当即表示“对青林寺村的命名，我看还不够”。贾芝对青林寺谜语的执着，由此可见一斑。

2002 年 11 月初，湖北青林寺谜语研讨会在宜都市召开，耄耋之年的贾芝自始至终参加会议。在青林寺村考察期间，拄着拐杖的贾芝走得慢，边走边看边。与村民交谈时，丁开清讲了一个厨房用品谜语：“垛一截，长一截；揭一截，短一截”。走在旁边的王作栋解释说，这个谜语用了两个谐音字，“垛一截，长一截”的“垛”，听起来像是用刀砍的“剁”，实际指的是堆码谷垛、麦垛的“垛”；“揭一截，短一截”的“揭”，不是拼接、连接的“接”，是揭开谜底的“揭”。有先猜中谜底的在旁边比划垛上去、揭下来的动作，贾芝问：“蒸笼？”丁开清答：“是的”。贾芝笑了，然后对周围人说：“这个谜语好，民间有大智慧”。

在座谈会上，20 多位村民争先恐后、踊跃发言。应各位专家之邀，有猜打谜语的，有讲谜语故事的，有唱谜歌的，有为来访者制作姓名谜的。其中为贾芝作的谜语是“西天宝贝灵芝秀，民间文艺一泰斗。若问高人好高的寿，已到九十春和秋”。引起与会者异口同声叫好，贾芝听得点头带笑。

研讨会期间，身为中国民协名誉主席的贾芝欣然题词：青林寺谜语应当走向世界。

贾芝不顾 90 岁高龄、不惧车马劳顿，亲赴青林寺村考察调研，给青林寺村民和所有参会人员留下了深刻印象，情系中国谜语村以及对民间文化的执着精神令世人感动。

2003 年 11 月，中国民协对青林寺村发出“中国谜语村”命名文件后，贾芝题写的“中国谜语村　贾芝敬题　辛巳年之春”的条幅，经青林寺村委会用钛合金制成高 3 米、宽 1 米的竖匾，悬挂在村委会办公楼大门之上。

杨亮才两赴青林寺村　杨亮才，云南洱源人，白族，1933 年生。历任中国民间文艺出版社社长、总编辑，《民俗》杂志主编，中国民间文艺家协会书记处书记，中国文联第四、五届委员，中国少数民族文学学会副理事长，中国少数民族作家学会常务副会长，联合国教科文组织中方顾问。

1999 年 1 月，青林寺村首部谜语集《青林寺谜语选》出版问世，为庆祝这一盛事，在宜都市移民局举行了首发式。时任联合国教科文组织中方顾问的杨亮才在百忙之中，应邀参加首发式活动。会前到青林寺村进行了考察调研，青林寺谜语给他留下了深刻印象，对我国有史以来第一部村落谜语选集赞赏有加。

2002 年 10 月底再赴宜都，出席湖北青林寺谜语学术研讨会，发表了热情洋溢的讲话，并转达了中国民协主席冯骥才，副主席、分党组书记白庚胜向大会的祝贺。其间专程赴青林寺村考察并与青林寺谜语传人进行座谈。

座谈会前，参加考察的众位专家游览了青林寺村的自然风光。杨亮才对青林寺村的青山绿水赞不绝口，边走边对身边的几位专家说“青林寺真是个人杰地灵的好地方”。座谈会上，参会的谜语传人一打开话匣子，便滔滔不绝、争先恐后发言，一则则谜语、一个个谜语故事、一首首谜歌像流水一样，从村民口中滔滔而出。坐在杨亮才旁边的廖贵廉老汉，是村里退下来多年的老书记。他说："我还不懂事的时候，听大人讲的谜子，如今还记得。"杨亮才说："您讲讲呀。"廖贵廉老汉说："一个老头九十九，天天半夜喝烧酒。这个是猜过去日常用的物件，现在不用哒。"他又说，"挨到再打一个：一个老头八十八，天天早晨地上爬。也是日常用的，现在还在用哩。"前一则谜语，杨亮才猜准了是"夜壶"；对后一则，一时间都没答上来。廖贵廉老汉说："是扫帚哩。"杨亮才说："有意思，又顺口。难怪这样的谜语只要听过一遍，终身记得"。

座谈会结束后，杨亮才题词：青林寺村民了不起，一个村推出四部谜书，在全国绝无仅有。

刘守华钟情于青林寺谜语　刘守华，湖北仙桃人，1935年生，华中师范大学教授、博士生导师，中国故事学会副会长、《中国民间文艺学年鉴》主编，亚洲民间叙事文学学会理事，湖北省民间文艺家协会主席、名誉主席，湖北省道教学术研究会副会长，华中师范大学民间文化研究中心主任。

2001年4月25日，时任湖北省民协主席的刘守华与湖北省文联副主席黄中骏，湖北省民协副主席陈仁梁、傅广典、王作栋，湖北省新闻出版局梁前刚处长一道，赴青林寺村考察，面对如诗如画的清江，探访青林寺村山清水秀的自然景色，同这些喜爱谜语的村民在欢声笑语中猜谜和即兴编创新谜，沉浸在青林寺村浓重而温馨的民间文化氛围之中。在同村民的攀谈中，刘守华说："我自己十分喜爱谜语，1958年作为华中师范学院的青年教师下放到宜昌草埠湖农场劳动锻炼时，劳动之余就同来自宜都、长阳、枝江的几位农工猜谜，采录到500多则谜语，今天到青林寺村来，就是要猜猜青林寺谜语"。刘守华话音刚落，周围的男男女女便争先恐后的向他开炮，一个说："一个小姐爱风流，爱了风流想飞走，要想飞走又不行，只因把柄在人手"。刘守华猜中是"风筝"；另一个说："一条黄龙几丈长，住在草包山顶上，四五六月出来晒太阳，十冬腊月进洞去乘凉。"经人提醒刘守华猜中是"草帽"。接着一位老汉道："说它大来也不大，个个见它把嘴爹，皇帝见它不做官，小姐见它不绣花，叫花子见到它米也不讨哒。"刘守华当成物谜来猜，怎么也想不出从叫花子到皇帝都喜爱的这件东西是什么，引得大伙一阵哈哈大笑，经他们破解，才知道谜底是"瞌睡"，刘守华感叹"这真是一时欢乐一时愁，一时想起不对头，若是想得门门到，自解忧来自解愁。"与青林寺村民相聚，在欢声笑语中猜谜，竞巧斗智，沟通心灵，给人以无限快慰。通过调查走访，刘守华深切感受到，青林寺谜语不仅数量丰富，而且品类繁多，内容包罗万象，尤其新谜语的创作不仅显示青林寺村民制作谜语的技术很熟练，更表明他们有学习新知识，接受新事物的开阔胸怀，十分难能可贵。

通过这次考察，促成了湖北省民协对青林寺村“湖北民间谜语村”的命名。

2002 年 10 月底，刘守华教授再赴宜都，出席湖北青林寺谜语学术研讨会，并发表《青林寺谜语的重要价值》学术报告。其间与参会专家学者一起赴青林寺村，与谜语传人进行座谈。故人相见，旧地重游，更增添了一分亲近感。老教授与村民们有猜不尽的谜语，讲不完的故事，聊不完的民间文化话题。座谈会结束后，刘守华题词：青林寺谜语具有世界意义，是值得我国和国际组织予以认真关注的口述和非物质性人类文化宝贵遗产。

王作栋与中国谜语村　王作栋，1947 年 3 月生，湖北宜都市人。中国地域文化研究会副主任委员，湖北三峡文化研究会副会长，湖北省民间文艺家协会副主席，享受国务院政府特殊津贴专家。

20 世纪 90 年代初的某一个盛夏日子，当一位个头不高的青年农民，怀揣几张皱皱巴巴的文稿纸，轻轻叩开王作栋的办公室时，谁也不会想到，他同时也叩开了一扇通往中国谜语村的大门。

这个年轻人是青林寺村的回乡知青丁开清，时年 27 岁。而为青林寺谜语开启通往中国谜语村大门的，是时任枝城市（今宜都市）文联主席的王作栋。

王作栋给丁开清沏了一杯茶，随后一页一页翻看丁开清送来的谜语采录稿，那一则则土得掉渣的地道的民间谜语，让一向对民间文化情有独钟的他感到震惊。一个农民，一座山村，一群沉浸在谜语世界的人们，顿时占据了王作栋的思维空间。半个多月前，文联在市工人文化宫举办书画摄影展览期间，王作栋点名邀约生活拮据的业余作者丁开清守护展品，其间，在一次工作餐中有几位谈到酒文化趣事，丁开清插言讲了两则相关的谜语，当即引起王作栋的注意。他询问来源，丁开清说我们那里蛮多男女老少都喜欢“灯拨子”，会打会猜。王作栋建议丁开清在展览结束返家后，认真着手采录，这种原汁原味的谜语价值很高，值得下功夫收集。他要求丁开清过段时间一定要来交付采录稿。今天，丁开清果然不负厚望，带着谜语记录稿来了。

“我们在《长青》杂志上选登，下期就发，”王作栋果断地说，“丁开清啊，你采录的谜语给我增大信心了，这作为第一批，才开了个头。接下来，你要有第二批、第三批，扎扎实实地搞下去。采录中有什么难处，我们及时联系。”

丁开清告辞时，带着文联赠送的几本稿纸、一扎信封。

王作栋则马上着手两件事。第一件，是带人去曾家岗乡（今高坝洲镇）青林寺村作田野调查。他走访农户，快速掌握了青林寺谜语活动的形态，确认了该村喜爱谜语的村民众多，谜语与村民的生活劳作关联紧密。

第二件事，是为丁开清多提供一点扶持。王作栋率文联一行前往曾家岗乡政府拜访了负责人，再到青林寺村拜访廖贵年老书记，争取村级组织对丁开清的谜语采录工作给予支持。乡村两级听取了他对青林寺谜语价值的评估后，开始实施对丁开清减免统调工、无偿提供化肥农药等举措，这是丁开清没有想到过的。

当时宜都文联成立不久，工作千头万绪，王作栋仍挤出时间为青林寺谜语一次次奔波。要随时掌握丁开清的采录进度，要给丁开清补充谜语文化理论，要给丁开清的父母妻子做思想工作。随着清江梯级开发工程——高坝洲水电站建设全面展开，青林寺村即将处于高坝洲电站库区的主要淹没区域，建成后的库区将淹没该村土地 1000 余亩，规划移民人口达 1000 余人，该村社会生态和人口结构将发生前所未有的变化，谜语收集整理工作刻不容缓。由于大量青林寺村民即将迁出，在青林寺传承上千年的谜语文化，将受到极大冲击，抢救青林寺谜语的紧迫感，在王作栋的心头越来越重。

王作栋向市委宣传部苏廷朝、明维中两任部长和曹一荣副部长，向市政府分管领导分别做了汇报。他又去宜都市移民办公室（后为移民局）找主任裴学明，提请他将青林寺谜语纳入高坝洲库区文化遗产抢救范畴。裴学明立即意识到职责所系，采纳了王作栋的建议，青林寺谜语抢救进入快车道。

1994 年初，王作栋调任宜昌市文联副主席，但他致力于青林寺谜语挖掘、抢救的立场不改，扶持、培养青林寺村乡土民间文化人才的工作力度不减。1998 年夏，丁开清的书稿成型后，王作栋邀请他到宜昌修改完善，并请谜语专家、中华灯谜学会常务委员杜心宁帮助丁开清细致分类和文字校勘、方言注释，还解决了丁开清一家三口在宜昌一个星期的住宿、生活费用。接着，王作栋联系北京的大众文艺出版社，着手送审付梓，与时任宜都市移民局长裴学明商定支持出版经费，然后以电话、信函直接向我国民间文学泰斗贾芝汇报，提请贾老在看到大众文艺出版社的清样后题写书名。

1999 年 1 月，由贾芝题写书名的《青林寺谜语选》经大众文艺出版社出版。该书是我国民间文化史上首部关于一个村落的谜语选集，一面世即引起民间文艺界、新闻界的关注，省内外专家学者来青林寺村考察的接连不断。反复考察的结晶，是“中国谜语村”的诞生。

慧眼识金、抢救青林寺谜语的发起人王作栋，在 1999 年 4 月《青林寺谜语选》的首发式上，还表达了一种期待。他说谜语在青林寺村周边广泛流传，不是青林寺独有的，青林寺的长项是谜语传人多于周边村落；谜语在青林寺不是孤立存在的艺术品种，是与多种姊妹艺术血肉相连、共生共荣的；青林寺村民受教育的程度高于周边村落，有能力有兴趣将喜爱的艺术品种记录在案的，肯定不止一位丁开清；村民自行采录，有别于古今中外的文人采录，丁开清开了个好头，期待村里的有心人着手采录本村的歌谣、故事传说、俗谚等等，若干年后可能形成青林寺文化系列丛书。

王作栋的这番话语，当时出乎许多人意料之外。没有对青林寺村文化底蕴的充分了解，没有挖山不止的学风，没有“风物长宜放眼看”的客观评估，讲不出这番话。后来的一连串事实证明了王作栋的预期。3 年多后，2002 年 5 月，村里老会计赵兴寿以自唱自记为主的《青林寺谜歌选》出版，其后，村民覃兴龙又自发投身于采录。截至 2016 年 3 月，由青林寺人自行采录、陆续推出的青林寺谜语、谜歌、谚语歇后语、民间故事笑话、礼俗等书籍已达 27 种，青林寺文化系列丛书已然成型。其中，有近一半是王作栋亲自审读，并应邀作序的。联合国教科文组织中方顾问杨亮才在《青林寺谜语选》首发式上评价王作栋是“真正读懂民间文化的学者”。

裴学明倾情守护文化遗产　裴学明，1953 年出生，宜都市人，1972 年应征入伍，曾任班长、排长、连指导员，其间就读于中国人民解放军铁道兵政治学院。1985 年退伍后，先后担任宜都市政府办公室科长、副主任、宜都市移民局局长、宜都市政协副主席。

时间回溯到 1992 年，裴学明就任宜都市政府办公室副主任、兼任市移民局局长。在负责清江水利枢纽工程高坝洲电站库区移民工作期间，他与青林寺谜语的前世今生结下了不解之缘。

随着湖北省清江梯级开发工程的不断深入，到 90 年代中期，青林寺村已然位于高坝洲电站库区的淹没区域，建成后的库区将淹没该村土地 1000 余亩，移民人口达 830 余人，该村面貌和人口结构将发生翻天覆地的变化。由于大量青林寺村民即将迁出，在青林寺民间传承上千年的谜语文化，无论是从内容上，还是从传承形式上，都将受到大的冲击。鉴于此，时任宜都市文联主席的王作栋专程拜访裴学明，建议移民管理部门将抢救库区文化遗产尽快纳入议事日程。裴学明立即请王作栋介绍青林寺一带民间谜语的分布大略、搜集进度。裴学明意识到青林寺谜语这一地域文化现象的特殊性，决定学习三峡库区保护文化遗产的举措，着手向上级移民管理部门申报。

裴学明是一位有担当的人。裴学明认定抢救高坝洲库区文化遗产是责无旁贷的，他将此列入本部门的本职工作范畴，开始明确关注以丁开清为代表的青林寺一大批谜语爱好者日常的谜语活动，同时一次次报请宜都市委、市政府和上级移民部门高度重视青林寺谜语事象，争取专项经费落实。在上级专款还没有到位的情况下，他从紧张的办公经费中挤出一定资金，用于项目前期工作。

有如犁铧深深翻过泥土一般，裴学明一犁一犁地向前推进，深藏在清江河畔的青林寺谜语得到行家里手的好评愈来愈多，文艺界、学术界、新闻界、高等教育界赴青林寺采访、考察的一茬接一茬。抢救性保护青林寺谜语的工作，就这样引发了多层面的关注。

在裴学明为首的宜都移民局大力支持下，《青林寺谜语选》于 1999 年经北京大众文艺出版社出版问世。既然《青林寺谜语选》开了个好头，工作便不能就此打住。裴学明感觉到自己身上的担子更重了，他果断表态，移民局支持村民继续搜集整理，只要是像《青林寺谜语选》一样结正果，移民局负责向上级部门申请落实出版经费。

文化抢救项目归根结底要靠经费作保障。随着 2000 年高坝洲电站正式建成蓄水的期限日益临近，裴学明心里比谁都急，他一年之中先后五上宜昌，三下武汉，跑省、市移民局和相关部门，请示、汇报库区文化抢救的紧迫性。功夫不负有心人，在 2000 年省移民局开展《清江水利枢纽工程高坝洲电站库区移民投资概算修编》过程中，终于将青林寺谜语纳入了库区文化遗产抢救项目，编列了 60 万元的专项经费。

移民局里的工作琐碎繁复，对上，要主动联系党委政府和上级管理部门；平行，要和各相关职能局保持密切联系、互相支持；对下，与工程进度、库区移民所关涉的十几个村，都要了如指掌，及时把握处理好各个矛盾点，当好移民干部不容易。担任移民局局长期间，裴学明每月都要上山看望移民户和谜语户。车子在盘山路上颠簸，有时候大雾弥漫，根本看不清路，可裴学明和司机都很淡定，原因很简单，这条路他们每个月至少要走两次，他们称“闭着眼睛也知道怎么走。”有一次，裴学明和同事忙着赶往青林寺村验收，因雨天路滑，车子与山上开下来的大货车迎面相撞，差点翻下山沟。不管遇到多大的艰难险阻，他始终坚持“抢救文化遗产工作不能等，时刻都要与时间赛跑。”

由于长期以来潜心于青林寺谜语的抢救、保护工作，成效卓著，自 2002 年起，裴学明连续当选宜昌市民协第二、三、四届副主席，并一直担任宜都市民协顾问。伴随着“中国谜语村”的诞生和发展，他一方面积极参与省、市民协工作，用更高更远的视野关注祖国优秀民间文化的弘扬光大，另一方面持续发力，扶持青林寺文化系列丛书成型。截至目前，由青林寺人自发采录、陆续推出的文化系列丛书已达 27 种。清江河畔的一个村落出现如此密集的文化井喷现象非常罕见。

裴学明已从宜都市政协副主席岗位上退休，但青林寺村依然是他的牵挂。这位中国民间文艺家协会会员虽然没有宏篇巨著，但他有的是数不清的汗珠，数不清的脚印……

廖贵仁情系家乡文化 廖贵仁，1934 年生，青林寺村人，中共党员，哲学教授。

廖贵仁出生于青林寺村一个农民家庭，自幼笃志好学，天资聪慧。8 岁启蒙，就读于名师廖致亭门下。1948 年完成小学学业后入宜都县初级中学。1954 年考入湖北省实验师范学校，毕业后以优异成绩考入东北师范大学学习。1958 年大学毕业，分配到云南师范学院（现云南师范大学）任教。1963 年公派到中国人民大学哲学系进修一年。1995 年在云南师范大学退休。

廖贵仁政治上历求进步，业务上精益求精，先后任云南师范大学哲学教研组组长、哲学教研室主任、哲学系副主任。主要讲授《马克思主义哲学》《马克思主义哲学史》《教育哲学》《社会主义与知识经济》课程。

廖贵仁穷其一身，遨游于哲学海洋，学术成果丰富。编著有《马克思主义原理》《马克思主义哲学史》《马克思主义哲学教程》等著作。撰写了大量论文，其中代表性的论文有《论真理的全面性》《论云南边贸》《论中国师范教育》《社会主义发展史纲》。

每次回到青林寺村，廖贵仁都不忘向乡亲们探讨优秀的青林寺文化，并积极为家乡的文化建设出谋划策。

艺文杂记

青林寺村是谜语的世界、谜歌的海洋。谜语文化从走出青林寺村那一刻开始，就得到了各级领导、专家、学者高度关注和充分肯定，并在社会上产生了极大反响。全国民间文艺界专家学者先后多次深入青林寺村开展田野考察，无不为青林寺谜语的魅力所折服，纷纷撰写研究论文和评论文章。此部分选录了9篇有代表性优秀文章，从民间文学、民俗学、语言学、方志学等各个领域对青林寺谜语进行了深入的研究、阐述。向世人展示了青林寺谜语集娱乐性、趣味性、知识性于一体的独特艺术魅力。

同时，此部分还收录了千百年来青林寺村民口头传承的地名故事、传说以及流传至今的良好家风家训。这些故事、文章乡土气息浓郁，地方特色鲜明，从各个不同侧面展示了青林寺村的古今风貌。

◉ 青林寺谜语研究文章

“中国谜语村”青林寺村的考察报告

贾芝　杨亮才　冯志华

青林寺村是鄂西宜都市（县级市，隶属宜昌市）高坝洲镇的一个自然村落，位于清江与长江交汇处。其清江对岸属长阳土家族自治县（隶属宜昌市），通旅游艇、民间渡船；长江对岸10千米即三峡机场，上行则达宜昌火车站、三峡大坝。交通较为便利。

该村地处丘陵地带，面积12.4平方千米，地貌特征为“七山二水一分田”；人口980余人，分为4个组共285户；民族构成以汉族为主，兼有少量土家族（嫁入、迁入）。

青林寺村紧邻城背溪新石器时代遗址（今属宜都市红花套镇），该遗址距今有7500年历史。村落因始建于盛唐时期青林寺庙而得名（寺庙曾经历朝修缮，抗战时期废，“文化大革命”中被毁，残存部分一度改做村办小学。现仅存地基、阶石、墓碑）。环绕该村的清江碧绿亮澈，村里山清水秀，稻蔬自足，橘园满坡。

一方水土养一方人。谜语、故事、民歌、栽秧锣鼓、采莲船、高跷、坐丧鼓等多种形式的民间文艺，在该村祖辈相传。随着改革开放的深入，商品经济的发展，部分民间文艺的形式开始消失，但谜语、故事、民歌、坐丧鼓依然沿袭不衰。尤其是具有启动幼儿智慧功能的谜语，至今仍伴随着村民的生活。特殊的地理环境，深厚的人文底蕴，使该村得以不断地向社会输送优秀人才。当代以及《文心雕龙》的著名学者、先后执教于复旦大学、武汉大学的吴林伯教授，荣获斯大林银质奖章的哲学专家廖贵仁教授（云南师范大学）以及从事导弹射程研究的骆志明博士（现居美国），均生长于该村。目前在外工作或就读的大学生占全村人口的 5%。

一、青林寺谜语是我国民间文艺的瑰宝

在青林寺村周围的村落以及和高坝洲镇毗邻的乡镇、宜都周边县市的广大农村，谜语活动普遍存在。鄂西地区的猜谜活动源远流长，民间习惯用传统谜语启迪幼儿心灵智慧，使成年人之间猜射取乐。考察村民参与面之广泛，谜语活动之活跃，现存的传统谜语数量之大，谜语传人的人数之多，均以青林寺村最为突出。

1. 在青林寺村，除开还不懂谜语的婴幼儿，目前参与谜语活动的男女老少占全村村民总数的 95%；其中，掌握谜语 1~10 则的近半数，11~30 则的约占 30%，31~100 则的约占 15%，100 则以上的约占 5%。宜都市民间文艺家协会专门设了青林寺分会（该市唯一一个分会），宜都市文联并授予该村 13 个农户“谜语之家”称号。在宜昌市民间文艺家协会有 14 个县市区和市直单位、高等院校的民间文艺骨干共 28 名理事组成的理事会中，青林寺一个村独占 2 名。该村现有湖北省民间文艺家协会会员 10 名，是全省会员最集中的村落。

2. 谜语活动，与该村村民的生态环境和生存状态关系密切。这里气候宜人，无霜期长，雨量充沛，所产水稻、油菜、柑橘、茶叶等多种农作物及其栽培、加工程序、加工工具和天文地理、岁时节令、动物植物、服饰器皿等方方面面，在该村传承的谜语中均有反映；近些年来已不再使用的灯盏、砻子、柴皂角等土器旧物，传统谜语依然将其形色功能完整地保存下来，至今可见历经了千百年历史的沧桑印痕。该村已出版的 4 部谜书，乡情浓郁，堪称该村物候出产、村史村俗的小百科全书。

3. 青林寺谜语，谜面与谜底地域文化特征鲜明。生活习俗、方言口语，在各类谜语、谜歌中有生动的展现。谜底为“请入席喝酒”的谜语，谜面为“四四方方一方田，田里开了十口堰；十六条乌龙去洗澡，一个青猴子来拜年（四句分别指方桌、十大碗菜、八双筷子、一壶酒)”，集趣味性、娱乐性于一体，随口便道此谜者不分老幼。“请坐”“请喝茶”等等平常的待客礼节，在该村无一例外地融入谜语，深入各家各户。

4. 该村谜语依托传统，兼容创新。在该村流传的谜语、谜底有拖拉机、脱粒机、喷雾器、拉链、收音机、电扇、电话、计算器、电冰箱、电脑这些有不同科技含量的农用机械、家用电器，自20世纪50年代起，陆续进入青林寺村民生活、村民视野烙有不容置疑的现代印记。尽管新谜语、新谜歌创作加工的时间不长，经受村民谜语、谜歌活动检验的次数相对较少，整体质量还难与同久经岁月磨砺的传统谜语、谜歌平起平坐，但其内含的丰富的时代社会信息却令人刮目相看。更为重要的是，新谜语、新谜歌，成批地表现出民间谜语与时俱进的真实形态（包括创作初始阶段的和流传加工阶段的），折射出青林寺谜语持久不衰的民间基础，同时反映了该村谜语传人秉持传统进行创新的功力。该村能即兴编创新谜者，现有10余人，年龄大多在30~60岁之间；我们现场考察时，能即兴编创新谜者到场5位，他们都在15~30分钟内为首次见面的来访者编了姓名谜。村民杨士全、赵兴寿，在30分钟内分别为首次见面的来访者们编出了3个、4个姓名谜。

二、对青林寺谜语的抢救历程

1.1999年以来，青林寺村的谜语已集结出版了4部，十分宝贵。该村谜语的采录工作始于中国民间文学集成工作的中期，1990年，该村青年农民丁开清在宜都市文联的指导下开始全面采录流传于本村的谜语。第一批共收集了1200余则。采录期间，家境窘迫的丁开清曾一度被人视为不务正业，家人亦缺理解、妻子离异，丁开清辛苦记录的部分手稿被妻子在离开前夕焚毁；宜都市文联负责人上门同高坝洲镇党委、政府磋商，镇党委、政府果断决定减免丁开清的统调工，接着村里将支持丁开清采录纳入村支部、村委会工作范围，鼓励丁开清并对他进行照顾。丁开清坚持不辍，不分寒暑继续收集，后被称之为“谜痴”。1997年，宜昌市文联、宜都市文联与负责高坝洲库区移民工作的宜都市移民局会商青林寺谜语有关情况，移民局更加坚定了抢救库区文化遗产的信念，加大力度参与编辑出版工作。宜都市委宣传部、宜昌市委宣传部相继将《青林寺谜语选》纳入“五个一工程”重点项目。随后，宜昌市文联、宜昌市民协向省文联、省民协汇报此项工作进度，得到省文联、省民协的关注和重视。1998年，谜语选集在省、市谜语研究者的帮助下完成勘误分类，选定981则，编为《青林寺谜语选》出版。

《青林寺谜语选》是我国有史以来首部关于一个村落的谜语选集。两年后，中国文联出版社出版了《青林寺谜语选（续编）》（1142则，20.5万字，2001年1月第一版）。同年7月，湖北省民协正式命名青林寺村为“湖北省谜语村”。2002年2月，中国民间文化遗产抢救工程研讨会在北京召开，3月，贾芝先生为青林寺村题名“中国谜语村”。4月初，宜昌市召开民间文化遗产抢救工作现场会议，部署全市抢救工作；4月下旬，湖北省三大民间文化村（伍家沟故事村、青林寺谜语村、吕家河民歌村 ）首次工作会议举行。5月，大众文艺出版社再版《青林寺谜语选（精选本）》。

2002年8月，《青林寺谜歌选》由中国文联出版社出版，该书辑录青林寺谜歌1483首，附谜歌曲谱10首，为我国首部附有曲谱的谜歌选编。前述3部谜书的采录者为丁开清，此书为该村另一村民赵兴寿采录。今年60岁的赵兴寿只有小学文化程度，曾任村民小组长、村会计；他自幼受环境熏陶参加谜语活动，年轻时即是村俱乐部、村业余剧团的骨干，步入中年后应村民之邀兼做红白事的支客、督管，此类活动促使他真正成为本地民俗、民间文化的行家里手。2001年初春，赵兴寿受本村丁开清采录谜语的启发，驾轻就熟，采录他所熟知、常见于该村薅草锣鼓、栽秧锣鼓、坐丧鼓、踩高跷等姊妹艺术中的谜歌。省、市的谜语、歌谣研究者联手帮助进行课外分类，半年后即付梓出版。

2. 宜都市文联、宜都市移民局一步一个脚印，为抢救青林寺谜语做出了重要贡献。由于青林寺村位于清江梯级开发工程（湖北省水电建设重点项目）高坝洲电站库区的主要淹没区域，建成后的库区将淹没该村土地1000余亩，移民人口达830余人，该村谜语、谜歌等韵致独特的传统文化之传承现状还能维系多久？宜都市移民局以局长、党组书记裴学明为首的一班人明确意识到时不待人，一面积极向湖北省、宜昌市移民局申报文化遗产保护项目，一面在宜都市委、市政府支持下与市文联一道组建了库区文化遗产抢救开发协调小组，紧抓不放。该局自1998年全面参与文联、宣传部对青林寺谜语的抢救工作以来，投入了大量精力；湖北省、宜昌市移民局肯定宜都市移民局的全局观念、责任心和紧迫感，拨付了专项资金，1999—2002年，青林寺的3部谜书得以相继出版。

2002年6月，在宜昌市第二次文代会上，市委宣传部表彰全市委社会文化建设做出重要贡献的先进典型，裴学明名列榜首。在2002年11月的湖北青林寺谜语研讨会开幕式上，湖北省民协宣读表彰文件，对裴学明专门进行了表彰。

3. 宜都历来重视对民间文化的保护与开发，始终如一注重弘扬民间优秀文化。围绕挖掘、保护青林寺谜语，先后多次召开专题会议。2002年11月1日，举办了湖北青林寺谜语学术研讨会，全国50多位专家学者汇集宜都，专题研讨青林寺谜语文化现象，充分肯定了青林寺谜语文化为我国民间文化所做的贡献。

通过有关专家、学者的多次研讨和赴青林寺村实地考察，一致认为，湖北宜都对青林寺谜语的抢救工作是扎实的，是全国实施民间文化抢救工程的先锋和范例。

4. 青林寺谜语具有世界意义，是值得我国和国际组织予以认真关注的口述和非物质性人类文化宝贵遗产。对该村的谜语、谜歌、谜联、谜语故事、谜语竞猜比赛活动，无论是从民间文艺学、民俗学、还是从文化学、社会学、人类学、美学、哲学、伦理学的角度研究，都有独到的价值；该村谜语的“现在时”状态，和业已出版的4部谜书，在全国独树一帜，丰富了中华民族传统文化的宝库。

（原载《中国民协会刊》 2002年11月）

青林寺谜语的独特光彩

刘守华

最近集中阅读了丁开清采录的《青林寺谜语选》和《青林寺谜语选（续编）》，4月26日又到青林寺村访问了10多位谜语高手。面对景色壮丽的清江，探访气势恢宏的青林古寺遗址，同这些喜爱谜语的村民在欢声笑语中猜谜和即兴编创新谜，沉浸在青林寺村浓重而温馨的民间文化氛围之中，对青林寺谜语所构造的艺术世界似乎有了更深切的感受。谜语本是深受民众喜爱的一种民间口头文学样式，但由于它篇幅短小，往往不为人们所重视。实际上它是种短小而精致的口头文学，不仅有其独特的思想艺术价值与社会文化功能，而且源远流长，凝聚着民族的丰富智慧和美好情趣。谜语的流行是世界性的，中国的谜语艺术格外发达，南朝刘勰作《文心雕龙》，设“谐隐篇”专论谜语，可见早在1500年前谜语制作已达到成熟境地。最早的谜语，可追溯到公元前5世纪的孔子时代。关于谜语的特点，有多位学者论及，如刘勰说：“谜也者，回互其辞使昏迷也。”即有意用拐弯抹角的词语来描述事物特征以迷惑人们，须经一番揣摩才能猜中。“五四”新文化运动以来，更有多位学者关注民间谜语。周作人说：“谜语体物入微，情思奇巧”，特别是对少年儿童，在猜谜中“索隐推寻，足以开发其心思”。顾颉刚说：“谜语是民众最精炼的写生手段，它能在三两句中把一件东西的特点性质指出。”又说：“谜语隐语是他们的智慧的钥匙。他们可以把谜语和隐语用来表现自己的智慧，用来量度他人的智慧。”乌丙安说：

“谜语不仅是人民智慧的产物，同时也是测验培养人们智慧的艺术手段。”近年一位多年从事谜语研究的学者王仿对民间谜语的特征及其功用作了既简明而又完备的解说：“民间谜语是事物特征的概括的描写或形象的表现，出谜者通过观察、比较、选择，寻找出能够跟其他事物相区别的特征告诉猜谜者；猜谜者以它为线索，通过思考、分析、辨别，找出本来的事物。出谜、猜谜双方通过猜谜活动测验智慧，锻炼智力。”民间口头文学中有多种样式，有的以叙说新奇故事引人入胜，有的以抒写强烈感情激起共鸣，民间谜语则是将智力游戏、知识教育和诗情画意融为一体，以最为短小精悍的语言形式来包容大千世界与人类智慧的一种特殊体裁。它是民间艺术百花园中的一朵小花，又是一朵千年万载永不凋谢的山野奇花。我们只有对民间谜语的独特价值有了正确认识，才能对青林寺谜语给予恰当评价。

青林寺位于宜都市西南部长江与清江的交汇处，是湖北省清江高坝洲电站库区重点移民村。全村共有5个村民小组，328户，1100余人。本村因初建于盛唐、扩建于明代中叶的青林古寺而得名，这里曾是香客云集，人文荟萃之地，汉族和土家族居民世代和谐共处，形成丰厚的民族文化积淀。谜语、谚语、歇后语和故事传说在这里都很流行，而村民最为喜爱的却是谜语。

1. 青林寺谜语不仅数量丰富而且品类繁多。丁开清编选《青林寺谜语选》时，从1200多则谜语中选录981则，续集从2000多则谜语中选录1142则。两书所录就达2000余则，有关材料称这里人们口耳相传的谜语达到4000余则至5000则，是真实可信的。在这些谜语中，从内容上看，从天地日月、飞禽走兽、花草树林到人体器官、饮食服饰、日常用具，凡是人们感官所及，生产生活所享用的东西均有涉及，可以说包罗万象。从语言形式上来观察，既有格调谨严的歌谣体，也有字句结构随意变化的自由式；既有以直叙、比喻来构成的，也有会意、谐意手法的运用；既有以单一对象为谜底，也有以一连串相关对象为谜底，还有谜中套谜的“连环谜”等。

在通常情况下，乡村流行的主要是与民间生活相关的物谜、事谜，至于字谜则流行于文人群体之中。青林寺村民却是雅俗并举，字谜也很流行，成为激发孩子们读书识字兴趣的重要手段。此外，一般乡村只限于口头传承现成谜语，青林寺村却有一批编创新谜语的高手，能够将现代生活中出现的机械、电器等等制成谜语，甚至对来访的客人，可即兴将其姓名编成谜语，如“远看一条牛，近看无轭头，五谷都不吃，能拉东西走”（拖拉机）；“四四方方指挥台，红橙黄绿点将牌，胸中自有百万兵，手指一按答案来”

（计算机）；“小小理发店，顾客在里面，身子转几圈，理得尖又圆”'（削刀笔）。将拖拉机、削笔刀和计算机这几样新事物作为“稀奇货”来描述，既有民间谜语的本来魅力，又切合这些东西的特征与性能，在猜谜中增长了人们的见识。新谜语的创作不仅显示出青林寺村民制作谜语的技术很熟练，更表明他们有学习新知识，接受新事物的开阔胸怀，显得十分难能可贵。

2. 青林寺谜语有较高的文化与艺术品位，许多优秀之作“体物入微，情思奇巧”，在叙事状物时巧妙地融入诗情画意，显得意趣盎然。例如：

夫妻双双同出门，不带铺盖不带银，

高梁大屋我有份，生儿育女转回程。（燕子）

用人来比喻燕子，夫妻空着手出门闯荡世界，住上了高梁大屋，最后还带着儿女转回家门。它实际上是一首优美的咏物诗，作品不仅流露出对燕子这种益鸟的亲切赞美之情，更展现出一种以自己的勇敢智慧创造美好人生的乐观开朗情怀。这篇谜语诗，不是正好成为这里因兴建电站而移民他乡的那些村民们积极心态的写照吗？再如：

黄金包白银，山里可以寻，

看它蛮平常，真是爱死人。（金包银米饭）

谜底是鄂西山区人们常说的一种饭食，用玉米面和大米混合做成。人们除了用“黄金包白银”来赞美它之外，还情不自禁地道出：“看它蛮平常，真是爱死人”。朴实话语中洋溢着对家乡风土人情的挚爱，成为寓教于乐的精美之作。又如：

两个口袋一般长，里面装有万年粮，

文武百官都吃过，皇帝也要尝一尝。（乳房）

谜底是女性的乳房，用“万年粮”来比喻源源不断的乳汁：不论是“文武百官”乃至旧时代至尊至贵的“皇帝”莫不是在母亲怀里吃奶长大。当这一则谜语从山村女性之口在孩子面前道出，你完全可以想象出她们是怎样沉浸在母性的自豪与欢乐之中！同时它也发挥着培育孩子尊敬和爱戴母亲纯真感情的作用。还有：

头上顶个方家伙，手里拿个弯家伙，

背心披个花家伙，指到天上打胡说。（道士做法事）

这里“家伙”指物体，“方家伙”为道士帽，“弯家伙”为法器，“花家伙”为道袍，“打胡说”指诵经念咒向神祷告。这是用俚俗口语编成的谜语，描述道士做法事的情状，含有对这种迷信活动的蔑视与嘲讽，诙谐成趣，别具一格。由于社会文明的进步，明清以来的故事、笑话，常以从事迷信活动的和尚、道士为嘲讽对象，青林寺谜语中的这类作品，也汇入到表现下层民众民主与科学意识逐步觉醒这股新思潮的口头文学之中。青林寺谜语中的佳作甚多，这里只能略举数例，以见这个山村从谜语中透出的艺术智慧和文化底蕴。

3. 青林寺能够成为一个著名的谜语村，固然得力于丁开清近10年的辛勤采录，以及宜都市移民局、宜昌市和宜都市文联的大力扶持，使两部谜语集得以出版发行，但归根结底是这里的村民对猜谜这种民间文艺活动情有独钟，痴迷成风，给这一民间文学花朵的繁茂生长提供了肥沃土壤。据村干部介绍，村民十分喜爱谜语，“全村上下，不论男女老幼，随时随地都能相互比试自己的得意之作。掌握谜语1~10则的村民占50%，10~30则的占30%，30~100则的占15%，100则以上的占5%。”我4月26日去村里采记，刚说出“我也来猜几个谜语”，周围的男男女女便争先恐后地向我开炮。一个说：“一个小姐爱风流，爱了风流想飞走，要想飞走又不行，只因把柄在人手”。我猜中是“风筝”；另一个说：“一条黄龙几丈长，住在草包山顶上，四五六月出来晒太阳，十冬腊月进洞去乘凉。”经人提醒我猜中是“草帽”。接着一位老汉道：“说它大来也不大，个个见它把嘴爹，皇帝见它不做官，小姐见它不绣花，叫花子见到它米也不讨哒。”我当成物谜来猜，怎么也想不出从叫花子到皇帝都喜爱的这件东西是什么，引得大伙一阵哈哈大笑，经他们破解，才知道谜底是“瞌睡”，这真是“一时欢乐一时愁，一时想起不对头，若是想得门门到，自解忧来自解愁。”男女老幼相聚，在欢声笑语中猜谜，竞巧斗智，沟通心灵，给人以无限快慰。

这里村民喜爱猜谜有久远传统。现已60岁的廖会远老人，年轻时就是靠猜谜来喜结良缘的。她告诉来访者，当年提亲的人踏破了她家门槛，家里的人拿不定主意，便索性将几个小伙子请到家中，由她出了一则难度较大的谜语让他们猜。谜语是：“偶因一语（雨）蒙抬举，反被多情（晴）又别离；送得郎君归去后，独倚门头泪淋淋。”只有李绪安一人当场猜中是“伞”，于是两人结成夫妻，恩爱至今。村里办红白喜事，乡亲聚会，猜谜是少不了的娱乐活动，甚至在两支迎亲队伍“狭路相逢”之时，所采取的办法也是用猜谜斗智来分输赢，输家让路。猜谜已融入当地的乡风民俗之中。

我在那儿随便同几位村民攀谈起来，他们说：“旧社会，没有收音机，没有电视，老人引伢们猜谜，过得又快活又能提高智力。”“我们这里的人出门搞建设，不赌博不打花牌，就兴猜谜，有益无害。”青林寺这个小山村人才辈出，有大学教授，驻外使馆的文化参赞，从事高科技研究的博士等等，大概每20人中就有一个大学生。这当然是同新中国成立后文化教育事业的普及分不开的，追索起来，蔚成风气的猜谜活动对开启心智加强文化熏陶所产生的积极作用，也是不可低估的。

我自己十分喜爱谜语，1958年作为华中师范学院的青年教师下放到宜昌草埠湖农场劳动锻炼时，劳动之余就同来自宜都、长阳、枝江的几位农工猜谜，采录到500多则谜语，并有一部分被《民间文学》杂志选载。80年代初写成《民间谜语琐谈》发表在宜昌出版的《屈风》1983年第1期，借以表示对这些青年朋友的怀念。据丁开清说他读过《屈风》上的文章并受到启发。此文发表后意犹不尽，又写成《重视谜语的学术价值》发表在《民间文学》杂志1983年第11期上，该文意在纠正当时有的学人认为谜语不过是旧时代民间生活的记录，因而已丧失其社会文化价值的误解，其中一段重要论述是："在社会变革中新旧事物的新陈代谢是好事情，我们不必为许多古老陈旧事物的消亡而惋惜；但历史科学要研究过去全部社会生活，探讨新旧事物变化发展的规律，在历史博物馆中应给这些东西以一席之地。因而除了实物具有保存价值外，谜语中所描述的实物的形状、特征以及人们在使用欣赏它们时的态度与情感，也具有特殊意义。作品与实物结合，相得益彰，可以借此更好地了解过去社会文明发展的水平。"青林寺谜语中有关"走马灯""皮影戏""三眼铳""石牌坊""织布机"（老式）、"抬花轿""舂碓""推磨"等谜语，就含有用口头文学语言构筑的民俗博物馆的特殊价值，对这类谜语也应很好地采录和保存。

湖北省接连涌现民间文学蕴藏丰厚的民间文化村，丹江口市伍家沟村是紧接着河北耿村开发出来的民间故事村，早已知名于海内外。近年武当山官山乡吕家河村，又被民间文艺学家认定为"中国汉族民歌第一村"。如今宜都市青林寺村则以富有传承和制作民间谜语的深厚传统，堪称"中国谜语第一村"。以上3个民间文化村互相辉映，不仅是湖北省民间口头文学的亮点，闪射出楚文化的灿烂光辉，也是具有世界意义，值得我国和国际组织予以认真关注的口述和非物质性人类文化宝贵遗产。

（原载《三峡文学》2001年第5期。刘守华，华中师范大学民间文化研究中心主任，文学院教授，湖北省民间文艺家协会主席）

为青林寺谜语村拍手叫好

陈仁梁

10 年前，湖北的民间文艺家在丹江口市，发现一个伍家沟故事村。前几年又在十堰市，发现一个吕家河民歌村。现在宜都市青林寺村，由本村一位农民搜集、整理，由国家出版社正式出版了两本《青林寺谜语选》。这个村差不多人人会说谜语。据统计，全村掌握谜语 1~10 则的村民占 50%，10~30 则占 15%，100 则以上的占 5% ，1000 条以上有丁开清一人。经过省内外民间文艺专家多次考察，鉴定为谜语村。最近笔者参加了一次考察，证实上述鉴定是名副其实的。欣慰之余，为鄂西山区又出现一个谜语村拍手叫好！按群众文化分类，青林寺谜语活动是一种典型的村寨文化。所谓村寨文化是指以村寨为单位进行的群众性业余文化活动。村寨文化是客观存在的文化现象，是人民群众在长期的历史发展中创造形成的。不同村寨，不同民族，文化形式也迥然不同。青林寺村的谜语活动有其独自的文化特色，确实值得称赞乐道。

第一个最突出的特点，它是由本村农民自己搜集整理成书的。伍家沟故事村、吕家河民歌村，都是民间文艺专家搜集整理出来的。当然由民间文艺专家搜集整理民间文化艺术，也是应该称赞乐道的，何况是社会主义时代的文艺家。在我国自古就有文人深入民间采风的传统。在长期的封建社会里，农民没有文化，但是他们在从事物质生产时，从来没有间断过精神文化的创作。他们采取口头传播，一代一代地承袭、繁衍。因为没有记录，绝大多数被历史淹没了、消失了。一些文艺家或多或少地记录了一部分。这就是我们尚能看到的古代民间文艺作品。丁开清是一个农民的儿子，从小就喜爱听谜语、猜谜语。后来上了学，仍然经常找人说谜语。他有了文化以后，开始萌发要把农民的谜语写下来的意念。这时他开始由喜爱变为自觉的行动。20 岁出头的小伙子，整天跟这个找那个说谜语，被人看成不务正业、游手好闲之徒，受尽屈辱。可是他仍然坚持自己的志向，跋山涉水，走东家串西家，或者把自己锁在自己营造的“谜宫”里。最令他伤心的是，他前妻不理解他，迫于生活的窘境，一怒之下烧掉他多年采集的 1000 多则谜语。他怒骂道 :“你烧我的房子，家具都可以，就是不能烧我的谜语”。前妻离他而去以后，他又花了整整一年半时间补上被烧掉的那些谜语。他是个大家庭的主要劳动力，上有年老的父母，下有四个妹妹。他是全家人的生活支柱。可是他热爱农村，热爱农民，热爱他们的创造。他在民间文艺专家的指导下，深入进去后，就一发不可收拾。10 年寒暑，3000 多个日日夜夜，白天生产，夜晚采录 ;

农忙务农，农闲写书。全家人的生活在当地比较，不能说富裕其实还比较清苦，但都很支持他的理想和志气。我在《宜都报》上看到刊载丁开清的事迹的照片，大热天他把自己关在屋内，打着赤膊，汗流浃背，埋头写作的情景，感想万千！一方面庆幸在社会主义中国农村，居然有农民为农民写书了。同时为还没有彻底甩掉贫困帽子的农民，有这样的汉子，不畏艰苦，不怕寒暑地为农民写作，真是无比地敬佩！据说他写作的稿子纸，堆积起来快有他成年妹妹的身高。他的第一本书一出版，就获得宜昌市第四届屈原文学创作一等奖。他本人被选为宜都市民间文艺家协会副主席，还被推选为参加全国民协代表大会的代表。丁开清的出现，他搜集整理的两本书出版，标志着农民真正成了文化的主人。他们创造的精神文化财富，再也不会被埋没了。随着农业的现代化，社会主义新农村必将发生日新月异的变化，农民的生活必将从小康走向富裕。我们坚定地相信，在不远的将来，像丁开清这样有理想、有道德、有文化、有纪律，既会生产、又会工作、也懂创作的农民，会像泉水一样地涌现出来。有这样的新农民建设、美化社会主义新农村，人间还有什么奇迹不可以创造出来呢？

第二个特点是把传统文化融入现代生活的创作中。制作、竞猜表现青林寺的谜语，表达热爱家乡的浓厚感情，是村寨文化的普遍现象。青林寺村的文化是多种多样的，尤以谜语突出。我从事群众文化工作 30 余年，在一个村的范围内，农民谜语活动达到这样的规模和水平，为首次见闻。我接触青林寺谜语村，最先是在去年《湖北日报》上看到它的介绍。当时只感觉这个谜语村不简单，并将这个版面的谜语剪贴下来，作为继续观察的资料。我没有专门研究过谜语，但我很看重谜语这种文学样式。我以为它是东方文明宝库中的一颗明珠，它运用比喻、借代、想象和拟人等多种文学手法，把古今中外、天地万物，大到宇宙空间，小到原子微观，都用完整形象反映出来，给人以想象、启迪、智慧和愉悦的享受。你看描述猜谜活动的谜语：“几句一提，想东想西；若是想起，包你有趣。”真是有趣！再看描写出谜、猜谜的情形：“先生坐中央，学生围身旁；先生出题学生对，文章没得题目长。”一则谜语简直就是一部“微型文学作品”。谜语在我国具有悠久历史，尤其是灯谜活动，遍及我国城乡，成为群众喜闻乐见的节目、喜庆活动。但像青林寺这样一个方圆 10 多平方千米、1000 余人口的村庄，了解它的历史，调查它的现状，查一查它和外部世界的联系，进而看一看长江大三峡，特别是峡江地区巴楚文化的积淀，你就会发现：谜语的出现，虽然有很多偶然因素，却又是必然的结果。

谜语不同于讲故事、表演活动。讲故事、表演是一人或少数人主动创作、表演，而绝大多数人是受众对象。尽管听众和观众的观看和欣赏，也是一种积极的审美活动，也需要与表演者心灵沟通与配合，但他们毕竟不需要与表演者立即进行应对。然而谜语活动就不同了，它要求双方互动，彼此力争主动。制作方科学构思、巧妙隐藏谜底，竞猜方则紧扣谜面，捕捉形象、揭露谜底，构成一场智慧的较量。既提高了文学素养，还培养了平等、竞争意识。从村名即可看出这个地方的古老。据说青林寺兴建于盛唐时期。在我国封建时代，各地的寺庙文化兼有采集民间风俗文化和传播帝王旨意的庙堂文化双重任务。当地的村民在各种因素的引诱下，不少民众就成了它的香客，广大人民群众通过各种渠道，很自然地受到这两方面文化的洗礼，一代一代熏陶感染，绵延不绝。寺庙也是历代文化名人汇集的地方。他们通过游历、考察、访问、采风俗、观民情，再把他们创作的文艺作品传播到民间，又成为人民群众模仿、创作的借鉴。青林寺也不例外。宋代著名文人苏东坡就曾歇住过青林寺，他还为该寺留下一副对联，至今还被这里的人们传为美谈。寺庙早已毁灭，可是留在人们心目中的记忆，依然清晰地保存着它古老清香的形象。我们考察中随时询问寺庙旧址，没有人说不知道的。以青林寺是谜底的谜语，不知有多少，仅《青林寺谜语选（续集）》中，就收录了5则。真可谓妇孺皆知！这里的人们以是青林寺人为荣耀。但他们更热爱现在的青林寺村。有一则谜语是描述现貌的："清江水截流，两岸不出头，山上有庙宇，人在画中游。"从青林寺村出去的人，仅现代在外边工作的教授、天文学家、导弹专家、研究《文心雕龙》的学者等，就有20余人。只有热爱家乡，才能建设家乡。深厚的文化传统，给这里的人们以巨大压力，也是推动人们前进的巨大动力。谁都不愿意给青林寺人丢脸！必须有所创造，有所发明，有所前进。

第三个特点是，青林寺谜语活动是美化家乡、建设家乡的强大精神动力。青林寺村是清江高坝洲水电站蓄水的库区，6个形状各异的绿色岛屿点缀在蓝色的人工湖面。登上山顶小学的楼顶鸟瞰全村，一片山清水秀，花果飘香的田园美景。农民赵兴寿是这样用诗赞美自己家乡的：观音岩上岩成双，笔架山下渡慈航；湖水如镜映倒影，满山飘洒花果香；层层梯田卷绿浪，画舫飞舟穿梭忙；莫道桂林甲天下，还看青林赛苏杭。300多户人家以生产茶叶、林木、粮食、蔬菜为主，多种经营门路也很广阔。距离宜昌市猇亭区和宜都市陆城都近在咫尺，车装船载十分方便。这里又是历来上恩施、入四川的门户，人来人往，货物畅流。所以这里的人们社会接触广泛，知识丰富，思想比较活跃。

与我们一起座谈的，年龄最大的75岁，最年轻的不过20多岁。从现场观察看，参加座谈会的20来人，差不多都会制作谜语。随口说出的谜语，也是出口成章。宜昌市文联副主席王作栋，把考察组成员姓名，写在一张纸上递给他们传阅。有个30多岁的妇女瞄了一眼，她拣出一个姓名，随口编出一则谜语。接着三三两两，比比画画，对这些陌生人的姓名，分别制作成谜语。有的雅，有的俗，对字面的形容栩栩如生。开始主持人有点担心，与我们座谈会不会怯场，可是大家一起猜谜、制谜，很快融为一体。犹如故交，以至谈一些隐私密语也毫不避讳，表演、谈吐落落大方。有的谜语描述青林寺水路交通发达；有的谜语描述人民生活状况、吃的、穿的丰富多彩；还有不少谜语取材于古典诗词，遣词造句也是文绉绉的。

先进文化是推动生产力发展的强大精神动力。这点被愈来愈多的人所认识。就说为《青林寺谜语选（续编）》举行首发式吧，宜都市委、市人大、市政府以及市文联、文化局、广播、新闻、电视台等，都来为一个农村的谜语书呐喊助威。特别值得一提的是，市移民局对青林寺谜语的厚爱，令我们叹服。移民局局长说，移民搬迁了，安居了，生活也好起来了，照说我们的任务也就完成了，但是我们后来反复思考这样一个问题：每个移民区遗产和特色是什么？青林寺村的谜语就是它的遗产，它的特色。这是一种高级的农民田园文化，是农民传授知识、接受传统文化的创造性活动，是通过智力竞技，增长智慧的有效方式，是建立人们文明交往，培养高尚情趣的行为规范。还可以用来旅游开发呢！正如一些学者所说，这绝不是几则谜语的问题，而要看到农民精神文化的翻身。精神力量是可以转化成强大的物质力量的，这是不容怀疑的真理。高坝洲镇文化站从一开始就积极支持丁开清搜集谜语活动，尽全力帮助他排除困难，民间文艺专家、宜昌市文联副主席王作栋得知丁的计划始，就登门指点、辅导。用丁开清的话说，向王作栋借专业书籍，已经记不起回数了。宜都市电视台的同志们，看到丁用纸烟盒背面写稿，便无偿提供稿纸，并利用宣传媒体为之助力。综观这些现象，我想，要不是社会主义这个大家庭的关爱，别说宣传普及谜语活动，更难说搜集整理出版了。在此之前，谁能听说一个农民为自己的村庄写书呢？如果有的话，那才是天方夜谭呢！

（原载《中国湖北青林寺谜语村》，2001年7月。陈仁梁系研究馆员，中国群众文化学会理事，省群众文化学会会长，省民间文艺家协会副主席，省民俗学会副会长）

智慧、情感与想象力的传统载体

——《青林寺谜语选（续编）》序

王作栋

继我国第一部关于一个村落的谜语选集《青林寺谜语选》1999年出版之后，相隔不到两年时间，采录者、青年农民丁开清又在宜都市移民局、文联等单位的支持下，推出了该书的续编，为中国民间谜语宝库又增添了一块璞玉。这两部散发着浓郁乡土气息的谜书，向民间文化研究界证实了迄今活跃在农民大众口头上、有着悠久历史的谜语，许多还未经采录在案；青林寺谜语的发掘工作得到诸多学者和相关部门、当地政府的关注，是蕴藏在一个村落的民族民间文化财富得以为社会长期共享的幸事。传统谜语历久不衰，两部谜书共选入谜语2123则，大部分为传统谜语。赋体、比喻、拟人、借代、蝉联、谐音、双关、颠倒、拆分、提问等多种手法，在青林寺村流布的物谜、事谜、字谜、地名谜、连环谜中被广泛运用，文字则长短自如，不拘一格。

青林寺的谜语体例，常见的为二行、三行、四行韵文体。如以水为谜底的，“大风吹，吹得动，大刀砍，没得缝”，既有趣味性又朗朗上口；谜面12个字里，“大”“吹”“得”3字重复使用6次，却无累赘之嫌。以柳树为谜底的，“顺插顺生根，倒插倒生根，不插自生根，浮起生吊根”，每句尾上的字均重叠，意思却逐句递进，将柳树易于成活的性能娓娓道出，知识性包容于谜中。这种经过千万人无数次筛选磨砺的妙品，在单行体短谜中也为数不少。单行体短谜只抓对象的一个主要特征，表述寥寥数言，如猜丘陵地带常见的爬行动物、静卧在草丛的花蛇，谜面为“草里一杆秤”；写蛰伏在墙上的蜈蚣，谜面为“墙上一挂鞭”，用字均俭省且比喻贴切，二则又兼动中取静之效，表现出青林寺民众观察身边事物的细微和口头表述功夫的独到。谜面只用两个字的字谜“八哥”，谜底为兑现的“兑”，亦是雅俗共赏的佳作。

多行体的谜语，除开连环体谜，在已见到的青林寺谜语中，有七八行、上十行、十余行不等。第一部《青林寺谜语选》里，选有达17行的活动谜：“我本住在青草池塘，碰到两个狠心儿郎，杆高头系根索，索高头系个蛇，放在水中，你抢我夺。左手一拉，右手一卡放在布下。钢刀一把，清水一盆，脱蓝衫一件，草鞋一双，走戈平县和宛平县，筷子一双，到衙门，无处申冤。”该谜详细地描述了钓食青蛙的全过程，韵脚随着层次的推进而自然变换，在句和内容不断地跳跃升级之间，含蓄地表达出村民的先辈对益虫不愿杀生的意念，今人传讲或许又下意识地融入了对生态环境的保护立场。另有一则托物言事的物谜，谜面以情感人。14 行 :“生在高山叶叶儿青，没到成年就定亲；蛮汉丈夫不讲理，锯我的身，挖我的心；狠心婆婆从中作梗，捏我的嘴，抓我的身；遇一巧妇来讲情，我才得脱身。问在搞化儿？气冲冲，泪淋淋，只喊烟子熏眼睛。”谜底为厨房用具、竹制的吹火筒。谜面用第一人称，从开言就透出对小媳妇命运的同情，小媳妇到最后仍慑于公婆、丈夫的威势，不敢直言。该谜不掩饰抨击的锋芒，刻画的受尽折磨的弱女子所发出的心声如泣如诉，用语却句句紧扣谜底，耐人回味。它和早已被前人记载，以船篙为谜底的佳构异曲同工，可谓姊妹篇。《青林寺谜语选（续编）》中，有则 12 行的，指向一种生理现象 :“说大不大，说小不小，一不下种，二不长苗，婆婆看到哒车不摇，婊子看到哒客不招，小姐看到哒花不绣，皇帝看到哒脱龙袍，媒人看到哒礼不要，叫花子看到哒米不讨，伢们看到哒满屋里吵，眼睛一闭一了百了。”谜面一韵贯穿始终，将各色人物对同一生理理象的反应集中概括，极尽蝉联铺排之能事，谜底为“瞌睡”。前 4 行虽属“回互其辞”，即同方言俗话中的“瞌睡大”“瞌睡来了如山崩”“瞌睡来无影、去无踪”相关联，言之有据，从中可窥见民间善制谜者逻辑思维的严谨尺度。新编谜语势头可喜，《青林寺谜语选（续编）》引人注目地选入了一部分新编谜语。其中不乏佳作。地名谜“五千米长的杂货店”（十里铺），当产生于关于长度的公制计量单位在青林寺一带被广泛认同之后。简洁新颖的谜面，使一个历经沧桑、所在地旧貌已换新颜的老地名为少年儿童耳熟能详，用拆分法编成的字谜“好婆婆，好媳妇，处处有”（女），随着新型婆媳关系的构建而产生，在逐步口耳相传之间又陆续注入了人们的情感和期盼，内涵远远超出了谜底那个单字的自然人的寓意。以组合法创作的字谜“又到村里”（树），谜面朴素，如人见面拉家常，折射出村民对干部经常深入基层的肯定心态。

青林寺村能即兴编创新谜者约 10 余人，多为中青年。笔者在 1999 年参加该村农历端午节举办的谜语大赛期间，现场考察了杨世全等该村谜事活动之行家里手出口成谜的实力。杨世全（1947 年生）是村里善于即兴创作新谜者中间的一位代表，个子不高，衣着简陋，因为冒雨赶来赛场，裤脚上溅有泥水。闲聊至兴头上，我请他为我和同行的文化界、新闻界人士作人名谜。他与这些人初次见面，逐一问清楚姓名之后，边思忖边动笔。前后不到一个小时，他创作了 11 个人名谜，其才思之敏捷令诸人叹服。但他对新作并不满意，皱着眉头咕哝说“太急了”。诚然，即兴编创的谜语能否传开，取决于在以后岁月自发参与谜事活动的人们是否首肯。《青林寺谜语选（续编）》的编者在编选新谜过程中，商请谜语研究者把关，慎重地舍弃了一批新谜作，留待青林寺民众继续检测；对质量好的，则优先入选。活动谜“大口朝天，小口朝地，吞进黄金，吐出白玉”（机械碾米），物谜“一物到处有，用棒赶不走，眼睛看不见，手摸也没有”（空气）、“一个瘦长子，戴顶皮帽子，肚里黑肠子，日久变矮子”（有橡皮擦子的铅笔）、“屋子长方方，有门没得窗，屋外热烘烘，屋内结冰霜”（电冰箱），字谜“您放心无人猜中”（尔）、“因为自大一点，惹得人人讨嫌”（臭）和上文所举的新谜例，均是经过众人一段时日的磨砺、基本定型的。

活跃在乡村的古代人文谜，西方文化学者林顿认为，文化是一个特定社会的成员所共享并互相传递知识、态度、习惯行为模式的总和。谜语是文化的组成部分，无论制谜者是健在的还是已作古的，是初识文墨的还是满腹文章的，其优秀的谜作都能流传久远。迄今依然活跃在青林寺村民口耳之间的一些古代文人谜，也选入了《青林寺谜语选》和《青林寺谜语选（续编）》。宋曾慥《类说》卷七四载有王安石所作“日”字谜：“画时圆，写时方，冬时短，夏时长”，现今青林寺一带流传的略有变化，谜底为“太阳”，《青林寺谜语选》归入“自然天文类”，谜面为“看时圆，写时方，冷时短，热时长”。又《类说》卷六转录唐段成式《卢陵官下记》所载的“蛙”“蛇”二谜云：“曹著机变有客试之，因作谜云‘一物坐也坐，卧也坐，立也坐，行也坐，走也坐。’著……复作一谜云：‘一物坐也卧，立也卧，行也卧，走也卧，卧也卧。’客不能晓。曹曰：‘我谜吞得你谜。’客大惭。”此二谜，时下在青林寺均为四句，载《青林寺谜语选》“动物、植物类”，谜面为“坐也坐，卧也坐，行也坐，立也坐”（青蛙）、“卧也卧，坐也卧，行也卧，立也卧”（蛇）。其变异，是把唐宋时期二则谜语中同义的“行”与“走”合并，谜面更见简约。

清曹雪芹《红楼梦》第二十二回有谜语9则，其中“风筝”谜为“阶下儿童仰面时，清明妆点最堪宜，游丝一断浑无力，莫向东风怨别离。”青林寺迄今流传的“风筝”谜只变动了一个字，以“身”取代了“浑”（载《青林寺谜语选（续编）》）。此因青林寺当今的方言口语中，“浑”字不单独置放在“无力”前面，改用“身”，一听即明，不用另加解说。

《青林寺谜语选（续编）》选入的谜语中，还有数则大概也出自文人之手。如字谜“卯”“兄是南方猛虎，弟是北海蛟龙。常年不见东方红，饱受五更寒冻。日下红光烁烁，林边绿色葱葱。依稀虎在其中，却叫兔儿射中。”此系词体，体例在青林寺谜语里罕见；谜面从十二地支入题，涉及时辰、方位、属象；文字讲究音韵，且注重方位互衬、色彩对比，全文声色并茂，它有别于青林寺流布的民间传统谜语和新编谜语。此谜借助何人何物何时传入青林寺尚待查考，但它能够长期扎根于这方乡土，无疑与谜面的易于传诵、藏雅于俗相关。

青林寺谜语的特点与人的发展之关系

彭林绪

谜语是人类智慧发展到一定阶段为适应自身需要所创造的口传作品。人类诞生的初期，对天、地、人的来源，对风、云、电雷、彩虹等自然现象都不理解。那时候，任何事物都是谜。后来，发明了熟食，由于食物的改善，大脑量逐渐增加，人类的语言逐渐丰富起来，语言表达方式也多了起来，人类便将世间所有不理解的东西，编织成若干解释世界、解释自然的神话和人类源的神话，解释那些未知的“谜”。谜语与未知的“谜”不一样。它是将已知的事物变成隐喻，让人们去猜。这就需要具有两大前提：一是要具备一定的思维水平，即要具有隐的思维方式；二是要具备一定的语言表达技巧，即要掌握隐与暗示的表达技巧。只有人的智力和语言发展到这样的程度，谜语才会产生。所以谜语是人智慧发展到一定阶段的产物。在古代，人们将谜语称为“廋辞”或“隐语”，一是作为臣子对帝王进谏的工具。《史记・滑稽列传》载，齐国学者淳于髡曾以“大鸟止庭”为隐语，劝齐宣王重振国威；《列女传》载，齐国无盐女钟离春，曾以四个动作的哑谜，陈齐国危难，齐王采纳，并将其立为王妃；二是作为外交的工具如《国语・晋语》载，晋国将军范文子曾猜破秦国使者送来的廋辞五则中之三则；三是帝王检测属臣民智的工具。在土家族的民间故事中，就有土王用哑谜来检测属臣的智慧。未猜中者，有被贬官、被杀头的情况，亦有土民利用哑谜嘲讽土王的故事。刘锡诚在《灯谜说略》一文中云：“谜语源于古代属臣对帝王的讽谏而又不敢直言时的需要，往往用一些把真意隐藏起来的故事或典故以启发或喻示当权者，这种被史书称为‘隐’的故事，就是现在我们所说的谜语。”

谜语产生于何时，无从查考。现在可以考据的，是春秋战国时期诸子百家文献中的“隐语”。上面所举 3 例，皆为春秋战国时期的事。那时著名的教育家、思想家荀况所著的散文《荀子・蚕赋》“已兆其体”。到了汉代，谜语在民间十分流行。《汉书・东方朔传》载：“朔之诙谐…… 行于众庶，童儿牧竖，莫不眩耀。”当时说猜射谜语，儿童都会，道出了汉代谜语活动的普及情况。唐宋是我国谜语的繁盛时期。当时，随着工商业的发展，城市的勃兴，谜语也为适应市民需要而繁盛起来。繁盛的标志主要有三：一是将谜语列入百戏之一，即得到了官场和民间的认同；二是出现了专门说谜的艺人，即专业艺人；三是出现了猜谜场所，即有了谜语的活动空间。南宋孟元老《东京梦华录》记："杂技有……霍伯丑商谜……当时一种游戏之事。商者，一人为隐语，一人猜之，以为笑乐。杂剧中往往有之。"说明谜语在当时已经成了重要的"斗智""娱乐"形式。元明清时期，猜谜之风更盛。主要表现在：猜谜活动已经成为一种社会风习，《红楼梦》等小说中都有谜语活动的记载；出版了专门的谜语作品，如明末冯梦龙编的《黄山谜》等；诞生了研究谜语的理论，刘勰《文心雕龙·谐隐》是我国古代文论中第一篇涉及谜语的重要文献。进入21世纪，湖北省青林寺村以其凸显的谜语文化而享誉全国。自1999年丁开清采录的《青林寺谜语选》由大众文艺出版社出版以来，至2002年的4年中，先后出版了《青林寺谜语选（续集）》《青林寺谜语选（精选本）》《青林寺谜歌选》（赵兴寿采录，中国文联出版社2002年版）4本谜语集，青林寺村被中国民间文艺家协会授予"中国谜语村"的称号，2006年"青林寺谜语"被列入国家非物质文化遗产名录，引起了文化界的广泛关注。笔者于2008年9月、2008年10月，2009年3月先后三次赴青林寺考察，发现青林寺谜语在新时期又有了新发展，这主要表现在两个方面：一是将新出现的事物编做成谜；二是出现了廉政建设、迎奥运等专题谜。

在当代，青林寺谜语的基本功能与特点：

一是娱乐性。在青林寺，谜语是作为一种游艺工具而存在的，娱乐也就成了谜语的基本功能，这也是青林寺谜语的本质属性。谜语的益智功能、审美功能、愉悦功能都是在游戏的过程中实现的，而实用功能则是谜语融入劳动歌与仪式歌之后实现的。首先，人们是因为猜谜有趣、好玩而介入的。谜歌大王赵兴寿告诉我们，他是因为听了"人有我大""天无我大"两则谜语，听来有趣，但苦苦思索又不得解，经人点拨，知其谜底是"一"之后，恍然大悟。随后，便举"一"反三，觉得"一"尚有诸多变化，其余的字要是经千变万化，那会变出多少花样？这就激发了他的兴趣。于是，经他自身的研发，而使字谜、词语谜变化多端。其次，猜的过程是一个测试智慧的过程。人有一种展示自身价值的本能，在这一本能的驱使下，总希望能比别人先猜出来，即使没有第三者，在别人出谜之后，也想尽快猜出来，以展示自身的才华。于是，便把猜谜当作展示自身智慧的一个机会，自动地在这一机会中去一试身手。再次，猜中之后，会感到全身心的愉悦。愉悦中，既包含成功的喜悦，也包含着具有智慧的自豪感、荣耀感。在猜谜中能得到“娱”与“乐”，这是谜语能在青林寺得到普及的一个重因素。

二是益智性。谜语作为展示智慧、启迪智慧、检测智慧的工具，是因为它具有益智性。所谓益智性，指通过谜语活动，可以启迪人们的智慧、培养人们的智慧。谜语益智性的产生，是因为：首先，谜语是一种智力游戏，它的制作、猜射，全都要动脑子。动脑子，有益于智力的开发。其次，谜语能给人以启迪。其启迪作用，从上面列举的赵兴寿对谜语产生兴趣的过程中，可以看出，赵兴寿就是从“人有我大”“天无我大”两则谜语中得到启迪，看到了“一”字的增损离合所发生的变化，意识到其他的字，将会变出更多的花样来。两则字谜使他开了窍，他才会在制作姓名谜、地名谜、词语谜、专题谜时，找出若干的切入点，使这些谜语生动活泼，富有情趣。再次，谜语能培养人的智慧。谜语大王丁开清就是在搜集整理传统谜语的过程中，智慧得到了升华，逐渐成长为宜都市优秀乡土拔尖人才，并荣获湖北省第五届文艺明星奖。

三是知识性。所谓知识性，主要指制作猜射谜语所需用的谜语知识、语言文字知识、文学知识与音韵知识；再者谜语内容所包含的生产知识、生活常识、科学知识、社会知识等诸多方面的知识。只有具备了相应的知识，才能制作和猜射相应的谜语。

四是实用性。青林寺在推船、打硪、打梿枷等生产劳动中，要喊劳动号子，而号子中的谜歌，会起到指挥生产、协调动作、减轻疲劳的作用；在薅草锣鼓中喊谜歌，除指挥生产外，还起到鼓励先进、鞭策后进、祭祀神灵与娱人娱神的作用。可见，谜语在生产劳动中，具有其实用性。

五是仪式性。指谜歌在特定仪式中的运用。在婚俗中，娶亲时，若两支队伍途中相遇，以打“灯钵子”的输赢来决定先后次序。在丧葬仪式中，谜歌进入丧鼓歌，作为悼亡人、慰生者、娱众人的工具。青林寺的丧鼓歌，在丧葬仪式中占有重要的地位，这从三个方面可以看出：一是迎“鼓班”要举行专门的仪式，且仪式十分隆重；二是“鼓班”进门，要先“拜五方”，即敬奉五方神灵；三是丧葬仪式中，以“唱丧鼓歌”这一仪式历时最长。一般唱两晚，每晚需从入夜唱到天明。

六是地域性。青林寺谜语的地域性主要表现在：语言的地域性。青林寺谜语中，将“什么”称作“化儿”，以及句中的“哒”（其他地方亦有用在末尾作为语气助词的，而青林寺一带则常用在句中），为宜都一带的习惯用法。物的地域性。在传统谜语中，青林寺的物谜，无论植物、动物、自然物、农作物、水产物，几乎全是青林寺村内之物。事的地域性。在传统谜语中，青林寺谜语，所写之事，无论是农事、生活事项与文化事项，都是青林寺村内发生的事。只有在20世纪末与21世纪初，青林寺村民接收的信息量增大了，视野开阔了，新制作的谜语才涉及了一些国内大事与世界之事，如廉政建设、奥运会之类的事。

七是鉴赏性。青林寺谜语的鉴赏性是因谜语的美学价值而产生。“一来就有徒弟，一走就领大军”（帅）；“有言成佳句，无言和尚居”（寺）；“坐在崖上，身在灵前，仙人去世，雪底长眠”（山）；“绿缎子，红绸子，仙女天上扯裙子”（霞）；“千军万马下长沙，火焰山上把营扎，炮火连天一阵打，个个吓得把嘴喳”（炒玉米泡子）、“白面书生进考场，点的红烛挑文章，文章挑的篇篇好，不知哪个先出场”（孵鸡）等一则则生动活泼的谜语中，会感受到质朴、清新、流畅的语言美；从“偶因一语得抬举，反被多情又别离，送得郎君归去后，独倚门头泪涟涟”（伞）；“我想你不来，不想你又来，要得我不想，除非你不来”（响篙）；“兄是南方猛虎，弟是北海蛟龙，长年不见东方红，饱受五更寒冻，日下红光烁烁，林边绿色葱葱，依稀虎隐其中，却叫兔儿射中”（柳）等谜语中，可以享受到白描、谐音、隐喻等文学艺术表现手法生成的文学美和艺术美；从谜语活动中，尤其是猜中谜语后，人们可以感受到一种特有的愉悦美。

八是丰富性。指青林寺谜语内容丰富，包罗万象。青林寺谜语中的“诸葛借东风，周瑜用火攻，鲁肃哈哈笑，曹操怒气冲”“庞统设下连环计”“孙中山革命未成，蒋介石口喊和平，毛泽东北上抗日”等包含着丰富的历史知识；石磨、碾、碓、砻等物皆为传统的粮食加工工具；梿枷等为传统农具，硪等为传统的夯实堤坝的工具，如此等等，包含了传统的农业生产知识；“篙竿”“吹火筒”等谜语的谜面反映了中国妇女在封建社会里的悲惨命运；“嗑瓜子”、牛的“眼罩子”等谜语的谜面隐含旧社会官场的腐败与黑暗，包含了丰富的社会知识；劳动号子中的谜歌、薅草锣鼓中的谜歌，丧鼓歌中的谜歌，反映了青林寺的生产民俗与葬俗；“猜谜”“演木偶戏”“下棋”“打牌”等谜语反映了青林寺的游艺民俗；新制的“冰箱”“空调”“彩电”等谜语，反映了青林寺农民过上了幸福生活后无比喜悦的心情；从廉政谜语中反映了青林寺农民对政府、对干部的期冀。青林寺谜语内容广泛，涉及政治、经济、文化、社会、民俗、生态等诸多方面，成了青林寺的“百科全书”。

上述功能与特点，说明青林寺谜语与人的行为、人的发展有着极为密切的关系。我们归结起来，青林寺谜语与人的发展主要体现在这样几个方面：其一，青林寺谜语描写了人的发展，肯定了妇女在人类发展中的重要作用。例如，青林寺流传的这样几则谜语：

在家三百日，出门不归家，

脱哒红皮袄，才穿布和纱。（胎儿）

它在人里头，人在它里头。

人在世上走，它在土里头。（胎衣）

两个口袋一般长，里边装的万年粮。文武百官都吃过，皇帝也要尝一尝。（乳房）

第1则写人的孕育；第2则写人的出生；第3则写人的哺育。第3则第2句“里边装的万年粮”，在另一则谜语里是“里边装的三年粮”。“装三年粮”说的是，在青林寺，一个孩子，母乳喂养的时间，一般是三年；“装万年粮”则指若干代，即人类就是这样一代一代地孕育、生产、哺育、成长，发展起来的。在这一过程中，无论是孕育、生产，还是用乳汁喂养孩子，都是妇女完成的。谜语肯定了妇女在繁衍发展中的重大作用，赞美了女性为人类发展所做出的巨大贡献。

其二，谜语启迪智慧、培养智慧，促进人的发展。首先，我们从下面两则谜语来看看猜谜的全过程：我不是千金小姐，也不是天上仙娥。我一开口，叫你苦苦想我。一时忧来一时愁，一时想起不对头。若是想得门门对，自解忧来自解愁。这两则谜语的谜底都是“猜谜”。如果我们将其过程进行理论表述，便是：猜谜者（依靠视觉或听觉）接收信息以后，立即传输给大脑。大脑得到信息，明确了猜射对象（是字词或是物或是事），脑细胞便活跃起来，立即发出指令，紧张工作：一是通过谜面，找出谜眼；二是在大脑的知识库中搜索相关知识（与信息）；三是对搜索到的知识（与信息）进行分析综合；四是在分析综合的基础上得出初步的结论；五是将结论与谜面进行对照，如果“想得门门对”，便立即揭示谜底。如果不是“门门对”，又去大脑的知识库中重新搜索相关的知识（或信息），如此往复，直至“门门对”。谜语将大脑工作的过程描述为“苦苦想”，说明大脑在接收外界信息以后，工作的紧张程度。“一时忧来一时愁，一时想起不对头”指初步得出的结论不对，即没猜中，又重新猜，直到“想得门门对”，便“自解忧来自解愁。”末一句描写的是猜中后的欢愉。这是猜射一则谜语的全过程。如果我们让儿童经常参加谜语活动，反复用谜语去刺激他们的大脑，不停地激活脑细胞，就会促进大脑的发育生长，有利于启迪智慧，培养智慧；对于成人来讲，用谜语多次刺激大脑，会增强其反应力，使大脑变得更加灵活而敏捷。同时，谜语一般要求即出即猜，尤其是集体猜谜的场合，更是智慧与时间的较量，谁先猜中谁胜。特别是两个鼓班唱谜歌，你出谜我猜，我出谜你猜，不仅要能及时解谜，还要将谜语编成歌谣，及时唱出来。这于传统谜语还好，于即兴制作的谜语，则更是对智慧和敏捷度的考量。所以，经常参加谜语活动，可以激发人的创造力和反应力，使我们的大脑变得越来越敏捷，越来越灵活。

其三，谜语促进学习，增加知识量，而知识量则是人的发展的重要标志之一。平均受教育的年数，是联合国衡量人的发展的重要标志之一。平均受教育的年数，从本质上来讲，可以衡量人所接收和储存的知识量。猜谜活动就要求要有广博的知识。例如制作“上有苏秦说合六国，下有霸王定夺江山，左有孔明设谋国计，右有子牙斩将封神”（捌）；“远看姜太公钓鱼，近看安安送米，去时王乐操琴，回来韩信点兵”（放鸭）这类谜语就需要历史知识；制作“明朝两重天，两柱在中间。去掉中间柱，是地不是天”（非）这类谜语，就需要《易学》知识；制作猜射“东边苍龙西边虎，南边孔雀北玄武，无字天书有四象，推算不离四七数”就要具有四象二十八宿方面的天文知识；制作猜射“兄是南方猛虎，弟是北海蛟龙，长年不见东方红，饱受五更寒冻，日下红光烁烁，林边绿荫葱葱，依稀虎在其中，却叫兔儿射中”（柳）这类谜语就需要生肖与天干方面的知识；制作猜射“剪刀剪断身子，泥里长出根子，地上长出身子，地下养出儿子”（红薯）、“小来姓夏，长大姓郭，铁匠造反，改姓姓罗”（水稻）、“上搭棚，下搭棚，开黄花，结小龙”（黄瓜）这类谜语就需要有农业生产知识；制作猜射“爹也长，妈也长，生个儿子像刀样”（刀豆）、“紫色树，紫色杈，紫色树上开紫花，开哒紫花结紫果，紫果熟哒装芝麻”（茄子）这类谜语就需要有植物方面的知识；制作猜射“像是绣球，不是绣球，若是不对，连忙缩头”（豪猪）、“大哥岩上坐，二哥织绫罗，三哥会打鼓，四哥会唱歌”（猴、蜘蛛、啄木鸟、画眉）这类谜语就需要有动物方面的知识；制作猜射“初三初四身如弓，十五十六最英雄，本想整个三十岁，二十七八影无踪”（月亮）、“天冷才出来，白毛到处盖，不怕风来吹，只怕太阳晒”（霜）这类谜语就需要天文气象方面的知识。由于谜语的制作和猜射需要广博的知识，所以经常参加谜语活动，一方面，会使我们在活动中学到许多知识；另一面又会促使我们去学习知识，使我们养成好学的习惯。所以，经常制作猜射谜语，可以增长知识，增加头脑里存储的知识量。知识是促进人的发展的重要因素之一。

其四，谜语愉悦身心，陶冶性情，利于人的发展。愉悦的心态，有利于人的健康发展。猜谜活动，是展示自身智慧和才干的平台，猜中的谜语多，使自身的智慧和才干得到了展示，所产生的自豪感和荣誉感，会使自己愉悦；每当我们制作出一则成功的谜语，并得到人们的公认时，其心理是愉悦的；当我们“以谜会友”，与人切磋制谜技艺时，心里是愉悦的；当我们的感情在制作的谜语中得了宣泄，其心理也是愉悦的；当我们读到一则好的谜语或者说鉴赏谜语时，也会给人带来愉悦。谜语活动是脑力活动，无论是制作谜语，还是猜射谜语，都需要绞尽脑汁，“苦苦地想”。经常参加谜语活动，会使我们养成多思的良好习惯。谜语活动，至少是两个人之间的交流，许多时候，还是若干人在一起活动。在活动中，可以使我们学会与人交流和交往，养成善于结交和切磋的性格。谜语活动是一种脑力活动，大脑运动有利于陶冶性情。谜语活动是人与人之间的互动，从本质来讲，人与人之间的互动是一种社会互动，同时，谜语中也会涉及一些社会知识。

所以，经常参加谜语活动，会使我们更加关注人生，关注社会。对人生和社会的关注，都有利于人的发展。人类的任何创造都是为满足人类的某种需要而发生的。民间谜语究竟是因为娱乐，还是因别的需要而产生，现在无从考证。然而，在古代，谜语确实曾经作为臣子向帝王讽谏的工具，也曾经成为帝王检测臣民智慧的工具。民间谜语长期成为民众娱乐的工具，这一点，是无可争议的。

在青林寺，曾将谜歌运用于传统农事活动，适应群体劳动的需要。然而，进入20世纪90年代以后，青林寺的农民，种植的是果园，没有了种植稻谷、玉米的薅草活动，也就不需要薅草锣鼓，不需要唱薅草锣鼓歌了；基建工地，用的是机械，不需抬运重物，也不需打硪，这也就不再需要喊劳动号子了。可以说，在青林寺，谜歌已经退出了传统农事活动。时至今日，谜歌的唯一阵地便是丧堂。只有丧鼓歌中还保留着大量的谜歌，是因为谜歌还能起到悼亡人、慰生者、娱众人的作用。可见，“需要”才是一种文化能否在现实生活中传承的重要因素。青林寺谜语在新的时代得到了新的发展，这主要体现在：人们将新的事物制作成谜语，如给家用电器彩电、冰箱、洗衣机、空调；通信器材手机、电话；奥运会的建筑鸟巢、水立方等制作成谜语。然而，这些谜语与传统谜语比较起来，还显得稚嫩，还需要时间反复锤炼和打磨。新谜语开拓的另一个领域，是专题谜。专题谜的产生，是适应了相关部门宣传的需要。纪检监察部门为了宣传廉政建设，请青林寺的谜语制作者制作了廉政谜；计划生育委员会为了宣传计划生育的需要，请青林寺的谜语制作者制作了计划生育谜；政府为了宣传奥运，请青林寺的谜语制作者制作了迎奥运谜语；村委会为宣传新农村建设的需要，请村上的谜语制作者制作了新农村建设谜。可见，这些专题谜也是为适应新时期的“需要”而产生的。这是我们在青林寺所看到的，谜语展示的新平台在另外的领域诞生了。谜语反映的内容富有了新的时代特点和新的气息。可见，一种有价值的文化艺术形式，会在经济文化社会急剧变动的情况下，为适应新的形势和新的需要而与时俱进，继续发展。这中间固然有着若干值得探讨的问题，比如，要是没有相关部门的资助和邀请，专题谜会不会产生？然而，我们不能这样假设，因为它已经存在了。它毕竟迎着风浪，迎着外来文化的冲击，迎着新的休闲娱乐方式的出现，诞生了，发展了。可见，“适应”和“发展”也是保护传承的题中之意。

青林寺谜语在列入我国非物质文化遗产名录以后，制定了5年保护规划，规划实施的情况如何？今后传承的情况怎样？笔者也热切地关注着。

青林寺谜语民俗性解读

刘传清　单文悦

谜语作为一种深受民众喜爱、短小精致的民间口头文学样式，自古以来就在中国民间广为流传。民间谜语是表现人民智慧、培养和测验人的智力的语言艺术，是民间文化的组成部分。而享有“中国谜语村”和“湖北省民间谜语村”殊荣的青林寺谜语谜歌，同样蕴含着青林寺村村落民众丰富的智慧、健康的情趣和高尚的道德。与其他地方谜语所不同的是，作为一种独特的地域文化形态，青林寺谜语已不仅仅是一种散落在民间的文学或文艺的范本，它已衍化为一种地方文化习俗，成为青林寺村的民俗文化标记。中国著名的民俗学家钟敬文先生认为，所谓民俗是指“一个国家或民族中广大民众所创造、享用和传承的生活文化”①，一种地方文化形态能称之为“民俗”必须是由某一地域的民众集体创造，伴随人们的生产、生活而长期稳定存在并传承下来，为这一社会群体所共有的文化模式或者行为准则。青林寺谜语作为一种地方文化形态，无论是从集体性、传承性还是地域性、模式性上都体现出独特的民俗性特征，体现了青林寺村村落群体共同的心理企盼、共同的话语诉求、共同的审美理想和共同的价值追求。只有把它放在民俗文化的语境中加以解读，才能使其价值得到恰切而充分的实现。

一、青林寺谜语作为村落群体智慧的结晶，已脱离了零散的个体性行为，成为当地

① 钟敬文：《民俗学概论》，上海文艺出版社，1998年

村民认识世界、交流情感、表达诉求的一种话语方式。“人人会猜射，事事皆可谜。”青林寺谜语已作为青林寺村村落的文化标记，超越了民间文学的范畴，成为更广泛意义的民俗文化现象，在青林寺人的日常生活中，构建着村落集体的形象，强化着村民群体的共同性价值观念、归属感和集体认同意识。民俗文化的首要特征就在于它的群体性。青林寺谜语是由青林寺村村落群体在长期的社会生活中集体创造、传承并且共同享用的。从村民中广为流传的民间传说以及现存谜语所反映的历史背景来看，青林寺村的民间谜语猜射成为此地文化习俗初具规模应该是在清朝末期。100 多年来，青林寺谜语不断被后来者融入富有时代特色的文化，使其逐步巩固发展，代代口耳相传，延续至今。青林寺谜语是青林寺村村落民众集体智慧的结晶，其群体性特征主要体现在以下方面：

其一，青林寺谜语猜射活动的参与面极为广泛。青林寺人把猜谜活动叫作“打灯拨子、猜灯拨子”。在青林寺村，参与谜语活动的人数占全村村民的 95% 以上，不分男女，老少皆有。其中掌握谜语 1~10 则的村民约占 50%，11~30 则的约占 30%，31~100 则的约占 15%，100 则以上的约占 5%。该村也是宜都市民间文艺家协会的唯一的分会组织，有 13 户家庭被宜都市文联授予“谜语之家”的称号。52 岁的杨世全只有小学文化程度，却能够说 500 多则谜语，一家 9 口人人都会出谜猜谜，是个名副其实的“谜语之家”。除了像杨世全这样的谜语之家，在青林寺村还有丁开清这样的几十年来致力于谜语搜集整理的自觉的谜语传承者，以及赵兴寿这样的在谜语谜歌制作和研究上颇有心得的高手，才使得大量的青林寺民间谜语在这方独一无二的土壤上生成、流传、发展，直到今天为世人所认知、了解、惊奇。

其二，青林寺谜语猜射活动不受时空环境的限制，无论是在山坡上、溪流边或饭桌上，还是婚丧嫁娶、逢年过节之类的场合，谜语都是一道不可或缺的“佐餐”。据村里人介绍，由于这里的人对猜谜活动极为喜爱，因此也衍生出一些奇特的乡风习俗。比如两支迎亲的队伍若是“狭路相逢”，大都有一场精彩的猜谜比试，一猜一射斗智斗勇，输方为胜方让道。村李绪安、廖会远更是一对“谜语篓子”夫妻，他们竟是因李绪安最终猜对了廖会远的招亲谜而拥有了这段美满姻缘。就连请客吃饭，也可以通过猜谜活动变得情趣盎然。村民廖灵远打的谜语：“四四方方一块田，田里开了十口堰，十六条乌龙去洗澡，一个青猴子来拜年。”谜底是八仙桌上摆的十碗菜，八双筷子和一壶酒。在青林寺，谜语猜射活动可以时随地展开，已经渗透到村民生活的每个角落。

其三，青林寺谜语数量众多，内容涉及村民生活的各个方面。目前，已经搜集整理成书的青林寺谜语约有5000多则，相继有4部谜语书出版。1999年由村民丁开清采录的《青林寺谜语选》由北京大众文艺出版社出版，成为全国第一部关于一个村落的谜语集。2001年4月和2002年5月，他的《青林寺谜语选（续编）》和《青林寺谜语选（精编本）》相继问世。2002年8月，由村民赵兴寿采录的《青林寺谜歌选》由中国文联出版社出版。另有大量的谜语、谜歌和谜语故事仍在搜集整理中。青林寺谜语涉及的内容非常广泛，从当地的自然资源、饮食文化、服饰文化、日常用具、农事农活到村风民俗、文化娱乐，都透过谜面与谜底表现得极为鲜活生动。如“隔山又隔岭，两个猴儿来吊颈”（挑担子）、“隔岭不隔山，一个猴儿当中翻”（抬东西），两则谜语谜面反映了青林寺的山地风貌，谜底则是农事活动的真实写照。再如“一个东西蛮大蛮大，十六个人才搬得动它，问它是化儿？一个人装得下，好人看到哒哭哭啼啼，阎王看到哒笑的打哈哈”（抬丧），反映了当地的丧葬习俗。“天上乌云转转，地下红花爆烂，一条蟒蛇来咬到，累死两个蛮汉”（打铁），直接描写铁匠手工劳动场面和过程。现已整理出版的几千则谜语谜歌，几乎涉及人们感官所及、生产生活所需的各个方面。可见，青林寺谜语猜射已从个体行为发展为集体行为，进而演化为本地的一种风俗。一种风俗包含一个民俗模式。当行为变成民风习俗的时候，也就是行为形成稳定的模式的时候。谜语猜射已成为青林寺村村落民俗文化标记，与青林寺村村落群体牢牢地联系在了一起。

二、“百里不同风，千里不同俗”。“一定的民俗形成于一定的地域之中，那种脱离社会生活环境和相应的物质生产条件的习俗是不可能存在的。”[①] 不同的人类群体繁衍生息于不同的自然生态环境之中，使之所创造的民俗文化呈现出不同的个性，这种个性即鲜明的地域性特征。民俗文化的魅力必须体现在生成它的土壤中。青林寺谜语在其长期延续发展中形成了其他地域谜语所不同的文化特征，从形式到内容都凸显出其独有的地域性色彩，这些独特魅力的地方文化基因，不断丰富着青林寺谜语猜射的民俗内涵。

青林寺村民在长期的社会生活中形成的本地特有的饮食、居住、服饰、婚姻、丧葬等物质习俗，以及道德、礼仪、宗教、祭祀、竞技等精神习俗，都能成为谜语猜射的对象。如对“土炊壶”“三耳壶”“三架子”“三叉炉子”“背篓”“打杵”“吹火筒”“吊锅架”“炖锅”“纽攀子”等本地民间用品的编猜，有关“炒玉米泡子”“打丧鼓”“唱丧歌”等土家特有生活习俗的谜语的表述与猜射，只要稍稍熟悉本地生活习俗的人就会从

① 盛义：《试论民俗的形成》，《中南民族学院学报》，1988年第6期

中感悟到其独特的民俗文化。青林寺谜语还有一部分为传统谜语，流传久远，载有当地历史文化的印记。谜语中所描述的实物的形状、特征以及人们在使用欣赏它们时的态度与情感，情与物合，可以藉此更好地了解过去的文明进程。如“走马灯”“皮影戏”“三眼铳”“石牌坊”“织布机”“抬花轿”“推磨”等谜语，就含有用口头文学语言构筑的民俗博物馆的特殊价值。看起来有点“土”俗，有的甚至已经被淘汰的民俗事象，都有着极高的“文物”价值，是本地社会历史文化发展的见证，我们不妨将其看作反映和保存当地民俗文化的活化石。青林寺人所特有的礼仪、道德、宗教以及价值观念，更是集中体现在谜语谜面的猜射上，无所不包。如“夫妻双双同出门，不带铺盖不带银，高梁大屋我有分，生儿育女转回程。”（燕子）用人的行为来比家业有成还是带着儿女转回家。作品实际上是一首优美的咏物诗，不仅亲切赞美了燕子这种益鸟，更展现了一种以自己的勇敢勤劳开创美好人生的豪迈情怀。“说鸟不是鸟，躲在树上叫，自吹化儿都懂，其实都不知道。”（知了）表现了村民对那种装腔作势、不懂装懂的人的鄙夷。“一张纸没得二两重，一个人拿不动，两个人抬张纸，眼睛笑合缝。”（喜领结婚证）既体现了婚姻的郑重和神圣，也传神地表现了即将开始幸福生活的小两口的喜悦之情。“遇着秦君我守家，遇着禹君我出发，有情伴君千里归，独自倚门泪花花。”（伞。秦谐音晴，禹谐音雨。）“红底姑娘想男儿，思郎流泪流不完，越是流泪身越短，燃到尽头泪也干。”（蜡烛）这些谜语体现了妇女对夫君坚贞的爱，体现了村民美好的道德情操。青林寺人正是通过谜语猜射，传播出弘扬真善美、唾弃假恶丑的道德理念。青林寺谜语不仅从内容上表现出浓郁的地方特色，其谜语猜射中经常使用的一些方言词语，更是散发出浓郁的乡土气息，成为青林寺谜语区别于它地谜语的一大标记。如青林寺人使用频率较高的“化儿”，其意是“什么”，常用在疑问句中的开头或结尾。如“化儿有嘴不说话，化儿无嘴叫喳喳，化儿有脚不走路，化儿无脚走天下。”（菩萨、锣、板凳、船）同时，青林寺谜语中把“哒”读为轻声（da），也多出现在句子开头或句中，常作衬字和垫底之用。另外还有一些青林寺特有的方言词语，如叫“小鸟儿”为“雀尕儿”等等。方言词大量地出现在谜语中，不仅使谜语更加生动形象，而且充分展示了青林寺的地方语言文化。谜歌是青林寺的谜语猜讲的又一地方特色。青林寺的谜语猜射不仅能以言说方式，更可以通过说唱来进行。简单来说，就是由谜语再配上不同的曲调来进行传唱。而且谜语有什么，就能唱什么，曲调就是地方上的薅草锣鼓、山歌等演变而来的地方小调。演唱时，可以加衬词，虽然演唱者可以任意选择演唱用的曲调和入歌的谜语即兴发挥，但是谜语的基本内容不能随意更改。村民把这类谜语猜射称为谜歌。代表人物是村民赵兴寿，他还根据多年的积累将歌整理成册，2002 年出版了《青林寺谜歌选》。当然谜语入歌，也有一些要求。比如，这类谜语大部分都是四行体（约占总量的 90%），七言四句式。演唱谜歌时，大都采取问答式（对歌式），以歌出谜，顺韵答唱，以谜答谜，以歌对歌。青林寺的谜歌是极富情趣的一种猜射方式，而且很多是即兴编唱。但随着生产方式和生活方式的改变，谜歌已渐渐退出农事活动。"谜歌的唯一阵地便是丧堂。只有丧鼓歌中还保留着大量的谜歌，是因为谜歌还能起到悼亡人、慰生者、娱众人的作用。"[①]另外，青林寺村能即兴编唱谜歌的人越来越少，青林寺的谜歌急待抢救保护。对于一个民族共同体来说，本民族文化的传承既是这个人类群体形成的基本条件，也是这个群体的文化标志。青林寺村村落群体的谜语猜射都根植于当地村民的生活，带有极强的地域文化烙印。在编制谜语的同时，青林寺人也编进了自己的生活态度、情趣爱好、思想观念。从谜语中我们既可以了解青林寺的地域风貌，青林寺人的生活习性，同时也能真切地感受他们质朴乐观、幽默风趣的意趣风采。"民俗作为人类社会群体固有的、传承性的文化生活现象，在社会现实中展现出来，就是民众生活里那些没有明文约定规矩，或是指那些在民众群体中自行传承或流传的程式化的不成文的规矩，一种流行的模式化的行为方式。"[②] 青林寺村，谜语无处不在，无所不包，猜讲民间谜语已经成为当地民众习以为常的生活模式和他们对村落生活的表述方式。在青林寺村，村落成员从谜语的猜射活动中获得伦理规范、社会道德、精神信仰、生产技能、历史知识等的教化，还将质朴、旷达、诙谐、机智的审美特征潜移默化地渗透于民众的精神生活，满足他们心灵深处对幸福美好生活的诉求，形成了青林寺人特有的精神品格。可以说，青林寺谜语已不再是单独意义上的散落在民间的文学样本，而是青林寺村村落群体民俗生活的重要组成部分，代表了青林寺村村落群体的心理意识、价值判断、感情趋向、审美情趣，是青林寺这个可以识别的符号，也是这个共同体存在和发展的精神维系，应将其作为一种民俗文化形态认真研究，慎重对待，正确引导，让其更好地传承下去。

---

① 彭林绪：《青林寺谜语的特点与人的发展之关系》，《三峡大学学报》，2010 年第 2 期

② 刘毅：《论民俗及其心理分析的可能性与途径——民族心理学研究的新视角》，《贵州民族研究》，1994 年第 1 期

◉ 青林寺村地名故事

游士坡 游士坡位于青林寺村四组。其西边地处赵家坪尾端，赵家坪海拔 64 米，而游士坡海拔 90 米，坡的偏东南方向是七华里长的狭长地带，人称七里长冲，又称胥家冲。七里长冲低处海拔 64 米，高处海拔 79 米。七里长冲的尾端有一洞，名曰龙泉洞，当地人又称为胥家龙洞，洞中有一股清水流出，冬暖夏凉。洞中的一股轻风随水荡出洞口，又加上东南风由七里长冲吹拂至游士坡。四至五级风从农历四月劲吹到农历的八月，游士坡便成了人们纳凉、休闲的胜地。

咸雍三年（1067）以前，这里并不叫游士坡。1067 年金秋时节，苏东坡及叔叔和苏小妹到青林寺上香驻足。一日，寺内方丈了空大师邀苏氏 3 人去坡上纳凉喝茶，小小集镇轻风习习，过街凉亭两边设有酒馆、烟馆、茶馆、饭馆，打纸牌、推骨牌，吆五喝六，讲书的，唱戏的热闹非凡。苏东坡见此情此景，吟道："风拂旷野，喜观坡镇留游士"。吟完上联就读不出下联了。可是他续不下去了，茶后，了空和尚将客人引到清江河边。此时，日头已西垂到远山的边沿，清澈透底的江水映出火红的大日头。数十条船只落帆停在柳津滩下，结帮集队，纤夫将船只一只只依次拉上柳津滩，上百名纤夫拉一条船。阵阵号子，声撼山岳。了空法师问苏东坡："学士下联可有了？"苏东坡答道："感谢法师引我到此地，目睹此情此景，在下的下联是'日映江天，乐听船工叫号声'"。

苏东坡走后，了空和尚在苏东坡的上联里取出三个字来——游士坡。

酿子口渡口 通往鄂西南恩施（又称施南）的青石板官道，行至中国谜语村青林寺村的营盘垴山脚，被膺子石峭壁截断，要么就要翻越营盘垴的余脉土地岭，要么就要通过酿子口渡口坐船直渡到鄢家沱，横渡到清江南岸的梅山、南岸坪、柳津滩。1968 年 7 月以前，直渡从酿子口出发途径横江石、大溪口、石门、灰口，在鄢家沱老街（白岩溪出口的小河套）停靠，沿江上下往返，渡人载物的划子（渡船）停靠两端，排队依秩序进行，曾经有几十条小划子在此营运。

传说若干年以前，天下河流水域还没有船的时候，酿子口这里住着一个名叫王业的人。他住的地方对河两岸都有旱路通到河边。

但是夷水河道拦住了行人的过往归来，特别是老、弱、病、残，妇女和儿童。王业为人心地善良，凡不会趟水过河的人，他都把人家背过去，背过来。不晓得背了多少年，更不晓得背了多少人。年长月久，感动了上天，老天爷想帮助王业，但对他的人品还是怀疑。

一天河边来了一个秀气幺姑，想过河，过不去，急得直哭，求王业背她过河。王业一如既往地背这个幺姑过河。淌水的时候，那幺姑在王业的肩头说了好多好多的感激话，到了对岸，还再三再四地感谢，里面还掺夹着一些男女风流之话。王业不理也不搭。上了岸，王业将那幺姑轻轻地放在了岸上，说："弱小幺姑站沙洲，必须过河诚相求。举手之劳我背送，隔河渡水不用愁。三寸金莲手托稳，不怕石尖滑溜溜。一步一步稳到岸，莫叫多谢两脱头"。那弱小秀气幺姑听了，知道了王业人好心也好，是一个地地道道的诚实人，便说道："王业辛苦在河下，帮人过河真不差。水里来回浑身汗，乱石戳得两脚疤。善事做了千千万，不要人家给报答。且看沿河树长大，造支排筏水上划"。

小幺姑念完，不见人影了。王业细看河边两岸的树木和竹子，突然长得又高又粗。王业想，刚才背的是神仙姑娘，她告诉我造支排筏水上划，我就来试下看。

王业砍了几棵大树，破竹成篾扎成排，一下可以站好几个人，再用竹竿一撑一划，木排慢慢向对岸漂去，少了尖石头戳破脚，青苔滑滑溜溜的痛苦，王业越忙越有劲。没几天，山洪暴发，把他的排冲散了，他又扎二道，这回在排的两边顺水再登上两根树加帮，人在排上扶着两边很是稳当。又过了段时间，他再扎个排前后两头尖，前面安上梢，后面安上橹，这样更好用，更顺手，装的人多了，人们要帮忙，王业便在两边安上桡。这叫个什么物件呢？还叫排吗？王业想到这是神仙幺姑传给他的，应当叫"传"；仙姑是站在洲子上说的，这个"洲"字也不能丢；仙姑还说："且看沿河树长大"，这个"沿"字也不能丢。一下子就有了"传""洲""沿"三个字。三个字不好喊，王业就按照最后扎的排筏的形象，描了个舟字，将"沿"字去掉三点水，然后与"舟"字合拢成了"船"字。读个什么音呢？就用"传"授的"传"字音。"船"就这样被王业造起来，喊开，传承下来。后来，好多人拜王业为师，学习造船，王业没有忘记仙姑的指点，尊称仙姑为母，成了王业的娘，人们就尊称仙姑为王母娘娘。王业年老了，稳居了，上天让他成了神仙，下界凡夫俗子称他为造船的祖师爷，敬拜他为菩萨，因业与爷同音，若干年后，人们便喊成"王爷菩萨"了。

新中国成立后，人们只知道，酿子口渡口处有一座王爷庙，而且凡是在酿子口居住的人都姓王。

宝剑树 该地位于村北与红花套镇南桥村交界处，因该地生长一棵形状如宝剑的树而得名。

东汉建安十三年（208），刘表病逝。曹操率百万大军南下，第三次攻打新野（现河南省南阳市新野县）。刘备兵力不足，放弃新野，率数十万军民向襄阳方向撤退。诸葛亮火烧新野，以减缓曹操进军的速度，但终究在当阳长坂坡被曹操大军围困，战争一触即发。时有常山赵子龙在混战中寻找甘靡二夫人及阿斗，恰遇曹操的佩剑卫士夏侯恩，二人交手只一合，赵云枪挑夏侯恩于马下，夏侯恩之佩剑也落入赵云手中，赵云一看，原来是崆峻老祖为越王勾践所炼制之剑。曹操得知战报，倾爱赵云非凡的武艺，下令对赵云不准乱箭射之，只能活捉。赵云本就是一员猛将，曹营将士又不敢放箭，哪里近得了身，遂使赵云在百万军中如无人之境，顺利脱困。

赤壁之战，结束了群雄混战，形成三国鼎立局面。赵云随刘备进入蜀中西川。赵云有两个儿子，长子赵统世袭赵云爵位，在朝中任中郎将，执青缸剑侍奉阿斗。次子赵广随姜维出征，战死在沙场上。

赵广战死沙场的消息传到蜀中，赵统悲痛欲绝，他开始埋怨战争。从此，赵统变得消沉起来。

一次，赵统随法正护驾阿斗到城外体察民情。船行至瞿塘峡时，赵统不慎失足落水，因滩急水流，船上水手抢救未果，活不见人，死不见尸。

赵统不是失足落水，而是思念赵广而轻生投水。命里注定他命不该绝，由于当时浪花滔天，仅出西陵峡，风浪就把他推到了长江南岸的沙滩上。

赵统醒来，发现身上有一张寺庙之中常用的黄香纸，上面有四句话，20 个字：赵统休轻生，青缸救汝命，东南寻宝刹，垦荒救万民。还有一个小小的布包，用一根南疆的红苕藤缠着，上有 5 个字：崆峻老祖赐。赵统打开一看，里面包着四川稻谷 3 粒，汉中高粱 3 粒，山东玉米 3 粒，浙江绿豆 3 粒，关东大豆 3 粒，还有汴京的小麦、大麦、豌豆、蚕豆各 3 粒。

此时正是日上三竿，赵统按照太阳辨别方位，朝东南方向行走，走着走着，松涛呼啸，钟声轰鸣，还夹带着木鱼声声，不觉入耳。寻声而前，在茂密的树林中，隐藏着一座寺庙，定眼一看：水桶寺。

赵统进入寺庙，向僧人说明来意求见主持方丈："弟子受崆峻老祖之意，特来此地垦荒造田，育五谷杂粮之种，繁衍后代，解救万民"。主持方丈得闻此事，亲自出门迎接，呼曰："阿弥陀佛，善哉、善哉，任施主随意为之"。

于是，赵统在寺庙附近搭一草房，开始垦荒造田。第一年，3 粒玉米种结穗 6 个，收获种子 2100 粒。水稻更为传奇，每粒发芽分蘖 7 稻穗，3 粒种子收得 3000 余粒。经过 3 年的培育，各种作物均获得丰收，并形成大面积播种的条件。凡战乱逃生者闻讯投奔并改姓赵参加垦荒造田，过着衣食无忧、丰厚有余的生活。纷战年代，偶尔也有盗贼前来滋扰。凭着赵统的武艺，盗贼多次未果。但终究势单力薄，难于防范。一天，赵统突发奇想，何不将青缸剑悬于空旷田野之中，威慑盗贼。于是在山梁之上，筑一横直十丈高的土坛，将青缸宝剑插入其中，每天派人看护宝剑，盗贼摄于宝剑的杀气，都销声敛迹，再也不敢到此犯事了。

一天午夜，看护农人来报，宝剑正在慢慢地沉入地下。赵统忙赶往剑坛，只见宝剑已沉入地下大半，剑尖还有 5 寸来长展露在外面，发出耀眼的光芒，随后全部沉入地底。赵统及其他人都搞不明白到底是怎么一回事。莫非这是天意，神仙显灵或者妖鬼作怪。都不敢妄动，商议等第二天再来探个究竟。

第二天天刚亮，所有人都聚到了土坛前，正准备开土挖掘。这时，突然大地一阵颤动。只见土坛中央，破土冒出一碗口粗的树尖，并不断地向上陡长，直至 10 丈有余才停止。树干形同青缸宝剑，无枝无杈，叶似枫叶，绿油油迎风疯长。无人能够说出它是什么树，从未见过，因此都叫它“宝剑树”。

白日灯 白日灯，是个地名，在现在青林寺村二组地域内。相传在咸雍三年（1067）秋，青林寺这三个金光闪闪的大字升挂在庙门上方，这块地方的夜晚如同白天，所以叫白日灯。

据传说，殷汤的申公豹请到了梅山七怪，周武王的大军在姜子牙的率领下，在这里初遇梅山七怪中的黑猪，黑猪张开血盆大口，吐出斗大的一个红球，红球见人即滚，火光冲天，姜子牙的一支劲旅被这红火球全部烧死，无一生还。死鬼们个个夜里喊冤，姜子牙赶到后，感到伤怀，青纱围城，仗剑做法，为死士招魂引渡。若干年后长成一人难抱的松树，围城当中凸出一个山包，山包夜晚通明透亮，还传说，人不论是白天还是黑夜很容易走进圈内，但却很难走出圈外。

后来在咸雍三年（1067）秋，闪闪金光的青林寺照射到这里，梦园塔和了空塔的舍利子在宝塔顶上闪出佛光也照到了这里，白日灯夜晚不放白光便成了黑夜。

没有修成仙道的死鬼还很多，他们聚集起来找到姜子牙，拜求超生。姜子牙叹道，修仙了道不努力，遇到黑暗徒伤悲。他再一次仗剑做法，将松树围城砍开一条出口，然后剑从老屋门口划出一直线，经白蛇吐箭到黑叶子湾出口转弯向东南划去，在杜家坡脚划一圆圈，宝剑插进剑鞘，再执拂尘，口中念道，汝等潜心修炼，不出千年，这里再现白日灯。

说来也巧，从咸雍三年（1067）到2008年江南变电站在此竣工，只有931年，真的未出千年，这里夜晚通明透亮。

营盘垴 梅山七怪以骄傲的心态，料想姜子牙一时半会难以追上它们，便在清江河北岸赵家坪的一家酒馆落座，开怀畅饮。

它们没想到姜子牙兵贵神速，重兵以赵家坪为核心，四面包抄，封锁了清江河所有渡口船只，在鄢家沱下方设下天罗地网。

梅山七怪吃饱喝足，阳刚酒醉的朝西走，不经几许只见清江的柳津滩波浪滔天，赵家坪四周杀声顿起，它们急忙跑到酿子口，但见云雾缭绕，电闪雷鸣。它们从酿子口拼命杀进天蓬罩内，罩内不见一兵一卒，但再也找不到出口。此时的姜子牙请来指地金刚法，天蓬罩逐渐变硬，硬的像石头一般，不消说得，梅山七怪葬身于天蓬罩之内了。

这一场战争结束了，云开雾散，赵家坪与鄢家沱之间，形成了偌大的一个山包，不论是隔远看，还是在近处看，几千年过后到现在，这个山包确实像座帐篷营盘，所以若干年来，人们都叫它营盘垴。

塔湾 青林寺东面走不出半里，有一湾名叫塔湾。

看过《隋唐演义》《新唐传》的人就知道，昔日程咬金在瓦岗寨称混世魔王的时候，军中有一僧人名叫乙壬子，就是乙壬子集天下之鼠，将登州城粮仓一夜之间偷运至三江月虎城，解决了唐太宗东征高丽国被困缺粮之苦。

乙壬子在李渊取胜建国之时，便退出行伍云游天下，贞观十年（636）秋，乙壬子鞋不沾尘地来到青林寺，时值第二任主持圆寂，留下一个才识经书的年青僧人和兼职火工僧人。乙壬子眼看这新修不久的寺庙无人诵经诵佛，便留了下来主持寺庙香火，法号壬子法师。

传说壬子法师不化缘。不化缘如何主持寺庙香火法事？说来很神，他主持寺庙的经费是他在夜晚子时取剪刀一把，黄描纸一张，剪一个老鼠，然后将纸老鼠放于油灯火苗之上，纸老鼠随着油灯的黑烟升空。壬子法师手执佛尘，口中念道寺庙之内，需要给养，某大户有银，请搬回一两，半个时辰，这只老鼠便抱回一两白银，每次做法，只索取少许，不用仓库屯集。

寺庙旁有一个叫吴三的人，跛子，有老妈是瞎子。生活过得有上顿、无下顿，一天晚上壬子法师来到吴三家，给了他一大摞纸老鼠，告诉吴三方法，告诫吴三为人不可贪心，每 3 天放一只，可给你抱回一钱银子，可供你娘儿俩度过这春荒不接之季。

离庙一里许，有一老妪，八十几岁，儿死媳嫁，和 3 个孙子度日。最大的孙子才 12 岁，壬子告诉这大孙子如何做法，度过婆孙 4 人冬春之寒，岁末年头之饥。

壬子法师只主持了 3 年香火，一天长睡不醒，徒弟怡心将壬子火化，抱骨灰于湾内土埋。是夜雷声大作，第二天阳光灿烂，葬壬子的地方出现一座宝塔，塔上有诗一首：壬子乃神鼠，慈善知民苦，劳累而圆寂，赐塔升为佛。从此人们称这地方为塔湾。

归

大事纪略

青林寺村历史悠久，文化底蕴深厚。每一个历史阶段都留下了深刻的岁月痕迹。农村基层组织的建立和变迁，村域面积的调整变化，直接影响着村民生活。特殊的地理环境，经受到洪、旱、风等多种自热灾害，村民经受了考验，顽强的生命力得到体现。随着形势发展，调整农业种植结构，发展柑橘产业，改变了村民生活面貌。在发展集体经济中，做了许多有益探索。为改变村容村貌，改善生活条件，修公路、修水库、建变电站、开通有线电视等，充分发扬了自力更生、艰苦奋斗精神。为展示、弘扬、传承地方民俗文化，不遗余力，推出青林寺谜语，开展谜语文化活动，出版谜语文化专辑，亮出了特点鲜明的青林寺谜语文化品牌。利用得天独厚的山水资源优势，引进旅游项目，兴建青林古镇，发展旅游产业，展现了青林寺的美好前景。

◉ 1949 年青林寺村解放

1949 年 7 月，中国人民解放军第四野战军 38 军 112 师 335 团击溃盘踞在柳津滩一带的敌军，时为青岩乡第三保的青林寺村迎来解放。10 月 1 日，中华人民共和国成立。10 月 5 日，宜都县在陆城召开万人大会，庆祝中华人民共和国成立，青林寺村跨入新社会的行列。1950 年 2 月，为稳定新兴的社会秩序，解除百姓枷锁，全面开展了清匪反霸斗争，减租退押。3 月，撤销保、甲体制，建立青林寺自然村并成立农民协会组织。

◉ 1969 年实行农村合作医疗

1969 年，全面推行农村合作医疗，大队设置卫生室，配置常规医疗器械和常用药物，配备“赤脚医生”。合作医疗实行人均交费 2 元，其中个人出资 0.5 元，集体出资 1.5 元。个人在大队卫生室治病时，每个处方再交费 0.05 元，药费全免。由于大队卫生室资金不足，药品缺乏，只能治疗日常小病，遇有大病、急难病人由大队卫生室转诊到上一级医疗部门治疗。1982年，随着农业生产责任制的落实，合作医疗制度也随之取消。村卫生室只承担卫生防疫和妇幼保健任务，医疗实行谁看病谁出钱。2006 年开始实施新型农村合作医疗制度。个人参保交费从 2006 年的人均 20 元到 2015 年的人均 120 元。门诊和住院报销比例逐年提高。

◉ 两次特大自然灾害

1969 年 7 月，由于清江上游突降特大暴雨，山洪暴发。7 月 11 日夜晚，清江发生特大洪水，沿江河段洪水猛涨到海拔 77 米，为历史罕见。清江岸边的青林寺村遭受洪水侵袭，原青林大队淹倒房屋 135 栋，青冲大队淹倒房屋 20 栋，两个大队共淹没农田 2000 余亩，淹死家禽家畜无数，建筑在清江岸边的老村落，几百年的老民居荡然无存。

1972 年 7 月至 10 月，青林寺村发生特大旱灾，历时 108 天滴雨未下，禾苗干枯，土地干裂，造成中稻减产 50%，二季稻、大秋作物全部绝收。全村大部分堰塘、水井干枯，人、畜饮水困难。部分农户步行 3 千米以上到清江河挑水饮用。面临大旱，青林寺人民公社组织 500 多劳动力、15 台（套）抗旱机械，通过八级提升将清江水送至田间地头，缓解了严酷的人畜饮水困难和部分农田旱情。

◉ 1980 年实行家庭联产承包责任制

1980 年，随着包干到户责任制的逐步推行，青冲大队夏粮喜获丰收，受到湖北省政府、宜都县政府和红花套公社各种物资奖励。同年底，全村开始推行专业承包、责任到劳、联产计酬的生产责任制。1983 年，全面落实家庭联产承包责任制。1984 年，将土地承包期延长至 15 年不变。1996 年，实行土地二轮承包，将土地承包期延长 30 年不变。

◉ 20 世纪 80 年代兴办鞭炮厂

20 世纪 80 年代，乡镇村办企业广泛兴起，青林寺村以原有零星的个体鞭炮厂为基础，鼓励农户发展鞭炮加工产业，1982 年，原青冲大队兴办了第一家鞭炮厂。1993 年，青林寺村兴办了枝城市鞭炮厂，逐渐形成规模。到 1995 年年底，经市公安部门审核批准，村域内原青林寺、廖家湾两个小村共创办 17 家个体鞭炮厂，加上 2 个村办鞭炮厂，一共有 19 家鞭炮厂。厂内职工 270 多人，为鞭炮厂配套加工的有 110 多个农户，240 多从业人员。全村有 500 多人从事鞭炮加工、生产，年产值 700 多万元。鞭炮生产行业的兴起，带动了青林寺村经济的发展，增加了村民的收入，改变了传统的农业生产模式，促进了经济结构调整。2000 年，全村所有鞭炮厂关闭。

◉ 第一部谜语集出版

谜语在青林寺村有悠久的历史，广泛流行于乡里民间，但仅限于口口相传，未有任何系统性的文字记录。20 世纪 90 年代开始，村民丁开清热衷于谜语搜集、整理，历经 8 年的努力，搜集采录了 2000 多则谜语，整理了 981 例谜语成书。1999 年 1 月，《青林寺谜语选》经大众文艺出版社公开出版。同年 4 月 28 日，在宜都市移民局举行首发式，时任宜都市委书记文成国出席给予了充分的肯定和热情的鼓励。首部谜语集《青林寺谜语选》的出版，标志着青林寺谜语文化品牌的提升，为“中国谜语村”命名奠定了良好的开端。

1999 年 4 月 28 日，《青林寺谜语选》首发式会场

◉ 1999 年第一届谜语竞猜大赛

谜语在青林寺村一直以自发流行的状态存在，自《青林寺谜语选》出版后，掀起了“谜语热”。1999 年 4 月，村顺势而为，筹备、策划组织了青林寺村第一届谜语竞猜大赛，吸引了 180 多名村民热情参与，经数轮比赛，有 100 多名村民获得奖励。竞猜大赛进一步激发了村民参与谜语文化活动的热情，极大丰富了村民文化生活，涌现了一大批“谜语篓子”。

◉ 高坝洲水电站库区移民

高坝洲水电站是清江流域梯级开发末级水利枢纽工程，高坝洲水电站设计淹没线海拔 80.5 米，动迁线海拔 81 米。水库修建前，青林寺村紧邻的清江水位线一般在海拔 48 米左右。

1992 年，青林寺村开始进行淹没线下的调查登记，至 2000 年 6 月，电站建设下闸蓄水，全村库区清理全部结束。8 月，水位线达到海拔 70 米左右，库区基本形成。原两个小行政村共有村民小组 14 个，淹没小组 12 个（廖家湾三组、原青林寺七组两个小组未淹没）。全村共有农户 555 户，淹没区 313 户；总人口 2100 人，海拔 81 米线下淹没区人口 1303 人；总耕地面积 1622 亩，淹没 825 亩。园地 1724 亩，淹没 1028 亩。移民搬迁从 1996 年开始至 2002 年结束，历时 6 年，共计搬迁农户 387 户（包括海拔 81 米线上淹地不淹房农户的搬迁），移民人口 1441 人。其中村内后靠安置 143 户，413 人，迁出村外 244 户，1028 人。移民对全村基层行政体制、农业生产方式、村民生活方式、村容村貌、民俗文化生态等产生了极其深远的影响。

◉ 高尔夫俱乐部落户青林寺村

秀美的清江风光、天然的绿茵场地、悠久的民俗文化和得天独厚的区位优势吸引了投资者的目光，宜都东阳光公司投资的宜昌三峡天龙湾国际高尔夫俱乐部项目，选址青林寺村五组，兴建高尔夫球场、训练基地和生活配套设施。2002 年 8 月 9 日，高尔夫项

宜昌三峡国际高尔夫球场　　　　青林寺村委会　提供

目正式签约落户。项目区内青林寺村五组共有 62 户、241 人，耕地面积 341 亩。当年年底开始实物指标调查登记，2003 年开始搬迁，2005 年搬迁结束。迁出村外安置 50 户、202 人，村内安置 12 户、39 人。2012 年 5 月 1 日，投资 2.5 亿元的高尔夫球俱乐部正式运营。

◉ 2002 年湖北青林寺谜语研讨会在宜都市召开

2002 年 11 月 1 日至 3 日，由中国民间文艺家协会、湖北省民间文艺家协会、宜昌市文联、宜都市人民政府共同主办，宜都市文联、宜都市移民局、高坝洲人民政府承办的湖北青林寺谜语研讨会在宜都召开。中国民间文学泰斗、中国民协名誉主席贾芝，联合国教科文组织原中方顾问杨亮才，全国各地的民间文学专家、学者 30 多人以及省、地、县各级领导参加了会议。会议期间，贾芝与各位专家学者一起，兴致勃勃地考察了青林寺村民间谜语现象。与青林寺村 10 多位谜语传承人进行座谈，观看了青林寺村独特的地理环境，面对面的考察了青林寺村丰富多彩的谜语活动。专家们在深入实地考察后，对青林寺谜语给予了高度肯定和评价。

在考察、座谈的基础上进行了学术研讨，中国社会科学院研究员祁连休，大众文艺出版社社长缪力，中国故事学会副会长、湖北省民协名誉主席、华师大教授刘守华等民间文化界的学术权威以及各位专家分别发表了学术报告。参会专家一致认为青林寺谜语不仅数量丰富、群众基础广泛，而且形式活泼多样，地方特色鲜明。

◉ 2003 年青林寺村被命名为“中国谜语村”

1999 年《青林寺谜语选》、2001 年《青林寺谜语选（续编）》相继出版后，民间文艺界的专家学者纷纷到青林寺考察调研，2001 年 7 月，经全面考察论证，湖北省民间文艺家协会正式命名青林寺村为“湖北省民间谜语村”。之后，该村形成了猜谜语、写谜语、唱谜歌、挖掘采录谜语和考察研究谜语文化的浓厚氛围，引起了国家民俗专家的关注。2002 年 11 月湖北青林寺谜语学术研讨会期间，中国民间文艺泰斗贾芝带领专家组亲临青林寺考察，并形成了专题考察报告。2003 年 10 月，中国民协委派顾问、歌谣专家吴超再次到青林寺村进行命名考察，实地考察情况完全符合贾芝、杨亮才、冯志华等人 2002 年 11 月提交的考察报告。为了弘扬这一珍贵的非物质文化遗产，同年 11 月，中国民间文艺家协会正式命名青林寺村为“中国谜语村”，以一个村的文化品牌冠以国字号，在全国尚属首次。

为进一步弘扬青林寺谜语这一文化成果，2013 年 12 月 28 日，宜都市文联汇同宜昌市民间文艺家协会、宜都市民协、青林寺民协分会在青林寺村举办中国谜语村

2013 年 12 月 28 日，青林寺村获“中国谜语村”命名十周年座谈会会场

青林寺村委会　提供

青林寺命名十周年座谈会。会议总结回顾 10 年来的谜语采录、出版、宣传工作，围绕谜语文化开展了学术交流，会后，整理出版了《青林寺谜语村 10 周年文集》。

◉ 2012 年“远方的家——北纬 30 度”走进青林寺村

青林寺谜语文化的广泛影响，引起了中央电视台的关注，央视国际频道《远方的家——北纬 30 度》专题节目组于 2012 年 7 月来到青林寺村拍摄反映谜语生态的专题片，谜歌大王赵兴寿参与节目拍摄，现场展示谜语谜歌。青林寺村域刚好位于北纬 30 度的线上，这里男女老少皆会谜语，有其独特的智慧，也被称为北纬 30 度线上的一个“谜”。同年 8 月，台湾八大电视台到青林寺村拍摄反映谜语现象的专题片。

◉ 2014 年青林古镇动工兴建

2014 年 5 月，青林古镇项目立项，项目专班赴四川考察学习。8 月 18 日，青林古镇项目征地开始签字，当年完成核心区征地 344.34 亩。青林古镇核心区规划配套项目有便民服务中心、民俗文化中心、颐养中心、特产超市、步行街、桐树堰特色街区、新型住宅公园、青林小院等建筑。滨水欧陆康养区围绕青山湖展开，规划以低密度康养住宅为主，建设多种欧陆风情小镇。至 2017 年 6 月，基础设施已基本配套完成，便民服务中心、民俗文化中心、步行街、桐树堰特色街区、颐养中心已建成，其他项目正在建设之中。

2012 年 7 月，央视中文国际频道到青林寺村拍摄专题片　　青林寺村委会　提供

2014 年 6 月，青林古镇项目建设涉地农户动员会　　青林寺村委会　提供

附录

青林寺村规民约

为提高全体村民自我管理、自我教育、自我约束的能力，形成民主选举、民主管理、民主决策、民主监督的自我服务局面，促进安定团结和三个文明建设，根据法律、法规和国家有关政策规定，结合本村实际，制定本《村规民约》。

一、全村村民应当遵守公民道德基本规范：爱国守法、明礼诚信、团结友善、勤俭自强、敬业奉献。

二、树立“八荣八耻”的社会主义荣辱观，自觉成为有觉悟、有文化、懂经营、会管理的新型农民。积极参与社会主义新农村建设，并做到：率先发展、率先致富、率先文明。

三、自觉维护村内的社会秩序和安定，维护和珍惜本村荣誉。尊老爱幼，保护老人、妇女、儿童在社会和家庭生活中的合法权益。严禁虐待、遗弃、伤害老人、妇女和儿童，敢于同一切违法犯罪行为做斗争。

四、村民邻里发生纠纷或村民发生赡养纠纷时，由村调解委员会 3 天内进行调解，并力争做到纠纷不出村，矛盾不上交。

五、全体村民都有保护耕地的义务。村内任何组织和个人使用土地都应服从统一规划和调整，不得侵占、买卖或以其他形式非法转让土地，严禁荒废耕地。

六、全体村民都要保护环境卫生。各户实行“门前三包”，积极搞好家庭环境卫生，路边墙上不乱贴广告。实行垃圾袋装化，保持河塘清洁，坚决杜绝垃圾乱倒的现象。鼓励并提倡村民绿化、美化庭院。

七、村民建房必须服从规划，并按照规定程序申报，在领取《建设许可证》后，按批准的地点和面积施工建设。禁止违章搭盖，占用道路。

八、村民外出要自觉遵守交通规则，严禁酒后、无证驾驶机动车。严禁机动车或人力车在本村的道路上乱停放，禁止村民擅自在村内主要道路两侧、公共胡同堆放物料，影响交通安全。

九、实行婚姻自主，一夫一妻，男女平等。提倡晚婚晚育，实行计划生育。杜绝非法同居、非法怀孕和计划外生育。

十、学龄儿童和青少年依法接受教育，其法定监护人应保证子女接受九年制义务教育。本村任何组织和个人一律不准招用 16 周岁以下的儿童做生产力工人或其他非法行为。

十一、拥军优属，自觉参与军民共建。凡符合服兵役条件的村民，有义务并应积极主动参加兵役登记、体检和应征入伍。

十二、爱护集体财产，不私拿和损坏国家、集体、他人财物。不在公路上设置障碍，不损毁机耕道路、排灌渠道、耕作机械等集体公共设施。严格用水、用电、有线电视管理，严禁偷电、偷水、偷接有线电视。

十三、严禁传播淫秽物品，严禁卖淫嫖娼，严禁赌博和小偷小摸。反对迷信活动，严禁利用迷信活动造谣惑众、骗取财物。

十四、提倡勤俭节约，反对婚嫁、丧葬大操大办。积极支持殡葬改革，服从殡葬管理。

十五、流动人口在本村居住 3 天内到村流管办登记，居住 10 天内应办好暂住证手续。

十六、违反本村规民约的，除触犯法律的交由有关部门依法处理外，村民委员会可做出如下处理：

1. 予以批评教育；

2. 要求写悔过书，并在村内通报；

3. 责令其恢复原状或等价赔偿；

4. 视情节给予经济处罚；

5. 取消享受或者暂缓享受村里的优惠待遇。

十七、凡违反本《村规民约》要进行处理的，必须在调查核实后，经村民委员会或村民代表会集体讨论决定，不得擅自处理。

十八、凡被依法处罚或违反本《村规民约》的农户，在本年度不得参与、评获文明户等荣誉称号。外来人员在本村居住的，参照执行本《村规民约》。

十九、本《村规民约》如有与国家法律、法规、政策相抵触的，按国家法律、法规、政策规定执行。

二十、本《村规民约》自村民会议或村民代表会议通过之日起施行。

青林寺村民委员会

2008 年 11 月 28 日

廖氏家规

礼仪家法，原谱略备第，天道每十年而变，风俗亦随时而移。不为之叮咛告诫，恐无于触目而警心。特此以旧家规外另立新规十二章，而为之因时制宜焉。

第一章　崇祠堂　祖宗灵位安放于宗祠，游离不定则神灵不妥，《中庸》所说的要修宗祠就是这个原因。吾（我）祠改建已经结束，一有损坏随时修整，若拖延太久，势必大费工程，反贻后患。

第二章　保祭田　田产为祖宗血食之资，即有大的事故，不得擅自变卖。家礼所谓置祭田是也。以前因移祠费缺，暂为权宜之计，除卖安福寺广泰施田六石四斗、榔树坪廖黄氏施田二斗、老祠基及胥家冲水陆八斗外，现存杨家冲广泰施田十石、祠前后水田二石二斗、青龙嘴山场一形皆祖宗财富，永远存照。任艰难百出，不得议及田产，违者群起而攻之。

第三章　重祭祀　《礼记》说：支子（继承先祖嫡系长子以下的儿子为支子）不主持悼念祖先，悼念祖先必须有宗子（继承先祖嫡系长子为宗子）主持。宗子之主祭也很久了。吾（我）祠春冬二季奉行多年而祭祀苦无统属，择立大宗子（大房长子为大宗子）一人以为祭主，又于每房各立小宗率领助祭，不得怠慢。除年七十以上及未成年者，不必强以拜跪，其余都必须拜跪悼念。若从旁观望和衣冠不整者，逐出祠堂外，以此作为对不敬者的惩戒。

第四章　重学校　吾（我）祠旧有考费，今科举久停，法宜变通。今定于每年冬至评定，启蒙自开笔始至通顺止，年助入学金八串。家产二千金以上不补助。高等小学毕业，奖钱十串，中学校毕业，奖钱二十串；大学毕业奖钱三十串；师范毕业奖钱十串；贫者年助学费十串，到毕业给领。不必要者无之。务必尽心立志，学有所成，以提高本族的威望。

第五章　务正业　士农工商，各居一业。贫贱者本应如此，就是富贵之家也不可安然无事。非农即士，世无闲人；不工则商，家无浪子。礼云：无游民者此也。若不务正业家道必致衰落，坐吃山空不是生存之道。现在富裕之家衰败而不能振兴者，根源在此也，可不惧哉。

第六章　广栽植　生财之道，农桑为本。而栽植亦所必须。山林有桐木树竹，地有柑橘桃李，其它有利益者品种繁多。近时茶果尤为赚钱。礼云无空地是也。诸如此类尽可补助室家，大有帮助。治产业者不可不尽心也。

第七章　息争讼　《易经》说：争执、打官司中途停止是吉祥、争讼到底是失败，凡是争讼皆出于不得已，可事情已出现，何必固执己见，若认为有理而强争之，反受其害矣。万一长期诉讼不休，假如到审判庭，假如到大理院诉讼难成，家产也会耗费殆尽，虽后悔也来不及了。慎之！慎之！

第八章　杜奢华　祖父勤劳简朴，自己的后代就会效仿，而奢华之风一开，房屋器具就会力求豪华，饮食衣服也要讲究丰美，平常之事则不怕再三，奢华之事永无止境，奢靡之习到什么时候为止？不知富而奢华富不长富，贫而奢华贫者益贫。古今来家业中落未必不由此产生之，励也。孔子云：与其骄纵无礼，宁愿俭而寒酸。愿吾族思之。

第九章　禁非为　人之处事接物，只有安分守己而已。若妄作非为，不顾厉害，大者作奸犯科，小者瞒心昧己，或酗酒乱骂，或朋比寻仇，这就是怙恶不悛是也。等到事机败露，下而在乡被人谈论，上而出官受国家刑罚，一朝失足，玷污终身，凶恶之名，人人切齿，难道不感到悲伤？

第十章　戒长舌　家中不和，起自妇人。盖分同则事势不下地，逼者嫌隙易生也。尝见一家之中，父子兄弟最相和顺，一听枕边之言，遂使家人隔阂，产业中分。诗云：妇有长舌惟励之，阶此之谓也。故顺舅姑而和室人，家之将兴也。听妇言而乖骨肉，家之将亡也，此之不可不谨也。

第十一章　助葬娶　冠婚丧葬，人之大礼，如果有不能成礼者，皆因家庭极端贫困。凡族中无升合田地及庄钱，贫困不能葬娶者，助钱五串以资小补。

第十二章　恤孤贫　有钱人日子好过了，要可怜那些鳏寡孤独之人，凡族中年六十以上贫而无依者，在年终给钱一串，若未满六十及不安分者无之。

中华民国拾壹年捌月（1922 年 8 月）

◉ 主要参考文献

1. 湖北省枝城市地方志编纂委员会：《宜都县志》，湖北人民出版社，1990 年。

2. 湖北省宜都市地方志编纂委员会：《宜都市志》，湖北人民出版社，2010 年。

3. 龙梅：《中国三峡导游文化》，中国旅游出版社，2011 年。

4. 周友平、赵友贵：《宜都民俗》，长江出版社，2012 年。

5. 彭万廷、冯万林：《巴楚文化源流》，湖北教育出版社，2003 年。

6. 刘守华：《青林寺谜语的独特光彩》，《三峡文学》，2001 年第 5 期。

7. 贾芝、杨亮才、冯志华：《中国民间文艺的奇葩——“中国谜语村”青林寺的考察报告》，《中国民协会刊》，2002 年 11 月。

8. 梁前刚：《青林寺谜语散论》，大众文艺出版社，2004 年。

9. 彭林绪、丁开清、魏瑶：《迷人的世界——青林寺谜语的人类学考察》，中国书籍出版社，2009 年。

◉ 编纂始末

2017年1月,《青林寺村志》申报中国名村志文化工程。宜都市史志办迅速会同高坝洲镇、青林寺村召开联席办公会，贯彻学习中国地方志指导小组中国名村志文化工程有关文件精神，统一思想，成立编纂工作领导小组和工作专班，成立青林寺村志编纂委员会。至2017年7月，短短半年多时间，数易其稿，终于付梓。

青林寺村位于八百里清江画廊下游北岸，山清水秀，人杰地灵；青林寺谜语千百年来传承不衰，历久弥新。《青林寺村志》重点记叙了“中国谜语村——青林寺村”自新中国成立以来特别是改革开放以来，在经济建设、特色文化——谜语文化的传承保护以及文化旅游名村的开发建设等方面所取得的成就。

《青林寺村志》编纂工作启动以后，在宜都市史志办的组织领导下，各项工作有条不紊地展开。2017年2月，编纂委员会召开第一次编纂会议，按照中国名村志行文通则要求，拟定编纂提纲，确定篇目，开始资料收集工作。2017年3月上旬，湖北省方志办召开湖北省“中国名村志”编纂工作专题会，湖北省方志办副主任司念堂对《青林寺村志》的编纂工作提出了指导意见和具体要求；省志处副处长卢申涛、主任科员张静对篇目进行了审定。会后，宜都市史志办、高坝洲镇人民政府、青林寺村以及编纂人员随即召开办公会，进一步部署编纂工作，落实编纂经费和编纂责任制。周友平负责编纂概述、村民生活、大事纪略等内容；廖新远（中）负责编纂基本村情、名人与名村、艺文杂记等内容；赵友贵负责编纂谜语文化等内容；周振林负责编纂观光旅游、风土民情等内容；肖宜负责图片摄影、征集工作；胥启会协助资料收集工作；宜都市史志办主任夏友生负责总纂工作。此后，进入全面编写阶段。为编纂出高质量的名村志，所有编辑人员力尽所能，常常通宵达旦工作，为《青林寺村志》的出版洒下了辛勤汗水。

2017年5月上旬，初稿完成，宜都市史志办组织相关人员进行了初审。在初审过程中对全志的特色内容进一步提出了细化要求，各位编辑夜以继日地开展初稿的修改工作。5 月下旬上报宜昌市、湖北省地方志办公室分别进行审稿。6 月上旬，按照湖北省地方志办公室终审意见，编纂专班对志稿和图片进行了统一审改，并上报中国地方志指导小组办公室终审。6 月下旬，中国地方志指导小组办公室终审意见下发，编纂专班按照终审意见，对志稿进行了通篇审改，形成上报出版稿。

该书在编纂过程中，得到了湖北省、宜昌市地方志办公室，宜都市委、市政府，高坝镇镇委、镇政府的高度重视和支持，在此表示由衷的敬意。

编　者

2017 年 7 月